上海新金融研究院
SHANGHAI FINANCE INSTITUTE

探索国际金融发展新趋势，求解国内金融发展新问题，支持上海国际金融中心建设

# 科创板
## 投资策略十讲

制度、交易与案例分析

武超则　张玉龙◎编著

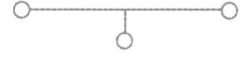

中信出版集团｜北京

图书在版编目（CIP）数据

科创板投资策略十讲：制度、交易与案例分析 / 武超则，张玉龙编著 . -- 北京：中信出版社，2019.10
ISBN 978-7-5217-1080-9

Ⅰ.①科… Ⅱ.①武…②张… Ⅲ.①股票投资—研究—中国 Ⅳ.①F832.51

中国版本图书馆 CIP 数据核字（2019）第 200782 号

**科创板投资策略十讲：制度、交易与案例分析**

编　　著：武超则　张玉龙
出版发行：中信出版集团股份有限公司
　　　　　（北京市朝阳区惠新东街甲 4 号富盛大厦 2 座　邮编　100029）
承　印　者：河北鹏润印刷有限公司

开　　本：787mm×1092mm　1/16　印　张：18　字　数：220 千字
版　　次：2019 年 10 月第 1 版　印　次：2019 年 10 月第 1 次印刷
广告经营许可证：京朝工商广字第 8087 号
书　　号：ISBN 978-7-5217-1080-9
定　　价：68.00 元

版权所有·侵权必究
如有印刷、装订问题，本公司负责调换。
服务热线：400-600-8099
投稿邮箱：author@citicpub.com

# 新金融书系
## NEW FINANCE BOOKS

中国的金融发展史就是一部"新金融"的历史，金融业的版图无时无刻不在演变、重塑。不断革新的金融工具、运行机制和参与主体塑造了不断变化的金融业态和格局。理念与技术的创新在推动金融结构演进、金融改革深化的同时，也为整个金融业的发展带来了机遇与挑战。

"新金融书系"是由上海新金融研究院（Shanghai Finance Institute, SFI）创设的书系，立足于创新的理念、前瞻的视角，追踪新金融发展足迹，探索金融发展新趋势，求解金融发展新问题，力图打造高端、权威、新锐的书系品牌，传递思想，启迪新知。

上海新金融研究院是一家非官方、非营利性的专业智库，致力于新金融领域和国际金融的政策研究。研究院成立于2011年7月14日，由中国金融四十人论坛（China Finance 40 Forum，CF40）举办，与上海市黄浦区人民政府战略合作。研究院的宗旨是：探索国际金融发展新趋势，求解国内金融发展新问题，支持上海国际金融中心建设。

上海新金融研究院努力提供一流的研究产品和高层次、有实效的研讨活动，包括举办闭门研讨会、上海新金融年会、外滩金融峰会，开展课题研究，出版《新金融评论》、新金融书系等。

中国金融四十人论坛（CF40）是中国最具影响力的非官方、非营利性金融专业智库平台，专注于经济金融领域的政策研究与交流。论坛正式成员由40位40岁上下的金融精锐组成。CF40致力于以前瞻视野和探索精神，夯实中国金融学术基础，研究金融领域前沿课题，推动中国金融业改革与发展。

# 序　言

科创板在短短的259天里,从宣告到落实,凝聚了企业、监管机构以及资本市场各界同人的期盼和汗水。千淘万漉虽辛苦,吹尽狂沙始到金。中国数以亿计创业者挥洒着智慧的汗水,追逐着自己的梦想,推动着中国经济创新升级,实现国家经济高质量的发展。中信建投证券作为中国市场的投资银行,以自身的专业能力服务国家科技创新战略,实现金融报国的理想,对此我们感到特别自豪和骄傲。

资本市场是现代金融的核心枢纽,发达健康、流动性良好、信息透明规范、定价高效的资本市场是现代金融体系的基础。科创板以信息披露为中心,采用注册制和退市制度相结合的市场化制度,对优化资本市场资源配置、实现财富管理和风险管理都具有重要的意义。科创板还承载着中国资本市场对外开放的使命,支持上海科技创新中心和国际金融中心的建设。

中信建投证券作为我国成立较早、投行能力最强的证券公司之一,见证了中国资本市场30多年的风云变幻。在科创板制度的建设过程中,我们积极建言献策。从高科技市场对比分析到科创板总体架构方案探讨,从上市标准与审核规则分析、再融资与并购重组到持续督导与定价交易,中信建投投行部、资本市场部、研究发展部、法律合规部等部门都贡献了自己的力量。

截至 2019 年 7 月 22 日，在科创板 149 家受理公司中，中信建投证券保荐了 15 家，保荐数量排名第一。首批上市的 25 家公司中，中信建投证券保荐数量也位居第一。其中 5 家由中信建投证券独家保荐，1 家由中信建投证券联席保荐，1 家由中信建投证券担任联合主承销商。

　　科创板的推出是中国资本市场的重要里程碑，它在制度设计上进一步压实了中介机构的责任，加强了保荐机构对上市公司持续督导的作用。《科创板投资策略十讲：制度、交易与案例分析》记录了中信建投证券对科创板制度的深入研究，对企业估值定价、交易策略也都有深入的分析，希望读者和研究者都能从这本书中受益。

中信建投证券

# 前　言
## 未名湖畔的梦想

　　我从 2010 年进入博士阶段的研究，主要的研究方向是市场微观结构与资产定价。在市场微观结构的研究中，我发现美国纽约证券交易所和纳斯达克交易所（NASDAQ）制度与伦敦证券交易所（LSE）制度有着天壤之别。相对于伦交所，美国的纽交所和 NASDAQ 交易所属于后起之秀，但优秀的制度设计使纽交所和 NASDAQ 交易所能够培育出优秀的企业，投资者也能够分享企业成长的红利。从那个时候开始，我就有一个梦想，希望我们国家也有自己的科技创新市场，帮助我国的优秀企业成长，提升我国的科技创新能力，也给投资者带来丰厚回报。

　　2018 年 11 月 5 日，国家主席习近平在第一届中国国际进口博览会上宣布，中国将在上海证券交易所设立科创板并试点注册制，支持上海国际金融中心和科技创新中心建设，不断完善资本市场基础制度。2018 年 11 月 6 日清晨，我刚刚到公司准备主持晨会的时候，接到了公司主管领导的要求，对全球资本市场展开深入的、系统性的比较研究，尤其是对科技创新型企业的市场建设的经验和教训的研究。从那一刻开始，我们的项目团队就展开了科创板制度的研究工作。从高科技市场分析到制度对比，从优质科技企业界定到投资者保护，从交易制度到市场评价，从估值定价到交易策略，我们全方位地研究了科创板制度。

　　理论分析与真实的市场研究是存在着相当大的差距的。首先，学术研究在理论层面给出了基本的原理和方向，但是实际进程中却需要考虑现行法律法规的要求，在研究过程中要尽量符合现行规定，才能降低科创板推进阻力。其次，欧美市场的成熟经验需要考虑在中国资本市场的适应性问题。中国的制度环境和营商环境与欧美市场存在着差异，投资者结构也迥然不同，科创板制度需要与中国市场相适应，做好投资者保护。由于科创板是中国资本市场增量改革的试点，它的成功将为中国资本市场的存量改革提供可参考的标准和方案。因此，我系统地整理了博士阶段在市场微观结构方向的研究成果，对比了美国证券市场、伦敦证券市场、香港证券市场等各国和各地区重要市场的特征，总结了成熟市场的经验和教训，为科创板的建设和研究提供参考。

中信建投证券的投资银行业务在全市场名列前茅。中信建投证券的投资银行部、资本市场部、研究发展部等多个部门，以及中信建投资本管理有限公司、中信建投投资有限公司，都深度参与了科创板制度的研究工作。从科创板上市标准的设计、上市公司与投资者样本分析、交易制度分析等多个环节，团队都与证监会和交易所保持了良好的沟通，得到了监管的指导。同时，我们与二级市场的投资者、科技企业的创业者保持了密切的沟通，汇集了各方的意见和建议。可以说，科创板的诞生凝聚了全市场所有参与者的智慧和心血。

2019年7月22日，科创板正式开始交易，首批25家企业优异的表现给投资者带来了丰厚的回报。从上市首周和首月来看，科创板运行平稳，流动性优异，市场定价效率大幅度提升，达到了成熟市场有效性、良好流动性和适度波动性的三个标准。由于转融通制度市场化的安排以及涨跌幅交易制度的优化，科创板的融券需求是主板的4倍，交易更加活跃。科创板实现了中国资本市场注册制、市场化定价、市场化交易，成为资本市场改革的重要里程碑。

通过参与科创板制度的研究工作，我对优秀的科技企业有了更深刻

# 前言

的认识，也发现了中国资本市场尚缺乏真正反映科技创新型企业的指数。参考NASDAQ全球精选市场、LSE高科技市场的标准，我们和富国基金共同设计了中证科技50策略指数[①]（931186.CSI），并由富国基金发行科技50ETF，将我们的智慧凝结成产品，为中国投资者分享中国企业成长红利提供工具。

回顾2018年11月至今夜以继日的研究，我有幸见证了中国资本市场的重要改革步骤，参加了证监会和交易所主持的《科创板制度汇编》与《科创板300问答》两本权威著作的编撰工作。2019年，我见证了科创板的诞生，实现了在未名湖畔读书时的梦想。

承蒙上海新金融研究院、中信出版集团的邀请和中信建投证券的推荐，我整理了中信建投证券在科创板领域的研究结论，并分享我们团队在科创板研究过程中的思考、建议和总结，供大家参考和批评。本书的结构编排如下：第一篇包括第一章和第二章，第一章通过对比的研究方法论述了科技创新型经济体的制度基础，第二章对比高科技市场的建设情况，为科创板的研究提供全球视角和基础。第二篇包括第三章至第六章，是对科创板制度的解读，分别涉及科创板上市审核、科创板发行与承销、科创板持续监管、科创板交易五个角度，为投资者提供参考。第三篇包括第七章和第八章，主要从投资策略的角度，分析科创板的估值方法和新股申购策略。其中第七章分别由中信建投证券海外与中小盘研究组、电子研究组、计算机行业研究组、军工行业研究组、医药行业研究组完成。由于注册制的推进，新股发行制度出现了巨大的改变，A股市场中的新股申购投资策略也会面临变化。因此，第八章结合科创板新股申购制度的变化，重新探讨了科创板的打新策略。第九章选取首批优秀上市企业的研究报告，供投资者参考。第十章以Nasdaq、LSE高科技市场为参照，

---

① 中证科技50策略指数原名中证中信建投科技50指数。

对科创板光明的未来进行了展望。

  本书的出版得到了中信建投证券王常青董事长、李格平总裁、主管领导黄凌、中信建投基金投资总监王琦等各位领导的全力支持；得到了中信出版集团黄静老师、李婕婷老师、中国金融四十人论坛（CF40）廉薇老师的指导和帮助；得到了中信建投研究发展部贺菊颖、阎贵成、石泽蕤、刘双峰、黎韬扬、陈萌等各位首席的全力支持和配合。最后，我还要感谢我的团队成员罗永峰、甘阳科和臧赢舜，我们一起承担了大量的研究工作。当然，文责自负，欢迎大家的批评与指导。

张玉龙<br>
2019 年 9 月 2 日<br>
于北京凯恒中心

# 目 录

序　言 / 1
前　言 / 3

## 第一篇
## 构建科技创新型经济体的制度基础

**第一章　科创型经济体的制度基础** / 003
第一节　构建科创型产业组织生态 / 005
第二节　多层次的金融支持 / 008
第三节　人力资本驱动发展 / 013
第四节　政策支持 / 018
第五节　构建商业基础设施 / 020

**第二章　高科技市场的建设经验** / 022
第一节　高科技市场结构 / 023
第二节　上市制度比较 / 038
第三节　交易制度比较 / 042
第四节　监管制度比较 / 047
第五节　退市制度比较 / 049

## 第二篇
# 科创板制度解析

### 第三章　科创板审核制度 / 055
第一节　科创板的定位和行业要求 / 055
第二节　科创板的发行与上市条件 / 056
第三节　科创板的审核和注册程序 / 064
第四节　科创板的创新制度安排 / 066

### 第四章　科创板发行与承销制度 / 073
第一节　我国发行与承销制度概览 / 074
第二节　网下询价定价制度 / 076
第三节　战略配售制度 / 085
第四节　网上发行与超额配售制度 / 090

### 第五章　科创板上市与持续监管制度 / 094
第一节　减持制度 / 096
第二节　股权激励制度 / 101
第三节　并购重组：更加市场化的重大资产重组制度 / 104
第四节　信息披露与持续督导 / 104
第五节　退市制度 / 106

### 第六章　科创板交易制度 / 109
第一节　投资者准入门槛 / 110
第二节　多举措创新的交易制度 / 111

## 第三篇
# 科创板的投资策略

### 第七章  科创企业创新估值方法 / 117
第一节　互联网行业估值方法 / 118
第二节　云计算及算法行业估值方法 / 126
第三节　电商行业估值方法 / 130
第四节　电子行业估值方法 / 137
第五节　高端装备行业创新估值方法 / 140
第六节　创新药行业估值方法 / 145

### 第八章  科创板新股申购策略 / 151
第一节　 新股申购收益率分析 / 151
第二节　工业富联 IPO 案例分析 / 157
第三节　华兴源创中签分析 / 167
第四节　科创板首批报价中签分析 / 171

## 第四篇
# 科创板优秀企业案例

### 第九章  科创板首批优秀企业案例 / 177
第一节　天准科技：以机器视觉技术为核心的领先设备制造商 / 177
第二节　睿创微纳：掌握核心技术，红外产业领军者之一 / 190
第三节　微芯生物：原创新分子实体药物创新企业 / 201
第四节　国盾量子：量子通信产业化的拓荒者与领先者 / 212
第五节　中微公司：科创半导体设备龙头 / 229
第六节　诺康达：专注药学制剂研发外包的企业 / 248

### 第十章  光明的未来 / 268

第一篇

# 构建科技创新型经济体的制度基础

# 第一章
# 科创型经济体的制度基础

2010年中国制造业产值超越美国成为世界制造业第一大国。同年，中国GDP超越日本，跃居世界第二大经济体。中国的全球500强企业从1989年的1家迅猛增至2018年的120家。中国企业在数量上的惊人增长，既是过去三十年中国经济高速发展的结果，也反映出国际经济格局的结构性变化。

对比中美两国全球500强上榜企业可以发现：第一，2018年，美国没有出现房地产、工程建筑和金属冶炼领域的大公司，上榜企业集中在IT、生命健康和食品安全等相关领域，而在这些领域，中国没有任何企业可与之比肩；第二，从2015年开始，中国企业的销售收益率和净资产收益率两个指标持续下行，四大国有银行利润仅达到上榜企业的50%；第三，信息和通信技术等科技创新行业溢出效应最为明显，是其他技术创新行业的2倍，而中国在这一方面明显低于美国。中国企业的发展特点反映出中国经济是以规模扩张来实现高速发展的，而不是以全要素生产率的提高来实现内生增长。中国企业从追求规模到开始第二次长征，需要构建中国科技创新型经济体，实现从大到伟大的创新驱动。

对比海外发达国家科技创新的发展进程，我们发现美国、德国和日本都是在政府主导并提供政策和资金支持，高校和专门的科研机构陆续输出高技术水平人才，直接融资和间接融资共同发展促使多层次的金融市场进一步完善，以及企业之间不断完成市场整合等多重驱动力下，实现了科技创新向生产成果的转化，从而构建起全社会的科技创新研究体系，最终成长为全球科技强国。

具体来讲，"二战"之后，美国政府机构通过资金投入、政策扶持等多种方式为研究体系提供支持，例如美国国家科学基金会和美国国立卫生研究院为大学各个学科的基础研究提供支持，美国国防部、美国原子能委员会等特殊机构从各自的使命和任务出发，支持大学的建设和发展。到了20世纪50年代，美国的研究型大学已经显著居于世界前列。随着战后德国和日本的崛起，美国的创新一度出现衰退，但是民间投资进一步驱动着科技创新，使得美国在计算机技术、半导体技术、通信技术、军工、医药等领域领先全球，主导了第三次科技革命，真正实现了科创立国。

德国早在第二次工业革命时期就派出人才前往英法学习，吸收工业革命以来的先进科学技术，并以制度形式加以固定，完成对于先进国家的赶超。"二战"之前，德国拥有以爱因斯坦、普朗克、哈恩、伦琴等为代表的物理、化学领域的著名科学家，诞生了以西门子、戴姆勒等为代表的现代工业体系下的知名公司。德国首创并确立了诸如实验室、研究生指导制、研究生院等教育科研制度。1901—1939年的40位诺贝尔化学奖得主中，德国占16人，而美国仅占3人。"二战"之后，德国政府建立了多层次科研体系，政府企业和海外多部门予以资金支持，科研机构负责具体的科研工作，再加上良好的专利制度的保护，促进了科研成果向生产力的转化。德国在研发费用投入和研发人员投入方面都位居世界前列，出版物和专利数量排在美国和日本之后，位列第三名，成为"二战"后的科技大国。

日本在"二战"之后也依靠政府扶持引进先进技术，通过科技投入、人才培养的方式奠定本国科技创新的基础。为了解决外汇短缺的问题，日本政府制定了《外资法》与《外汇及外贸管理法》来保障技术引进能够顺利进行。1980年3月，日本正式确立"科技立国"的发展战略。通过研发体制改革、官产学体制改革、促进地区科技振兴、教育体制改革等方式，日本走过了模仿创新、引进再创新、集成创新和原始创新四个阶段，实现了从经济沙漠到科技强国的转变。

由此，我们发现政府在构建科技创新型经济体中起到了主导作用，而中国的科技创新转型，需要完成构建科创型产业组织生态、多层次金融支持、人力资本驱动发展、政策支持和构建商业基础设施五个核心环节。首先，大型企业和小型科创企业形成共生的产业组织模式，大型企业为小型科创企业提供市场，成为小型科创企业产品和服务的主要购买方，还可以直接并购小型科创企业，小型科创企业在这个过程中不断成长，由小型科创企业发展而来的大型企业又成为新的小型科创企业的收购者，就此形成良性循环。其次，多层次的金融支持是构建科技创新型经济体的金融条件，科技创新领域的金融支持比传统行业的金融支持有着更高的要求，要兼具资金支持、客户引荐、公司治理等功能，同时更具层次，是实现科技创新的核心环节。再次，正确的人力资本安排可以持续驱动科技创新发展，因为科技创新归根结底是人的创造活动。最后，政策的多方面支持和较为完善的商业基础设施是科技创新的重要保障，例如可以通过提供科研资金、便捷的移民签证、政府购买等多种方式持续支持科技创新活动和科创企业的成长，而律师事务所、会计师事务所、辅导机构和孵化器等专业性服务机构，可以为科创型企业的生产以及资本市场活动提供重要的基础设施保障。

## 第一节　构建科创型产业组织生态

科创型产业组织生态能做到大型企业和快速增长的小型创业企业的

共生。一方面，大型企业为创业企业提供市场，成为创业企业产品和服务的主要购买方；另一方面，大型企业可以直接并购创业企业。大型企业通过并购获取创业企业的全部能力，包括市场、技术，并做到对竞争对手的排他。创业企业除了得到大企业的资本支持，同时还可以获得人力资源和知识的供给。创业企业在这个过程中不断成长，由创业企业发展而来的大企业本身又成为新的创业企业收购者（见图1-1）。

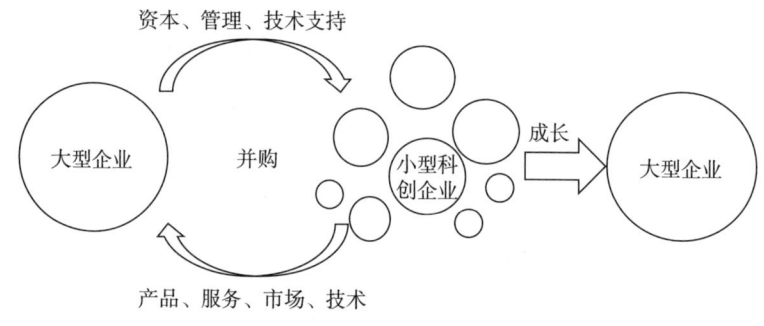

**图1-1 科创型产业组织生态**

资料来源：中信建投证券研究发展部。

科创企业的并购活动是科创型产业组织生态中的重要经济活动，其并购速度和规模可以间接反映科创型产业组织生态的发展程度。我国的并购总数和总金额与美国差距不大，但是创新行业并购数量和单笔金额却低于美国。以具有创新特性的IT、互联网等行业为例。2018年，我国IT行业并购数量302起，与2017年基本持平，金额达到527.56亿元，比2017年的516.77亿元略有增长；而互联网行业的并购则出现下降，2017年互联网并购数量226起，金额达到1 466.4亿元；2018年并购数量127起，并购金额715.45亿元，同比下降分别为44%和51%（见图1-2、图1-3）。美国的并购总数和总金额呈下降趋势。2013年美国创新行业并购总金额下降到165.865亿美元（见表1-1）。与美国相比，我国的并购在数量和金额上差距不大，甚至高于美国。但是我国创新行业在并购的单笔金额上却逊于美国。除了电子/光电行业的平均并购金额可与美国持平，互联网、IT行业的单笔并购金额都远低于美国。

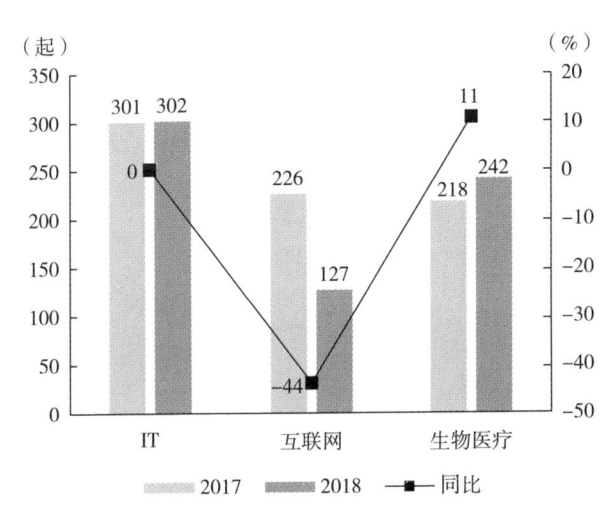

图1-2 2017—2018年中国部分创新行业并购数量

资料来源：私募通，中信建投证券研究发展部。

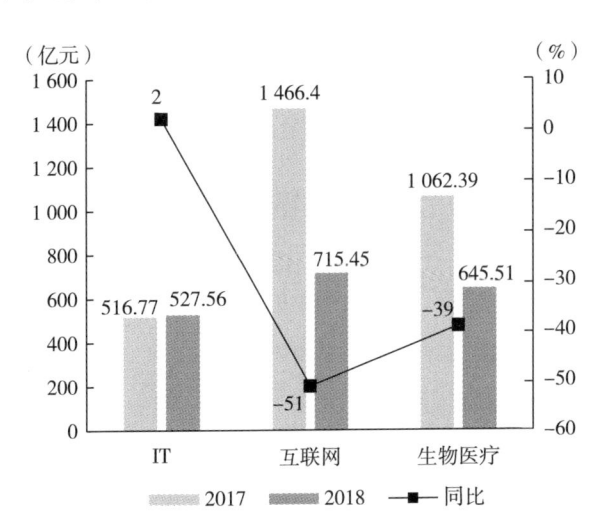

图1-3 2017—2018年中国部分创新行业并购金额

资料来源：私募通，中信建投证券研究发展部。

表 1-1 美国风险投资的并购活动

| 年份 | 总数 | 已知数 | 总额（亿美元） | 平均并购金额 | 平均退出时间（年） |
|---|---|---|---|---|---|
| 2009 | 351 | 109 | 123.649 | 113.4 | 5.7 |
| 2010 | 523 | 150 | 177.073 | 118.0 | 5.8 |
| 2011 | 490 | 169 | 240.932 | 142.6 | 5.8 |
| 2012 | 473 | 132 | 226.942 | 171.9 | 6.2 |
| 2013 | 376 | 94 | 165.865 | 176.5 | 5.9 |

资料来源：NVCA，中信建投证券研究发展部。

Dealogic 数据显示，2018 年中国 TMT 行业（包括软件、计算机服务、游戏、影视、出版传媒、广告、教育、交通等）并购市场共发生并购交易 674 起（收购比例不小于 20%），相比 2017 年减少 4%；但是总交易金额为 939 亿美元，相比 2017 年增长 47%；单笔交易金额为 1.85 亿美元，相比 2017 年增长了 69%。2018 年 TMT 行业并购市场的活跃度明显增加，尤其是单笔交易金额显著提升，行业整合和战略收购等大额交易频现，这些都间接反映了中国的科创型产业组织生态正在逐步形成，对小型科创企业的资本输出呈增长趋势。

## 第二节 多层次的金融支持

实体经济的发展离不开金融产业的支持，科创型经济的发展更是如此，多层次的金融支持是实现科技创新的核心环节。相较于传统行业，科技创新的金融支持有着更高的要求，要兼具资金支持、客户引荐、公司治理等功能，同时更具层次。

首先，资金支持是所有金融中介的必要内容。风险投资不仅提供资金支持，其人脉资源和客户资源也是区别于其他中介的重要特征。这种特征可以为企业引荐潜在的购买者，帮助其扩大市场，比纯资本更具价值。

尤其是对于早期的企业，在影响力弱小、客户资源不济时，需要风投为其寻找客户，助力成长。

其次，协助做好公司治理也是科创型企业对资本的重要诉求。为尽量避免信息不对称带来的高风险，投资方要能够深入创业企业的管理，监控企业发展的实时情况，做好公司治理方面的工作，主要方式就是风险投资机构派人进入所投资企业的董事会。风险投资比其他中介在投资领域上要更专业，更能发挥监督作用。

最后，相较于传统行业，科创型企业的融资需要具有更加丰富的层次。科创型企业在不同的企业生命周期，其融资需求及融资特点不同，需要有不同的投资方或者金融市场满足其融资需求。为了降低信息不对称的影响，投资方通过对创新企业进行项目目标拆解来减轻风险。种子期风险最高，需要天使投资，天使投资的资金大多来自自有资金，承担较大风险，这也是除美国以外的国家较为缺乏的环节。之后的风险投资阶段主要由风险投资机构基金参与，风险投资机构基金采用合伙人制度，针对投资风险采用可转化优先股制度，提供一定程度的下行风险保护，从而吸引投资人。关于合伙人制度中的有限合伙人，美国曾在1978年允许养老基金参与进来，从而扩大了风投资金的供给。当企业进一步成长后，产品和市场趋于完善，私募股权资金就能够在此时给科创型企业提供更多的资金和管理支持。

相较于美国，中国的天使投资成熟度明显不足。虽然中国的天使投资额和投资方数量上升速度很快，但是规模仍然较小。2014年中国天使投资额为人民币59.57亿元，投资案例1 463起，而同年美国天使投资额为241亿美元，投资案例73 400起（见图1-4、图1-5）。此外，中国的天使投资相对集中于互联网、电信和IT行业，其他行业的投资则比较分散，而美国天使投资的重点虽然是在软件和IT行业，但是医疗健康及设备、零售、工业/能源等行业也能得到相当比重的投资（见图1-6、图1-7）。

**图 1-4　2010—2014 年中国天使投资情况**

资料来源：清科研究中心，中信建投证券研究发展部。

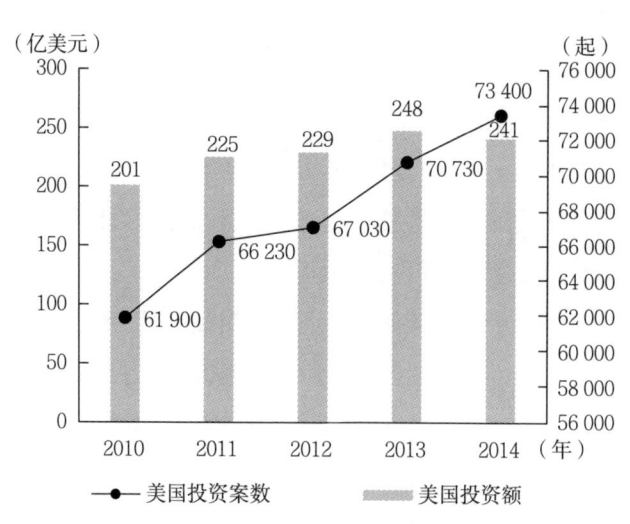

**图 1-5　2010—2014 年美国天使投资情况**

资料来源：美国新罕布什尔大学，中信建投证券研究发展部。

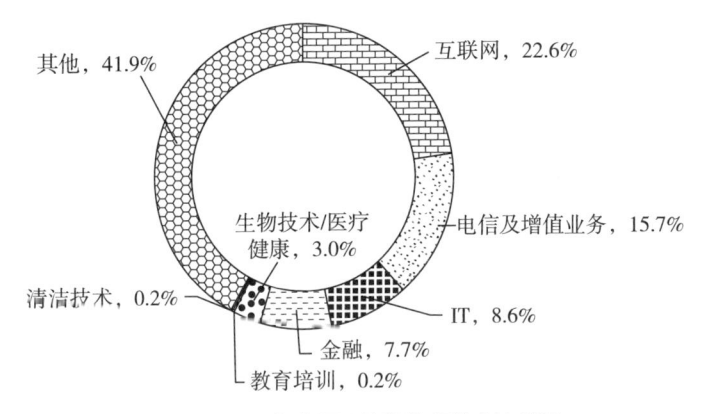

**图 1-6　2014 年中国天使投资行业占比情况**

资料来源：清科研究中心，中信建投证券研究发展部。

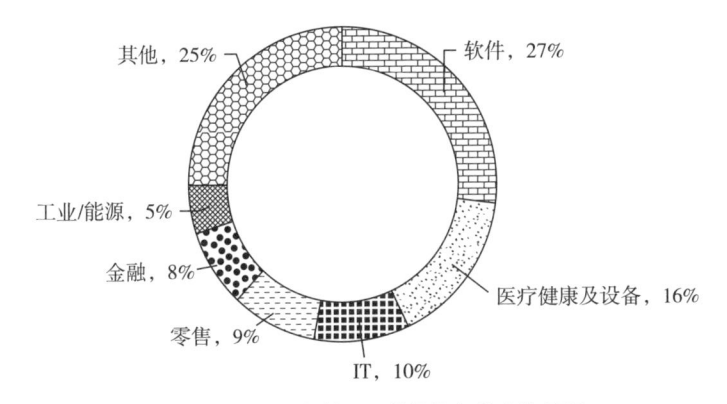

**图 1-7　2014 年美国天使投资行业占比情况**

资料来源：美国新罕布什尔大学，中信建投证券研究发展部。

我国多层次资本市场体系包括主板、中小板、创业板、科创板、全国性场外市场（新三板）以及区域性股权交易市场（见图 1-8）。自 2018 年 11 月 5 日，国家主席习近平宣布在上海证券交易所设立科创板并试点注册制，到 2019 年 6 月 13 日，证监会主席易会满主持科创板开板仪式并宣布科创板正式开板，在这 200 多天里，科创板汇聚各方智力，以注册制增量式改革的魄力开启深化资本市场基础性制度改革。科创板的建立不仅对完善我国资本市场体系与制度改革具有重要意义，对我国科技创新转型同样具有重大意义。

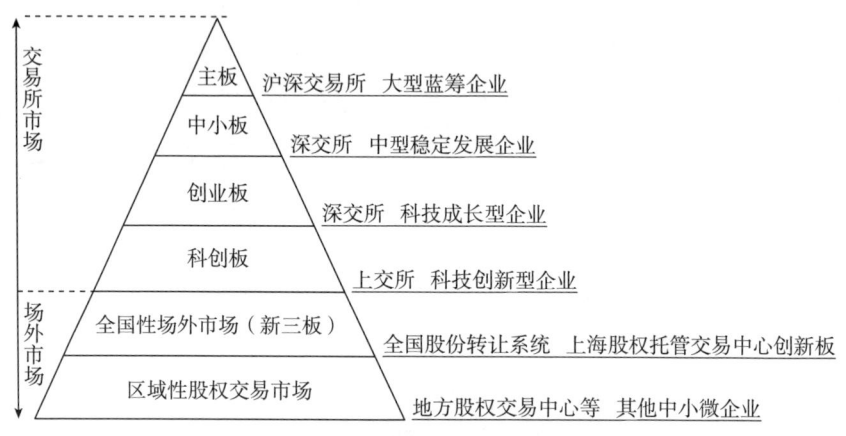

```
交易所市场
    主板        沪深交易所  大型蓝筹企业
    中小板      深交所      中型稳定发展企业
    创业板      深交所      科技成长型企业
    科创板      上交所      科技创新型企业
场外市场
    全国性场外市场（新三板）  全国股份转让系统  上海股权托管交易中心创新板
    区域性股权交易市场        地方股权交易中心等  其他中小微企业
```

图 1-8　我国多层次资本市场体系

资料来源：中信建投证券研究发展部。

科创板为中国科技创新转型提供金融基础。科创型企业投资具有投资风险大、投资周期长、投资回报高的特征，股权投资和融资能够为其提供资金支持。科创板成为支持实体经济的金融体系，特别是支持实体经济向科技创新发展的重要载体。科创板多层次标准注册制的上市制度将有利于科创型企业上市，推动中国资本市场改革，改善和提高投资者回报，使中国投资者分享到中国经济发展的红利。科创板接受协议控制架构（VIE），允许海外红筹企业通过中国存托凭证（CDR）的方式登陆科创板。包容性的制度安排有利于科创型企业的长期发展。

科创板将重塑中国科创型企业的估值体系。科创板强调拟上市的公司要拥有核心技术，成为细分行业的龙头，但并未要求拟上市公司必须盈利。科创板将为这类企业提供一个估值标杆，现有的 A 股拥有核心技术的公司会获得估值溢价。从科创板本身估值方法来看，科创板会改变目前市场简单以 P/E 估值的模式，可能需要重视 P/S、PEG 的估值方法。

此外，考虑到高科技企业较大的研发投入降低了公司报表呈现的利润，因此我们也可以尝试将费用化的研发支出加总到净利润中，再按 P/E 的估值模式对其进行估值。但长期来看，伴随着科创型企业在 A 股的供给体系中大幅增加，估值分化将成为相关板块的核心趋势。科技行业龙头有望获得更高的估值溢价，而以往科技类企业稀缺的板块溢价将逐步消失，没有基本面支撑的概念类公司将逐步被边缘化。

## 第三节　人力资本驱动发展

科创发展最根本的还是由人力资本驱动。美国科创人才主要有美国高校和移民两大供给源头，特别是移民，它是美国科技发展的重要支持。《创新驱动型经济增长的制度基础》一文介绍，截至 2012 年，美国硅谷的外国出生人口比例为 36.4%，远高于全美 13% 的平均水平（见图 1-9）。这些外国移民，尤其是具有高端技术能力的高端移民，是硅谷技术的重要支持力量。此外，美国高校在硅谷发展中也发挥了重要作用。美国高校在世界排名靠前，学术实力顶尖。政府和经济界向高校提供资金，产研通过授权、衍生企业、合作研究等机制进行联结，从而使企业得到了高校的智力支持。

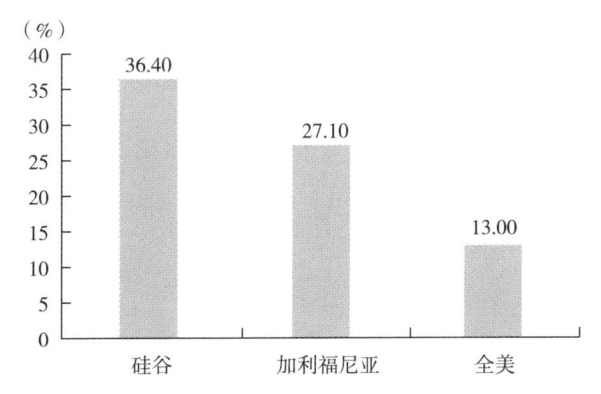

图 1-9　2012 年硅谷、加利福尼亚和全美外国出生人口占比

资料来源：Joint Venture Silicon Valley，中信建投证券研究发展部。

灵活的人才流动有利于降低初创公司的风险。高流动性降低了劳动力进入初创公司的职业生涯风险，也带来了注重短期激励和鼓励忠诚度相结合的措施。一方面，硅谷的工资增长率远高于其他地区，另一方面，企业采用授予员工股票期权的方式将企业利益与员工个人利益绑定，能够在一定程度上制约员工跳槽。

目前，中国在吸收外来人才方面相较于美国劣势明显。中国一直以来都是移民输出国，这与美国的情况相反，意味着中国向外部提供人才的总量要远高于输入外部人才的总量。中国是世界上输出留学生最多的国家，由于国内高校在同等教学质量下相对于欧美国家高校的排名较低，中国向外输送的人才多为高水平的人才，而国外前往中国留学的人才，学术水平则相对较低。中国劳动力的流动性逐步增大，且在薪酬制度设计上仍落后于美国，激励机制相差更远。硅谷的科技企业，尤其是大企业，对于员工都会授予股票期权和签字费，但国内同行企业则没有这种激励机制。

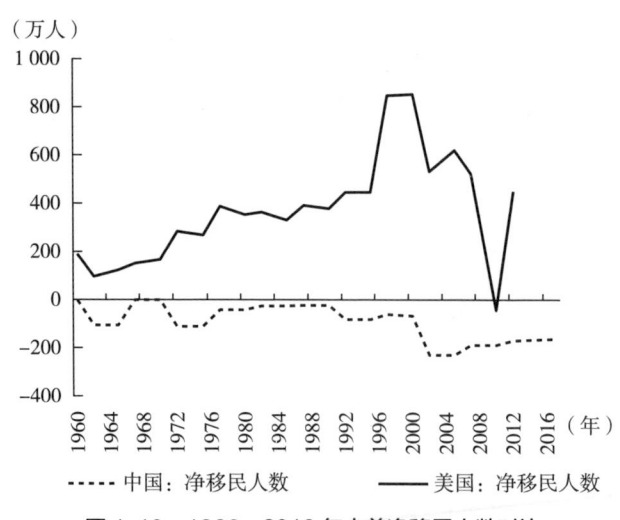

图 1-10　1960—2016 年中美净移民人数对比

资料来源：Wind，中信建投证券研究发展部。

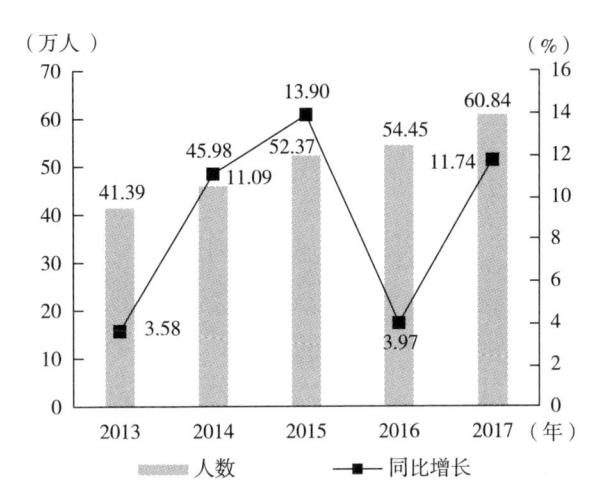

图 1-11　2013—2017 年中国海外留学人数

资料来源：教育部，中信建投证券研究发展部。

研发投入是衡量一个国家人力资本投入的重要指标。"二战"之后，美国联邦政府开始大幅度支持科技的发展，大学研究体系飞快扩张。美国国家科学基金会和美国国立卫生研究院为大学各个学科的基础研究提供支持，美国国防部、美国原子能委员会这些具有特殊使命的机构，不仅支持基础研究，也对应用研究和工程项目提供支持，包括前沿领域的材料、电子和核技术。到了 20 世纪 50 年代，美国的研究型大学已经显著居于世界前列。

在科技政策领域，美国联邦政府创立和更新了一系列支持科学研究的组织机构。每一个机构都是以实现其使命为目的而建立和发展的。例如，美国原子能委员会的建立是为了利用原子能而开展研究，美国海军研究实验室的建立是为了海军的发展而开展研究，美国国防高级研究计划局的建立是为了国防目的而开展最先进的技术研发。美国是按照国家安全、经济和社会发展目标与需求而部署和开展科学研究的。

以实现机构的使命而广泛开展研究，即所谓的使命导向的研究

（Mission-Oriented Research），把研究与应用领域紧密结合在一起，使基础研究与应用研究相互促进，推动了科学技术实现突破性的进展。例如，美国能源部长期资助放射性物质对生物体影响的研究，这带来了人类基因组计划的启动。

从研发投入看，美国研发投入占 GDP 比重常年稳定在 2.5% 以上。1996 年，美国研发投入约 2 067 亿美元，占当年 GDP 比重的 2.55%；2015 年，美国研发投入约 5 014 亿美元，占当年 GDP 比重的 2.79%。《专利合作条约》（PCT）是对各个成员国提交专利申请进行审查从而满足各国对于专利保护诉求的协议，可以在一定程度上反映一国的创新能力。2000 年，美国 PCT 专利申请数量为 38 013 件，中国为 781 件；2018 年，美国 PCT 专利申请数量为 56 671 件。从专利技术的分布来看，美国的专利申请集中在电气工程、仪器、机械工程和化工等领域。

德国的科研任务主要由高等院校、大学校外的研究机构和政府研发机构承担。其中，高等院校分为综合性大学和专科大学，前者主要从事科学基础研究和专题性应用研发，是德国科创的主力，如著名的慕尼黑大学、慕尼黑工业大学和海德堡大学。根据德国科学捐助者协会对于校企合作模式的分类，大学和企业的合作模式有以下四种：（1）委托课题，即企业向大学提出需求，以此发起合作；（2）合作课题，即双方有共同兴趣，资源共享、深度合作；（3）教席教授，即企业赞助学校，由资深教授担任教席教授，以五年为期；（4）成立研究所，即企业与大学共建研究机构。其中，委托课题和合作课题对于"学研转产"的意义较大，所以这两项也是德国企业为高校投入资金的主要方向。教席教授和研究所相对而言更加偏重于基础性研究，但是近年来研究所模式增长加快。

校外的研究机构主要是马普学会、弗劳恩霍夫协会、亥姆霍兹联合会和莱布尼茨学会四大科研组织。它们本身并不是同类型机构的简单重复，而是各有侧重、各有特色。(1)马普学会完全致力于基础科学领域的研究,生物医学、化学物理等方向的研究实力较强。历史上有多位诺贝尔奖得主出自马普学会,它在国际引文排名中位列世界第二。马普学会95%左右的资金为官方资助。(2)弗劳恩霍夫协会是完全型应用研究机构,致力于将研究成果转化成产品。弗劳恩霍夫协会将下设的分所进行"集团捆绑",主要方向有:信息与通信技术、生命科学、微电子、表面技术和光子技术、生产技术、材料建筑、国防安全。该协会2/3的研究经费来自企业签约,采用根据业绩提供经费的方式,中小企业是其主要客户。(3)亥姆霍兹联合会应用研究与基础研究并重,下设有极地与海洋研究中心、电子同步加速器中心、癌症研究中心、宇航研究中心、重离子研究中心等研究部门。其科研经费的七成左右来自政府,剩余三成由下设的研究中心筹集。目前,亥姆霍兹联合会的趋势是将经费支持从机构资助转为项目资助。(4)莱布尼茨学会的研究领域涵盖人文教育、经济学、社会科学、地区基础设施研究、生命科学、数学、自然科学、工程学和环境科学。其总部在波恩,前身为进入蓝名单的原属于民主德国(东德)的研究所,后又补增了联邦德国(西德)的研究所,现有研究所84个,分布于各州。莱布尼茨学会的经费以机构式赞助为主,2/3的资金来自政府。莱布尼茨学会的质量管理体系是至少每七年接受一次外部专家评估。外部专家中有1/3左右来自国外,专家在总部评估部门的组织下直接到各所考评。考评结果与下次考评时间以及经费支持情况有关,不合格的研究所将被关停。

联邦政府除了制定战略和发展规划以及提供部分科研所需资金外,本身也是具体的科研实施部门之一。联邦政府下设有超过40个研发机构。例如,德国联邦经济技术部下设有联邦物理技术研究院、联邦材料研究与测试研究所、联邦地球科学与自然资源研究所;联邦国防部下设有联邦国防放射生物研究所、联邦国防微生物学研究所、联邦国防药理与毒理学研究所、联邦国防医疗劳动与环境保护研究所等。

## 第四节　政策支持

　　政策支持在科技创新发展中的作用是多方面的。以硅谷为例，美国联邦政府通过养老基金准入风险投资和削减资本利得税两项措施，鼓励硅谷的科技创新投资，促使更多的资本流向科创企业。美国通过签发非移民签证，将国际人才带到硅谷，提高劳动生产率，降低成本。硅谷所在地加利福尼亚州不执行竞业禁止，从而促进了人才的自由流动。最后，政府为硅谷的科创事业提供资金支持。一方面，政府为大学提供了大量经费，并引导了私营机构资金的进入。这些经费不是简单的配给，而是通过评审委员会评估，以竞争的方式发放；另一方面，政府本身就是硅谷公司的重要买方，并以此影响产业发展方向。

　　我国禁止养老基金进入风险投资领域，这意味着我国的创业企业无法得到养老基金的支持。在我国，养老基金的投资范围被《基本养老保险基金投资管理办法》严格限定为：银行存款、中央银行票据、同业存单、国债、政策性金融债、信用等级在投资级以上的金融债、企业（公司）债、地方政府债券、可转换债（含分离交易可转换债）、短期融资券、中期票据、资产支持证券、债券回购、养老基金产品、上市流通的证券投资基金、股票、股权、股指期货和国债期货。

　　竞业禁止条款在中国、美国都存在，但唯独美国加利福尼亚州享有独立性豁免。在这一点上，加州比美国其他各州都更具优势。企业可以采取和员工签订保密协议的方式保护自身的商业秘密。

　　日本经济的发展始终离不开科技的创新，日本经济起飞的关键在于实施了适应时代特征的科技发展战略和政策。战后的日本经济发展主要可以分为五个时期：战后复兴时期（1945—1955）、高速增长时期（1955—1973）、稳定增长时期（1973—1990）、泡沫破灭后的低迷时期

（1991—2001）以及 21 世纪。伴随着经济发展以及科技创新政策的不断演变、自主科技水平的不断提高，日本科技创新的过程主要可以分为三个阶段：1945—1959 年的"外国技术引进"时期，20 世纪 60 年代通过技术转移促进技术发展的"确立自主技术"时期，以及 20 世纪 90 年代科技体制改革后的"科学技术创新立国"战略时期。

| 经济发展 | 战后复兴时期（1945—1955） | 高速增长时期（1955—1973） | 稳定增长时期（1973—1990） | 泡沫破灭后的低迷时期（1991—2001） | 21世纪 |
|---|---|---|---|---|---|
| 科技创新 | "外国技术引进"时期（1945—1959） | "确立自主技术"时期（20世纪60年代） | 科技体制改革 | "科学技术创新立国"战略时期（20世纪90年代） | |

**图 1-12　日本经济发展与科技创新阶段的分期**

资料来源：中信建投证券研究发展部。

为了进一步推动科技创新，在推进科技体制改革的过程中，日本政府主要采取了以下措施。

（一）研发体制改革。战后日本科技研发体制以民间企业为主体，能够适应市场需要，便于科研产业化，有助于提高经济效益。但同时也存在对基础研究重视程度较低、企业急功近利、忽视社会效益的弊端。科技体制改革加强了大学在基础研究中的作用和地位，在经费分配、高科技成果转化等方面进行了改善和加强。

（二）官产学体制改革。官产学模式在日本科技创新的进程中不断演变，由最初政府作为中介协调机构，演变为政府和企业拥有同样的地位，最后发展为政府、大学、企业三者彼此依存、互相结合，成为一个共同体。此次改革建立了大学合作研究中心，创办了科技成果转化中介机构，政府批准成立技术转让机构，从而使得大学、科研机构和企业有机联系，基础研究成果能够迅速实现产业化（见图 1-13）。

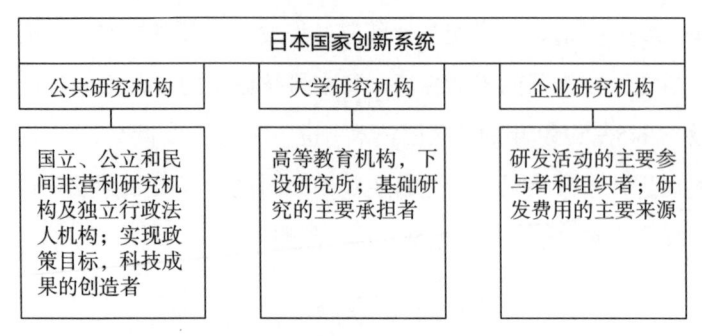

```
┌─────────────────────────────────────────────────┐
│              日本国家创新系统                     │
├───────────────┬──────────────┬──────────────────┤
│  公共研究机构  │  大学研究机构 │   企业研究机构    │
└───────────────┴──────────────┴──────────────────┘
        │               │                │
┌───────────────┐┌──────────────┐┌──────────────────┐
│国立、公立和民 ││高等教育机构，下││研发活动的主要参  │
│间非营利研究机 ││设研究所；基础研││与者和组织者；研  │
│构及独立行政法 ││究的主要承担者 ││发费用的主要来源  │
│人机构；实现政 ││              ││                  │
│策目标，科技成 ││              ││                  │
│果的创造者     ││              ││                  │
└───────────────┘└──────────────┘└──────────────────┘
```

图 1-13　日本国家创新系统

资料来源：中信建投证券研究发展部。

（三）促进地区科技振兴。在各地区建立科技振兴政策审议会，发挥地方优势和传统。以地方大学为中心，建立研究开发基地，结合当地实际需求开展重大课题研究，推进官产学合作，加强研究成果向中小企业转移。

（四）教育体制改革。形成有利于培养独创性人才的教育体制和环境，营造吸引海外优秀人才的环境，大力推进国际化。以官产学联合为载体，鼓励博士人才供职于产业界，政策上引导博士就职于民间企业。优化大学和研究机构的人事制度，为研究人员营造良好的氛围。

## 第五节　构建商业基础设施

商业基础设施的发展是科技创新发展的重要保障。商业基础设施指的是律师事务所、会计师事务所、辅导机构和孵化器等专业性服务机构。律师事务所主要受科创型企业的委托，提供各种法律服务。根据我国司法部统计的数据，截至 2017 年年底，全国共有律师事务所 2.8 万多家，较 2016 年增幅为 8.3%，执业律师 36.5 万多人，较 2016 年增幅为 11.5%。

会计师事务所主要受当事人委托，承办有关审计、会计、咨询、税务等方面的业务，国际四大会计师事务所包括毕马威、普华永道、安永和德勤。中国注册会计师协会官网显示，截至2017年12月31日，中注协团体会员（会计师事务所）共有8 600余家，执业会员（注册会计师）10万余人，2017年报考注册会计师考试的人数高达118.16万人，可见会计师事务所发展十分迅速，无论在数量上还是在地域辐射上都取得了很大的成就，这间接体现了我国商业基础设施建设日趋完善。此外，会计师事务所在业务上也呈现出多元化发展的转变，在会计师事务所的"四大业务"中，传统的审计和会计业务在总收入占比上已经开始弱化，而非传统业务的咨询类、评估类业务收入占比则迅速增加。

硅谷的商业基础设施与创业企业的利益绑定更为一致，盈利目标也更加长远化。例如，律师事务所接受以股权抵服务费的模式，其盈利多少取决于服务企业的成功程度。因此，它们会对客户进行筛选，一旦选中，就会成为该企业长期的帮助者和顾问。这样的商业基础设施使其成为创业企业的又一类投资人，可以帮助创业企业减少初期花费。而在国内，这样的做法相对小众且风险较大。

# 第二章

# 高科技市场的建设经验

高科技市场的发展经历了一个漫长而曲折的过程，总体来看，高科技市场的发展可以概括为三个阶段：19世纪至20世纪50年代的萌芽期，20世纪60年代至90年代的起步期，20世纪90年代中期以后的迅速发展期。目前共有以美国NASDAQ、英国另类投资市场（AIM）、中国香港联合交易所创业板等为代表的多个高科技市场。

高科技市场以美国NASDAQ市场最为成功，与我国以及其他高科技市场相比，其创立时间早，上市公司数目多，市值和交易量指标更是远远高于其他市场。截至2019年6月18日，NASDAQ总市值约94.2万亿元，上市公司2 761家，平均每家上市公司市值约为341亿元，其规模在所有高科技市场中居第一。NASDAQ市场分为NASDAQ全球精选市场（NASDAQ–GS）、NASDAQ全球市场（NASDAQ–GM）和NASDAQ资本市场（NASDAQ–CM）三个层次。NASDAQ市场采用严格的分层上市制度，采用做市商交易机制，监管和信息披露都非常严格，并遵循一美元退市规则。与美国证券交易所（AMEX）合并后，NASDAQ市场还拓展了丰富的衍生品交易业务。

除了NASDAQ市场以外，我们还选择了1995年6月设立的伦敦证券交易所另类投资市场 AIM 以及 1999 年 11 月设立的中国香港联合交易所创业板，共同作为高科技市场的典型代表。英国的 AIM 市场发展较快，总市值接近 1.56 万亿元（折算后），上市公司 912 家，平均市值 17.1 亿元，但低于 NASDAQ 水平。中国香港的创业板市场规模较小，总市值仅 1 346 亿元，上市企业平均市值仅 3.4 亿元。AIM 市场采用终身保荐人上市制度，通过挂牌后再融资的方式募资。交易机制采用连续竞价和集合竞价相结合的制度，监管和信息披露与伦敦主板交易完全相同，但退市制度并不严格。中国香港创业板市场采用保荐人推荐制度。交易机制采用连续竞价交易制度，监管和退市均由香港联合交易所来把握。香港创业板市场上市标准过低，导致市场连续下行，流动性枯竭，这是需要吸取的教训。

在这一章，我们将以美国 NASDAQ 市场、英国 AIM 市场、中国香港创业板市场作为参照，从市场的建立和发展，以及上市制度、交易制度、监管制度、退市制度等多个大的层面，剖析高科技市场的发展特点和经验教训，由此给予我国科创板的发展一些启示和建议。

## 第一节　高科技市场结构

全球高科技市场的发展可以概括为三个阶段：19 世纪至 20 世纪 50 年代的萌芽期，20 世纪 60 年代至 90 年代的起步期，20 世纪 90 年代中期以后的迅速发展期。

19 世纪至 20 世纪 50 年代为高科技市场发展的萌芽期，在这个阶段，欧美创业板市场的原始形态，即早期的柜台交易市场和地方性交易所开始出现。在 19 世纪的美国，几乎每个大城市都有一家交易当地公司股票的证券交易所。但受限于通信手段的落后，跨地区的股票买卖仍无法实现。进入 20 世纪以后，随着通信技术的发展和通信设备的出现，地方性交易所的交易日益萎缩，股票交易逐渐集中到纽约证券交易所和少数几家大型的全国交易所。

20世纪60年代至90年代是高科技市场发展的起步期，在此期间，专门面向中小企业的股票市场陆续成立。1962年，美国纽约的商品交易所为了实现业务的多元化，设立了全国证券交易所，由于上市公司少、知名度低，运作并不成功，最终于1968年被迫关闭。1971年2月8日诞生了另外一个创业板市场——NASDAQ市场。从柜台交易市场发展起来的NASDAQ市场，成立以后发展迅速，吸引了大批高科技公司上市，比如英特尔（Intel）公司，市场交易日益活跃。

在欧洲，创业板市场起步于20世纪80年代。1980年，英国伦敦证券交易所设立了未挂牌证券市场（Unlisted Securities Market，USM）。到了20世纪80年代中期，几乎欧洲的每一个证券交易所都设立了针对中小企业的第二板市场，例如法国巴黎证券交易所设立了场外交易市场（Marché Hors Cote），荷兰的阿姆斯特丹证券交易所设立了正式平行市场（Official Paralled Securities Market），等等。但是，这些第二板市场大多因为信息不对称、交易活跃度低等问题缺乏吸引力，未真正实现为中小企业解决融资问题的目标，最终被迫关闭。阿姆斯特丹证券交易所最先关闭了正式平行市场；随后，1992年，英国伦敦证券交易所也透露了关闭USM的意向；1993年，德国的两个小型第二板市场仅有5家上市公司；意大利和西班牙的第二板市场也相继关闭；丹麦的第二板市场自1989年以后就再也没有新公司上市。英国民间咨询公司GB&P（Graham Bannock & Partners）在1994年8月向欧盟提交的咨询报告中表示，欧洲各国建立第二板市场的努力失败了。

在亚洲，日本率先尝试建立创业板市场。1961年，东京证券交易所设立了二部市场；1973年，日本证券业协会制定了柜台交易注册制度；1976年，正式设立日本柜台交易市场；1983年，日本证券监管机构放宽了柜台市场的注册要求，允许公司在柜台市场上发行股票；1991年，日本的第二板市场加斯达克成立。1987年12月，新加坡证券交易所设立了面向中小企业的第二板市场赛斯达克（SESDAQ）。

20世纪90年代中期以后是迅速发展期，创业板市场在交易量、知名度和融资水平上都得到了迅速发展。首先是1994年，美国NASDAQ市场交易量首次超过了纽约证券交易所；1999年，NASDAQ成为世界上交易金额排名第一的证券交易市场。其次，欧洲在第二板市场探索失败后，充分吸取教训，在欧洲委员会的推动下于1995年开始了新一轮的尝试。英国的伦敦证券交易所在关闭USM市场后，于1995年6月设立了AIM市场。1996年9月，第一家泛欧证券市场易斯达克（EASDAQ）在比利时正式交易。此后不久，德国、意大利、芬兰、瑞典、丹麦、挪威、荷兰等国也相继设立了新市场，这些市场都得到了健康发展，为当地的中小高科技公司筹集了大量的资金，推动了欧洲高科技产业的发展。

在亚洲，1994年，我国台湾证券柜台买卖中心进行了交易制度改革，放松了高科技企业上柜的标准。1996年，韩国设立了科斯达克（KOSDAQ）市场，其在四年间总交易额超过了韩国主板市场，市场活跃度较高。1997年，马来西亚设立了麦斯达克（MESDAQ）市场。1999年，我国香港联合交易所设立了创业板市场。

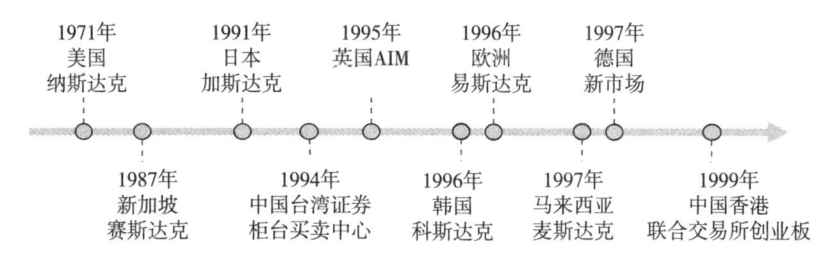

**图2-1　高科技市场发展进程**

资料来源：中信建投证券研究发展部。

NASDAQ 市场是高科技市场中最为成功的一个。截至 2019 年 6 月 18 日，NASDAQ 总市值约 94.2 万亿元，上市公司 2 761 家，平均每家上市公司市值约为 341 亿元，其规模在所有高科技市场中居第一。其中平均市值最高的是 NASDAQ 全球精选市场，高达 638.1 亿元，远高于 NASDAQ 全球市场和 NASDAQ 资本市场（市值分别为 40.1 亿元和 12.4 亿元），体现了不同层次的上市要求。英国的另类投资市场 AIM 发展也较快，总市值接近 1.56 万亿元，上市公司 912 家，平均市值 17.1 亿元，但是低于 NASDAQ 水平。我国香港的创业板市场规模较小，总市值仅 1 346 亿元，上市公司平均市值仅 3.4 亿元。

表2-1 主要高科技市场规模对比（截至 2019 年 6 月 18 日）

| | 总市值（亿元人民币） | 上市公司（家） | 上市公司平均市值（亿元人民币） | 市场定位 |
| --- | --- | --- | --- | --- |
| NASDAQ | 941 835 | 2 763 | 340.9 | —— |
| NASDAQ-GS | 912 509 | 1 430 | 638.1 | 优质精选高科技企业 |
| NASDAQ-GM | 18 366 | 458 | 40.1 | 世界范围内的大型企业以及经小型资本市场发展起来的企业 |
| NASDAQ-CM | 10 807 | 875 | 12.4 | 与高科技有关的新兴企业 |
| LSE-AIM | 15 633 | 912 | 17.1 | 高成长性的新兴中小企业 |
| 香港创业板 | 1 346 | 392 | 3.4 | 增长型企业，特别是高科技企业 |

资料来源：Wind，中信建投证券研究发展部。

## 一、NASDAQ 市场建设经验

（一）美国多层次资本市场体系中的 NASDAQ 市场

美国股票市场历史悠久，最早可以追溯到 1792 年由 24 名对无序竞争感到忧虑的经纪人签署的《梧桐树协议》。该协议仅有三条内容：证券交易只与在《梧桐树协议》上签字的经纪人进行；经纪人收取不少于交易额0.25%的手续费；经纪人在交易中互惠互利。由此，有序竞争的观念逐渐成为共识，参与协议的经纪人逐渐增多，最终成立了纽约证券交易所。

但证券市场监管落后于实务，且权力分散。由于美国早期仍是一个政治权力松散的联邦制国家，因此是先有专门的证券经纪人和证券交易所，再有州级证券监管机构与法律，最后才有联邦证券监督机构与相关法律。监管层权力呈现中央小、地方大的特点。具体来讲，1904年斯特朗夫妇诉菲律宾白糖实控人考夫曼内幕交易案，是第一部证券监管法律出台的导火索。1911年堪萨斯州通过了第一部有关证券发行的综合性法律《蓝天法》，在上市公司股票交易的信息披露及证券经纪人的资质问题上做出了较为详细的规定。随后，各州政府纷纷效仿，制定了类似的法律文件，统称为《蓝天法》，并成立了各州的证券监管机构。在此基础之上，1929年，面对全国经济危机，美国总统罗斯福主持联邦政府建立统一的全国性监管机构并制定相关法律，包括1933年的《联邦证券法》和1934年的《证券交易法》，成立了证券交易监督委员会，最终形成联邦法律——州级法律——交易所规章的三重规则体系，以及联邦证监会及派出机构——州级证券监督机构——行业自律规范的三重监管机构。

经过200多年的发展，美国拥有全球最发达、层次最为丰富的股票交易市场，形成了集中与分散相统一、全国性与区域性相协调、场内交易与场外交易相结合的"金字塔结构"。金字塔塔基由粉单市场和场外柜台交易系统（OTCBB市场）组成；塔中是美国证券交易所和NASDAQ小资本市场，主要针对中小型上市企业；塔尖是纽约证券交易所、NASDAQ全球精选市场和NASDAQ全球市场，主要针对大型的蓝筹企业。其中，纽约证券交易所、NASDAQ 市场和 OTCBB 市场是美国主要的股票交易市场。与中国科创板最具有可比性的是 NASDAQ 市场。

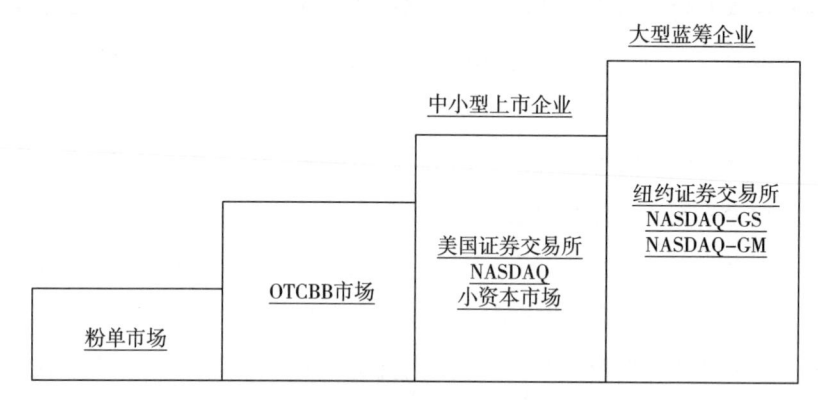

图 2-2　美国多层次资本市场体系

资料来源：中信建投证券研究发展部。

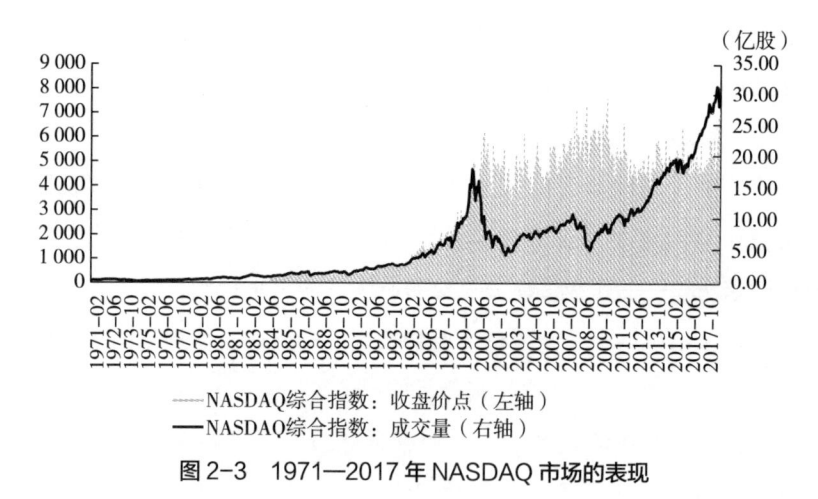

图 2-3　1971—2017 年 NASDAQ 市场的表现

资料来源：Wind，中信建投证券研究发展部。

NASDAQ 的全称为美国全国证券交易商协会自动报价表，1971 年由全美证券交易商协会（National Association of Securities Dealers, NASD）设立，是世界上第一家，也是目前最大的电子化证券交易市场。

## 第二章 高科技市场的建设经验

NASDAQ市场是在美国股票市场的场外交易发展到一定程度后设立的。原先柜台证券交易市场上的交易行情主要通过美国全国报价局每日的印刷品粉单（pink sheet）公布，但是由于粉单每天只印刷一次，投资者无法随时掌握市场行情的变化。为进一步解决即时报价问题，提高交易价格的透明度和场外交易市场的效率，全美证券交易商协会于1971年设立了自动报价系统——NASDAQ。成立首日NASDAQ就为OTCBB市场的2500只股票显示报价，但当时还不具备交易功能。

1975年NASDAQ设置了第一套上市标准，对挂牌公司的总资产、股本及资本公积、公众持股数、股东数及做市商数量提出了要求。1982年，NASDAQ在其报价系统的基础上开发了NASDAQ全国市场（NMS）系统，并设置了一套更高的上市标准，将部分规模大、交易活跃的股票强制划入新成立的NASDAQ全国市场。其他不满足全国市场上市标准的股票所组成的市场被称为NASDAQ常规市场（Regular NASDAQ Market）。2000年，NASDAQ启动私有化进程。2002年10月NASDAQ启用超级蒙太奇（超级电子自动对盘）系统，此时交易制度更具有指令驱动型特征，不仅改善了交易报价价差，还提高了市场流动性。2006年7月，NASDAQ又通过引入更高的上市标准，成立了NASDAQ全球精选市场，将NASDAQ市场内满足新标准的1 187家公司转移到全球精选市场挂牌。综合来看，NASDAQ全球精选市场的上市标准是世界最高的；同时，NASDAQ全国市场更名为NASDAQ全球市场，NASDAQ小资本市场更名为NASDAQ资本市场，从此NASDAQ市场内部形成三个层次。2006年1月，NASDAQ获得美国证券交易委员会（SEC）的批准，成为全国性证券交易所，正式从场外市场变身为交易所（见图2-4）。

```
1971年              1984年                2000年
NASDAQ市场设立    NASDAQ加入交易功能    NASDAQ启动私有化进程

              2006年              2002年
         NASDAQ正式从场外市场    超级蒙太奇系统上线
              变身为交易所
```

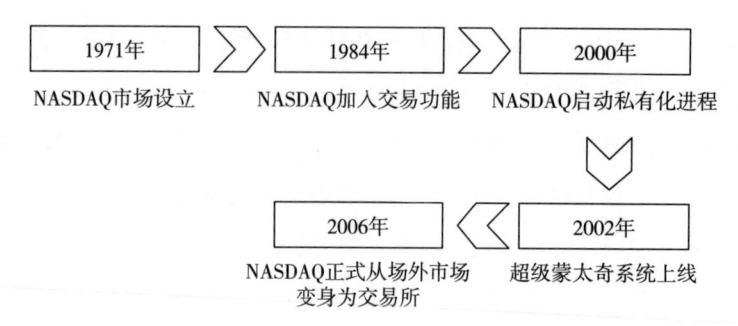

**图 2-4　NASDAQ 自成立以来的发展历史**

资料来源：中信建投证券研究发展部。

与纽约证券交易所主要定位于大型企业不同，只有 48 年历史的 NASDAQ 交易所定位于小型的创新公司，被公认为高科技企业成长的摇篮。NASDAQ 交易所在 1998 年 10 月 30 日与美国证券交易所合并，共有 3 049 只股票，比纽约证券交易所的股票更多，其中 2 000 多只都是高科技企业。美国的互联网公司绝大部分都在 NASDAQ 上市。计算机及电信行业在 NASDAQ 交易所中的占比最高，软件行业中 93.6%、半导体行业中 84.8%、通信设备行业中 81.7% 的公司均在 NASDAQ 上市。NASDAQ 拥有英特尔、微软、思科、亚马逊、戴尔等绝大多数高科技企业，成为美国科技类企业云集的市场，培育了一批以电子、通信、计算机、生物科技等新兴产业为代表的高科技企业，推动了美国高科技产业的发展。

除了帮助美国的高科技企业成长之外，NASDAQ 交易所还吸引了世界各地的优秀上市公司。2018 年 9 月，NASDAQ 交易所中美国本土企业共有 2 624 家，美国之外的企业共有 425 家，其中亚洲企业约占 15%。NASDAQ 交易所以其包容性为全球的优秀企业提供资金，并使得投资者能够分享全球经济发展的红利。

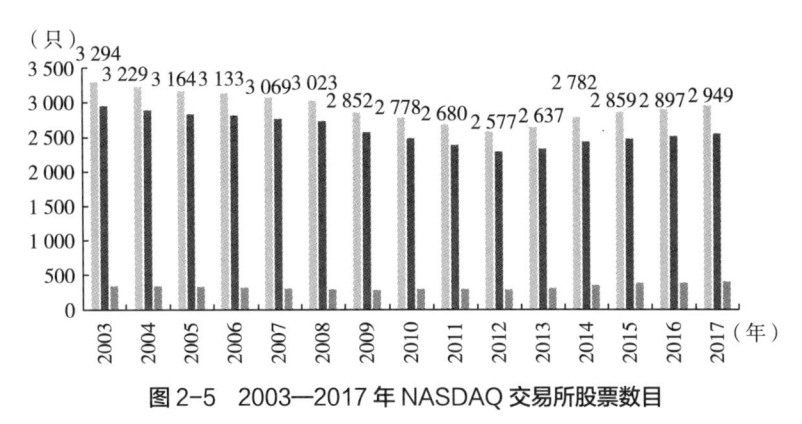

**图 2-5　2003—2017 年 NASDAQ 交易所股票数目**

资料来源：中信建投证券研究发展部。

## （二）NASDAQ 的市场结构

从市场结构上来看，NASDAQ 内部存在着分层，主要包括 NASDAQ 全球精选市场、NASDAQ 全球市场和 NASDAQ 资本市场。市场分层进一步优化了市场结构，吸引了不同层次的企业上市，也实现了不同阶段的企业的转板需求。

（1）NASDAQ 全球精选市场在财务和流通性方面的要求高于世界上任何其他市场，被列入 NASDAQ 全球精选市场是优质公司的身份与成就的体现。

（2）NASDAQ 全球市场是 NASDAQ 最大而且交易最活跃的股票市场。要想在 NASDAQ 全球市场折算，这家公司必须满足严格的财务、资本额和共同管理等指标。

（3）NASDAQ 资本市场是专为处于成长期的公司提供的市场。NASDAQ 小资本市场有 1 700 多只股票挂牌。小型资本额等级的公司，上市财务指标没有 NASDAQ 全球市场的上市标准严格，但它们的共同管理的标准是一样的。当小型资本额等级的公司发展稳定后，它们通常会提升至 NASDAQ 全球市场。

由于 1998 年 NASDAQ 交易所与美国证券交易所合并，原来归于美国证券交易所的期权和衍生产品交易也一并被承接了下来，在 NASDAQ 交易所能够同时展开多品种交易。除此之外，NASDAQ 交易所和美国证券交易所为中小市值公司提供一系列服务来增加其关注度。通过这种合作，NASDAQ 交易所与中小型上市公司形成战略合作伙伴关系，帮助提升公司管理层和股东的价值，并保证所有的上市公司都有一个公平有序的市场交易环境。

## 二、LSE-AIM 市场建设经验

### （一）LSE 高科技市场和 AIM 市场

与美国证券市场一样，英国证券市场同样有着悠久的历史。伦敦证券交易所（LSE）成立于 1801 年，隶属于伦敦证券交易所集团，是世界上历史最悠久的证券交易所之一。伦敦证券交易所的前身为 17 世纪末伦敦交易街的露天市场，它是当时买卖政府债券的"皇家交易所"。1973 年，伦敦证券交易所与设在英国格拉斯哥、利物浦、曼彻斯特、伯明翰和都柏林等地的交易所合并。

伦敦证券市场的主要结构是主板市场（Main Market）、另类投资市场（AIM）、专业投资者市场（Professional Securities Market，PSM）与专家基金市场（Specialist Fund Market，SFM）。在四大主要市场以外，伦敦证券交易所还开设了 ATT Only 市场（Admission To Trading Only）。

从伦敦证券市场的结构来看：第一，主板市场是当前全球流动性最高的市场之一。主板可以细分为高级市场、标准市场、高增长市场与高科技市场四个子市场。前三者是三个互不重合的子市场，高科技市场则是高级市场与标准市场的子集。高科技市场将主板中着力研发创新的企业单列，形成一个独立板块。第二，另类投资市场 AIM 是伦敦证券交易所的创业板市场，主要定位于满足小型、新兴和成长型企业的融资需求。上市企业行业分布与主板市场类似。第三，专业投资者市场与专家基金市场都只面向机构投资者。在专业投资者市场挂牌的主要是采用机构发行方式发行的公司债、可转债和全球存托凭证（GDR）等产品，而在专家基金市场挂牌的主要为基金产品。第四，ATT Only 市场主要为在其他交易所上市的证券提供有限交易。该板块主要服务于暂不符合在其他板块上市条件或不愿在伦敦证券交易所正式上市的企业，挂牌的证券主要有股票、GDR 与美国存托凭证（ADR）等。与中国科创板定位较为类似的是主板市场中的另类投资市场 AIM。

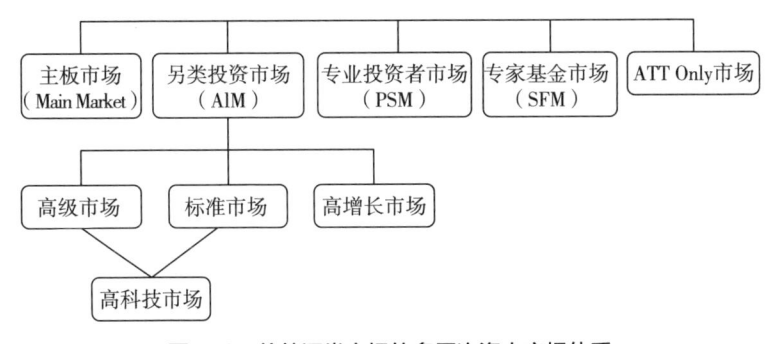

**图 2-6　伦敦证券市场的多层次资本市场体系**

资料来源：《渐行渐近的沪伦通》，中信建投证券研究发展部。

为了消除投资者的疑惑，我们再次专门介绍伦敦高科技市场。伦敦主板市场中的高科技市场是按照自成体系的认可方式和 FTSE 指数，将 FTSE 板块的公司重新集结起来组成一个市场的。伦敦证券市场中的高科技市场并没有设定单独的上市、监管和交易机制，只是将主板中致力于技术创新、研发和开发的创新型行业单独列出而已。这种方式有利于构建指数（例如 FTSE TechMARK 指数），为企业与投资者的关系带来新的衡量方式，赋予创新技术企业更大的透明度。在这种情况下，指数基金等机构投资者能够更加便利地对高科技企业进行投资。从这一点上看，伦敦高科技市场给我们的一个重要启示是：中国资本市场中指数产品的开发，特别是针对高科技企业的指数开发与投资，是有必要学习伦敦高科技市场的。

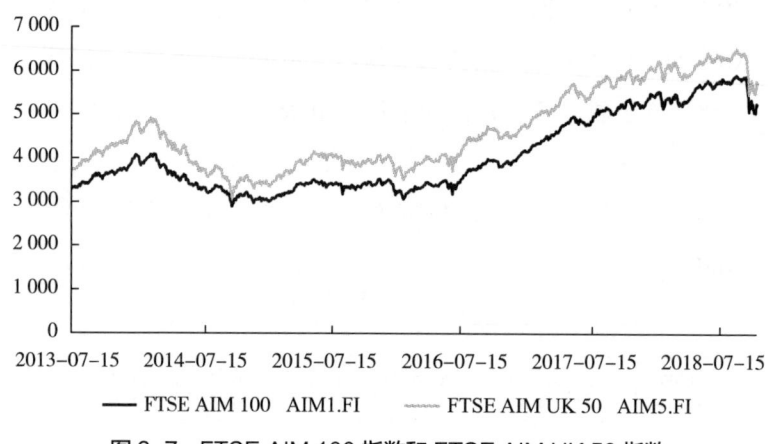

**图 2-7　FTSE AIM 100 指数和 FTSE AIM UK 50 指数**

资料来源：《渐行渐近的沪伦通》，中信建投证券研究发展部。

### （二）AIM 市场的特点

为满足小型、新兴和成长型企业进入公开资本市场的需求，1995年6月，伦敦证券交易所设立了另类投资市场 AIM。AIM 成立时只有 10 家上市公司，但是初期发展很快，设立的第一年就吸引了 158 家公司上市。在随后的几年发展中，速度有所放缓。1999 年以后，受全球范围内追捧新经济公司和高科技股的影响，AIM 的发行上市和交易日趋活跃。截至目前，共有 912 家公司在 AIM 上市，共筹集资金约 1.56 万亿元。AIM 由各行各业的公司组成，目前该市场覆盖 40 多个不同的行业，已经成为全球中小型企业的主要融资场所。

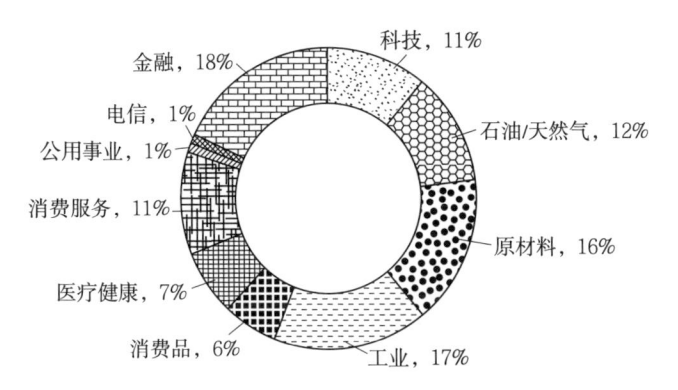

**图 2-8　AIM 行业分布及占比**

资料来源：*A Guide to AIM*（2015），中信建投证券研究发展部。

AIM 虽然附属于伦敦证券交易所，但有其独立的运作规则和管理机构，其最主要的特点是上市标准较低。AIM 面向全世界的新兴企业，对公司的规模、经营历史、公众持股比例等不设最低要求，是世界主要高科技市场中指标要求最低的。新兴公司申请在 AIM 上市时，只需要具备充足的营运资金以应付至少现时 12 个月的需求。如果其主业盈利的记录不到两年，则拥有 10% 或更多股份的董事和雇员必须承诺至少在公司上市后的一年内不出售任何股份。在 AIM 上市的关键是要聘请专业顾问（保荐人）。专业顾问在公司申请上市时会协助公司在上市文件中做全面披露，并提供持续协作以使其符合监管规定。

与 NASDAQ 市场相同，AIM 的包容性也非常强，允许全球范围内符合条件的科技创新公司在 AIM 上市。根据 LSE 的统计，已经有超过 100 个国家和地区的企业在 AIM 上市。

图 2-9　AIM 市值分布

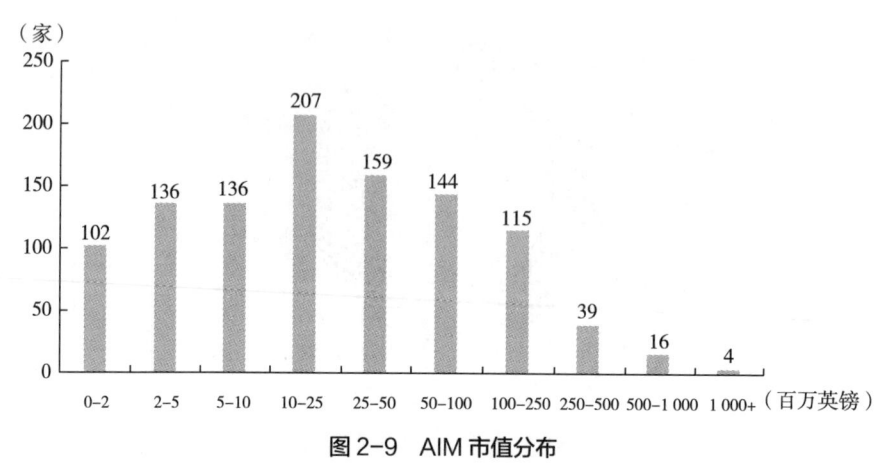

资料来源：*A Guide to AIM*（2015），中信建投证券研究发展部。

## 三、香港联合交易所创业板市场建设经验

香港联合交易所创业板设立于 1999 年 11 月 25 日。当时正值全球科技网络概念股大兴，由于对上市公司没有行业类别和规模的限制，也不设盈利要求等，香港创业板在成立初期吸引了大批企业上市，其中大多数企业虽然具有发展潜力，但是成立时间较短，业务不成熟。因此在全球网络股泡沫破灭时，2003—2006 年新上市公司数目连续四年减少，从 27 家减少至仅 6 家，企业 IPO 融资额也从 2000 年的 148 亿港元缩减至 2005 年的 6.65 亿港元。由于融资功能的萎缩和二级市场流动性低，香港创业板从 2006 年开始进行改革探索，包括对上市规则做出修订，提高创业板上市的门槛，重新定位为第二板及主板的转板市场等。2006 年以来，该创业板总市值和总成交额有所增加，2008 年 5 月总市值和总成交额分别为 1 238 亿港元和 66 亿港元，但也仅仅相当于香港主板市场的 0.8% 及 0.6%。由于市场规则的改变，大量优质企业涌入主板市场，香港创业板的竞争力大大缩小。截至 2018 年 9 月，香港创业板成交量仅 76.33 亿

港元，上市公司 383 家。

香港创业板市场是主板市场以外的一个完全独立的新的股票市场，与主板市场具有同等地位，而不是一个低于主板或与之配套的市场。在上市条件、交易方式、监管方法和内容上，创业板市场都与主板市场有很大差别。创业板的宗旨是为新兴的、有增长潜力的企业提供一个筹集资金的渠道。它的创建对我国经济产生重大的影响，它的目标是发展成为亚洲的 NASDAQ 市场。

香港创业板与现有主板市场相比具有以下特色：以高增长公司为目标，注重公司增长潜力及业务前景；市场参与者必须自律以及自发地履行其责任；买者风险自负；适合有风险容量的投资者；监管理念以信息披露为本；要求保荐人具有高度专业水平及诚信度。

从标普香港创业板市场的表现和上市公司数量来看，香港创业板市场从 2005 年 1 月的 1 000 点下跌到了 2018 年 9 月的 50 点，跌幅高达 80%。从交易金额来看，2018 年 9 月，成交量萎缩到 76.33 亿港元，上市公司的数目总共为 383 家。相对于美国 NASDAQ 和伦敦 AIM，香港创业板市场在标的数量、证券市场的流动性和有效性方面存在不足。香港创业板市场实际是一个萎缩的失败市场。

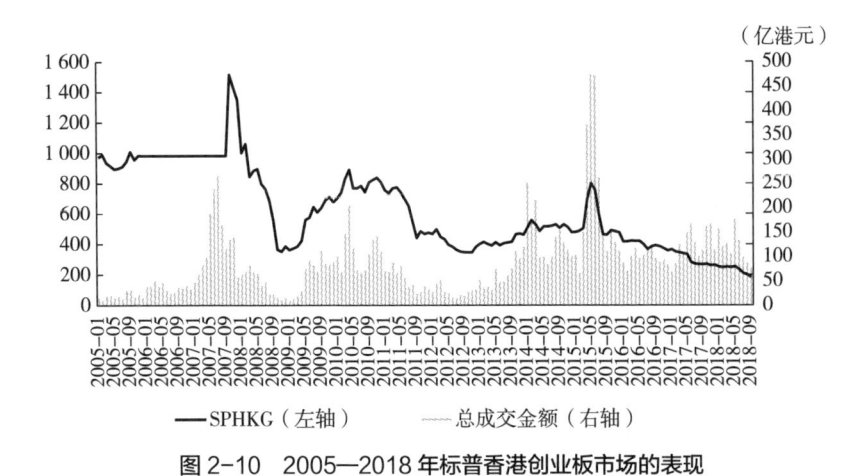

图 2-10　2005—2018 年标普香港创业板市场的表现

资料来源：Wind，中信建投证券研究发展部。

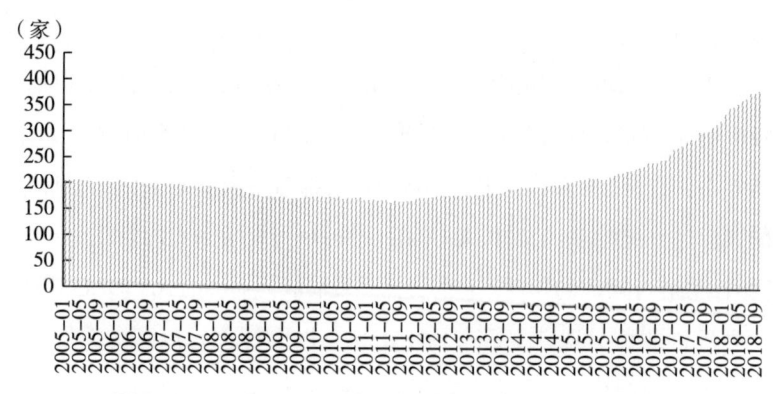

图 2-11　2005—2018 年香港创业板市场上市公司数量

资料来源：Wind，中信建投证券研究发展部。

# 第二节　上市制度比较

## 一、NASDAQ 严格的上市分层制度

NASDAQ 上市制度并非一成不变，成立至今主要经历过三次重大的调整，每次调整均与当时美国经济发展需求、产业政策导向以及市场监管要求密切相关。目前 NASDAQ 的上市制度是 2006 年以来改革的成果。NASDAQ 市场分为 NASDAQ 全球精选市场、全球市场和资本市场三个层次。全球精选市场财务标准最高，有 4 套上市标准，上市公司是来自世界各地的优质公司以及下两个层次发展起来的公司。资本市场准入门槛最低，一共有 3 套初次上市标准，主要服务于新成立的风险较高的小公司。全球市场上市标准介于两者之间。如果触发要求，公司可以通过主动申请转移实现三个层次内部的升降。不同的财务指标和非财务指标构成了不同层次市场的上市条件，但主要考察的方面仍在于盈利能力、现金流、股东权益、流通性、公司治理、做市商等几个核心指标，具体

要求如表 2-2 所示。

表 2-2　NASDAQ 分层市场上市要求

| | 财务指标 | 非财务指标 |
|---|---|---|
| NASDAQ-GS | 标准 1：前 3 个财务年度累计税前净利润不低于 1 100 万美元，近 2 个财务年度每年税前净利润不低于 220 万美元，且前 3 个财务年度每年均盈利 | 买价 4 美元 |
| | 标准 2：前 3 个财务年度累计现金流不低于 2 750 万美元，并且 3 个财务年度每年净利润为正，近 12 个月平均市值不低于 5.5 亿美元，上一财务年度总收入不低于 1.1 亿美元 | 3 个或 4 个做市商 |
| | 标准 3：前 12 个月平均市值不低于 8.5 亿美元，且上一财务年度总收入不低于 9 000 万美元 | 满足公司治理要求 |
| | 标准 4：总市值不低于 1.6 亿美元，且总资本不低于 8 000 万美元，股东权益不低于 5 500 万美元 | —— |
| NASDAQ-GM | 标准 1：税前持续营业收入 100 万美元，股东权益 1 500 万美元，且公众持股市值 800 万美元，公众持股数 110 万 | 买价 4 美元 |
| | 标准 2：股东权益 3 000 万美元，公众持股数 110 万，且公众持股市值 1 800 万美元，运营年限 2 年 | 3 个做市商 |
| | 标准 3：上市股票市场价值 7 500 万美元，公众持股数 110 万，且公众持股市值 2 000 万美元 | 满足公司治理要求 |
| | 标准 4：公众持股数 110 万，公众持股市值 2 000 万美元，且最近 1 个财务年度或者最近 3 个财务年度中的 2 年总资产 7 500 万美元 | 百股以上持有人 400 人 |
| NASDAQ-CM | 标准 1：股东权益 500 万美元，公众持股市值 1 500 万美元，且运营年限 2 年 | 买价 4 美元 |
| | 标准 2：股东权益 400 万美元，公众持股市值 1 500 万美元，且挂牌股票市值 5 000 万美元 | 3 个做市商 |
| | 标准 3：股东权益 400 万美元，公众持股市值 1 500 万美元，且最近 1 个财务年度或者最近 3 个财务年度中的 2 年持续净盈利 75 万美元 | 满足公司治理要求；百股以上持有人 300 人；公众持股数 100 万 |

资料来源：《中国创业板与纳斯达克市场制度比较研究》，中信建投证券研究发展部。

## 二、AIM 终身保荐人上市制度

AIM 的发行制度也在受到欧盟法规约束后，经历了由简入繁再由繁入简的过程。2004 年以后，AIM 市场由欧盟监管转变为交易所监管。拟进入 AIM 公开发行并挂牌交易的公司必须按照《欧盟招股说明书指令》制作招股说明书，并取得英国金融服务管理局（FSA）的核准。若是私募发行或者利用公开发行的法定例外情形进行融资以及申请股票在 AIM 挂牌交易的，只需要取得伦敦证券交易所的同意即可。目前，大部分 AIM 上市公司都规避了公开发行证券的方式，采用挂牌交易后再融资的方式募集资金。

AIM 上市采用终身保荐人制度，除对会计报表进行了规定以外，没有对规模、盈利能力、经营时间、公众持股等的要求。上市公司只需要具备支持 12 个月需求的营运资金，如果其主业盈利的记录不足 2 年，则持股 10% 以上股份的股东应接受至少 1 年的锁定期。但公司上市前必须聘请终身保荐人，伦敦证券交易所不对其进行审核，而是依据保荐人出具的保荐意见。此外，还需要任命一名指定经纪人并编制上市文件，文件信息包括公司及业务活动的有关信息、财务信息、董事情况等。上市流程主要包括：（1）申请人应至少在股票拟上市日前一个月，公开其上市文件；（2）申请人应在预计股票上市开始前 10 个工作日（已在其他交易所上市的申请人应在预计股票上市开始前 20 个工作日），通过伦敦证券交易所发出有意在 AIM 上市的声明；（3）申请人应在预计上市交易前至少 3 个工作日，提交由申请公司签署的申请表和上市文件，以及由指定保荐人前述的申报单，同时缴纳上市费用；（4）申请人自获得伦敦证券交易所批准上市的交易通知起可上市交易。

对于已在别的市场上市的公司，如果于伦敦证券交易所指定名单中的市场上市，只需要在证券交易超过 18 个月后制作一份详细的上市前声明，即可完成 AIM 市场的上市。指定名单中的市场包括纽约证券交易所、NASDAQ、欧洲证券交易所、德国证券交易所、澳大利亚证券交易所等发达国家或地区的知名交易所市场。

## 三、香港创业板保荐人上市制度

与英国 AIM 市场一样，香港的创业板市场也采取了保荐人制度。新上市的申请人须聘任一名创业板保荐人为其呈交上市申请，聘任期须持续一段固定时间，该时间至少涵盖公司上市当年的财政年度余下的时间，以及其后 2 个完整的财政年度。香港创业板保荐人主要从销售收入、市场占有率、所处行业发展状况以及企业自身因素来挑选被保荐企业。在香港创业板上市要求注册地、主营业务明确，管理层稳定，公众持股达到一定比例，但对于业绩条件则要求宽松，没有设置最低利润要求。具体上市条件总结如下。

表 2-3　香港创业板上市条件

| 项目 | 具体条件 |
| --- | --- |
| 财务要求 | 申请人必须拥有不少于 2 个财政年度的业务记录，日常业务有现金流入，上市文件刊发之前 2 个财政年度总额至少达 3 000 万港元（调整营运资金的变动和已付税项未计入在内） |
| 营业记录及管理层 | 申请人必须具备 2 个财政年度的业务记录：（1）管理层在最近 2 个财政年度维持不变；（2）最近一个完整的财政年度内所有权和控制权维持不变 |
| 最低市值 | 上市时证券市值至少为 1.5 亿港元 |
| 公众持股市值 | 上市时公众持有的股份市值至少为 4500 万港元 |
| 公众持股量 | 至少占发行人已发行股本的 25% |
| 股东分布 | 持有有关证券的公众股东至少为 100 人，持股量最高的 3 名公众股东，其实际持有的股数不得超过证券上市时公众持股量的 50% |

续表

| 项目 | 具体条件 |
|---|---|
| 控股股东上市后禁售期（上市前的基石投资者的股份亦受禁售期限制） | 2年（上市后首个12个月内不得出售股份；第二个12个月内可以出售股份，但必须维持控股地位） |
| 注册地 | 申请人必须依据中国内地及香港地区、百慕大或开曼群岛的法律注册成立 |

资料来源：中信建投证券研究发展部。

此外，在香港创业板上市的大致流程为：公司决议申请上市后聘任创业板保荐人及其他有关人员，聆讯日期前至少25个营业日提交上市申请，聆讯后创业板上市委员会批准申请，公司发招股章程，挂牌上市。

## 第三节 交易制度比较

### 一、NASDAQ 混合式交易制度：做市商制度中引入竞价交易制度

NASDAQ最初采用的交易制度为多元做市商报价驱动，即一只股票同时由多个做市商提供买卖报价，做市商可以为自己、自己的客户或其他代理商进行交易，通过价格吸引客户订单。做市商制度的特征是：做市商就其负责的证券，有责任同时向投资者持续报出价差在一定限额以内的买入和卖出价格，并且在其报价下执行一定数量的买卖订单；所有客户的买卖都是与做市商进行的，客户之间不直接进行交易。

纯粹的做市商报价驱动制度具有一定的优点：一是证券交易的及时性高，投资者可以按照做市商的报价立即进行交易，而不用等待交易对手的买卖指令，且对于处理大额交易订单优势更加明显；二是交易价格具有稳定性，在指令驱动中，证券价格随投资者的买卖指令的变化波动

较大，而做市商报价受证券交易市场规则的约束，具有缓和价格波动的作用；三是可以抑制股价操纵，做市商对股票持仓做市，从而使得操纵者不愿"抬轿"。但是在实践中，做市商制度也容易出现一些问题，比如价格缺少透明度，交易成本和监管成本较高，做市商之间可能串通滥用特权等。目前仍采用纯粹的做市商报价驱动交易制度的市场已经很少了。

1990 年，NASDAQ 在其"小额交易指令执行系统"（SOES）中引入"限价委托自动撮合"功能，对优于做市商报价的客户指令进行自动撮合。例如，假设市场内盘做市商对某股票的最佳报价为 40 元买入，40 又 3/8 元卖出。此时 SOES 收到一个买入指令为 40 又 1/4 元买入 500 股，另一个卖出指令为 40 又 1/4 元卖出 500 股，由于两个限价委托指令的出价和要价均优于内盘的买卖报价，因此系统将自动撮合这两项委托，以使顾客得到最优的买卖价格。由于这一功能的引入，NASDAQ 的交易系统开始具备报价驱动系统的特征，不再是纯粹的做市商制度。

1996 年，《曼宁法案》进一步要求做市商必须显示顾客优于自身报价的委托指令，并将其作为自身报价的一部分。例如，假设某做市商的报价为 45 元买入，45 又 1/2 元卖出。此时收到一个顾客的限价委托为 45 又 1/4 元买入。在《曼宁法案》实施之前，做市商可以无视该项委托。尽管顾客的出价更高，但做市商可以为自身的账户在 45 元的水平上买入股票而不执行顾客的指令，而《曼宁法案》之后则要求做市商在这种情况下必须首先满足顾客的指令。因此，一个卖出委托将首先碰到这个顾客出价为 45 又 1/4 元的买入委托，只有当这个买入委托被消化以后，如果卖出委托还没有得到满足，剩下的部分才能够以 45 元的价格卖给做市商。《曼宁法案》的生效大大强化了 NASDAQ 交易系统指令驱动的特征。然而，真正使 NASDAQ 采用混合式交易系统的是 1997 年《交易指令处理规则》的施行。

1997年，美国证监会通过法案执行新的《交易指令处理规则》。新规则要求NASDAQ市场必须显示电子通信网络（ECNs）的最优买卖报价。由于ECNs的买卖报价就是客户的交易指令，因此NASDAQ实际上同时显示了做市商的报价以及客户的买卖指令，这使得NASDAQ市场的交易制度真正具备了做市商报价驱动与委托指令驱动的双重特征，成为真正意义上的混合式交易制度。

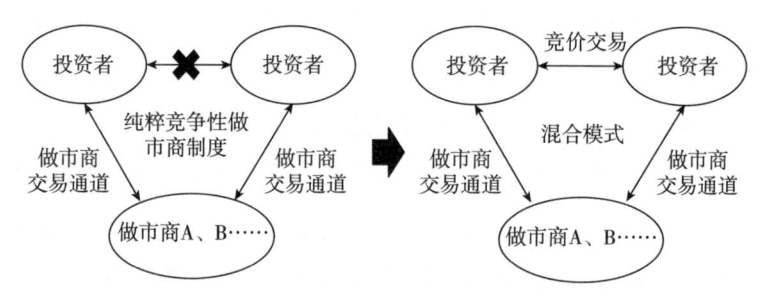

图 2-12　NASDAQ 交易制度的变化

资料来源：中信建投证券研究发展部。

由于混合式交易制度显示出来的优越性，这种制度目前被越来越多的创业板市场采用。除了NASDAQ市场外，日本加斯达克市场、德国和法国的新市场也都采用混合式交易制度。

## 二、AIM 市场的混合式交易制度

目前伦敦证券交易所共有4套证券交易系统，其中运用做市商交易系统的主要有SETSqx和SEAQ。SETSqx系统的前身为SETSmm，交易对象主要为不符合STES系统要求的主板股和一些AIM股票，其特点是流动性一般，需要引入做市商来提高市场效率和流动性。SEAQ交易系统是以做市商交易制度为主导的交易系统，在该系统交易的证券流动性较差。AIM的股票在SETSqx和SEAQ两个不同的交易系统均有交易，所以 AIM 的交易制度其实属于竞价交易和做市商交易的混合版。

表 2-4　伦敦证券交易所交易系统

| 交易系统 | 交易制度 | 交易对象 | 股票流动性 |
| --- | --- | --- | --- |
| SETS | 集中竞价交易制度 | FTSE 250 股票以及其他符合条件的中盘股 | 较高 |
| SETSqx | 竞价交易和做市商交易混合 | 不符合 SETS 要求的其他主板股以及一些 AIM 股票 | 一般 |
| SEAQ | 以做市商为主导的交易制度 | 英国 SETS、SETSqx 系统以外的主板股以及 AIM 股票、固定收益产品 | 较差 |
| 其他操作系统（如 Eurosets-RM） | 竞价交易和做市商交易混合 | 国际股票市场上市交易的外国股票 | —— |

资料来源：伦敦证券交易所，《伦敦证券交易所多层次市场体系改革研究》，中信建投证券研究发展部。

## 三、香港创业板的竞价制度

香港创业板的交易制度为委托驱动，与香港主板市场的交易制度一致，都是连续交易制度。交易所的交易系统是一个买卖盘带动的系统。在开市前时段，系统只接受输入竞价盘及竞价限价盘。在持续交易时段，系统只以限价盘、增强限价盘以及特别限价盘进行买卖。买卖盘可选择附加全数执行或立刻取消指示，即如果不能同时全数完成有关买卖盘，便会取消整个买卖盘，不会将其保留在系统内。

交易时段上，港交所分为开市前时段、持续交易时段和收市竞价交易时段。OTP-C 系统在开市前时段及收市竞价交易时段只接受输入竞价盘及竞价限价。在开市前时段输入 OTP-C 系统的买卖盘价格不可偏离上日收市价或按盘价 9 倍及以上。在收市竞价交易时段输入 OTP-C 系统的买卖盘价格受两个阶段价格限制，第一阶段价格限制适用于输入买卖盘时段，价格限制为参考价的 ±5%；第二阶段价格限制适用于不可取消时段及随机收市时段，限定于输入买卖盘时段结束时的最低卖盘价与最高买盘价之间。

  OTP-C 系统在持续交易时段只接受输入限价盘、增强限价盘以及特别限价盘，而输入 OTP-C 系统的买卖盘价格不可偏离按盘价 9 倍或以上及遵守报价规则，豁免除外。所有于持续交易时段结束时在适用于收市竞价时段的未完成买卖盘的证券，只要买盘价格不超过价格上限及卖盘价格不超过价格下限，就会被自动带入收市竞价交易时段。所有此类由持续交易时段转至收市竞价交易时段的买卖盘将会被系统视为竞价限价盘。

表 2-5　香港创业板交易制度

| 相关制度 | 规定 |
| --- | --- |
| 交易时间 | 每周一至周五为交易日，交易所公告的休市日除外。每个交易日 9：00—9：30 为开市前时段，分为四个阶段：输入买卖盘时段（9：00—9：15），对盘前时段（9：15—9：20），对盘时段（9：20—9：28），暂停时段（9：28—9：30）。9：30—12：00 以及 13：00—16：00 为持续交易时段。16：00 至 16：08—16：10 随机收市，为收市竞价交易时段，半日交易情况下，该时段为中午 12：00 至 12：08—12：10 |
| 交易货币及价位 | 港币为主，某些证券采用美元或人民币交易。价位指价格可增减的最小幅度，港交所对不同股票价格规定了不同的价位。交易单位没有规定，由上市公司及发行人自行决定 |
| 开市报价 | 开市报价应按程序进行，以确保相邻两个交易日价格的连续性，并防止开市时出现剧烈的市场波动。每个交易日第一个输入交易系统的买盘或卖盘都受开市报价规则监管，第一买卖盘的价格不能超过上日收市价 ±4 个价位 |
| 交收制度 | 交易所参与者通过自动对盘系统配对或申报的交易，必须于每个交易日（T 日）后第二个交易日 15：45 之前与中央结算系统完成交收，一般称为"T+2"日交收制度（即交易 / 买卖日加两个交易日交收）。证券商与客户之间的所有清算安排，则属于证券商与投资者之间的商业协议 |

续表

| 相关制度 | 规定 |
|---|---|
| 交易费用 | 以下费用上交港交所或由港交所代收：<br>佣金，经纪人可与客户自由商议；交易费，双边 0.005%；交易征费，双边 0.003%；交易系统使用费，双边每宗交易 0.50 港元；印花税，双边 0.1% |
| 其他重要规定 | 无涨跌停板制度；<br>证券商可以替投资者安排卖出当日较早前已购入的证券，俗称"即日鲜"买卖；<br>准许进行受监管的卖空交易；<br>无指定交易制度，允许回转交易 |

资料来源：香港联合交易所，中信建投证券研究发展部。

## 第四节 监管制度比较

### 一、NASDAQ 监管制度

美国证券交易委员会是美国证券市场的行政监管机构，其监管对象包括交易所和股票市场，监管的目的是保证信息公开和限制内幕交易。而全美证券交易商协会（NASD）和交易所属于自律监管组织。2007 年美国自律监管体系改革，NASD 和交易所会员管理职能整合，成立美国金融业监管局（FINRA），与 NASDAQ 等交易所签订监管协议，负责市场监管和内幕交易监控。至此，NASDAQ 交易所负责上市公司和市场交易的监管，而将会员监管职责通过签订监管服务协议移交 NASD，但交易所将对其会员和市场的监管承担最终的法律责任，一旦出事，NASD 仅负次要监管责任。NASD 监管公司可对会员进行调查、提出不满意见并举行听证。交易所对于上市公司和投资者进行实时监察、协助 IPO、管理市场参与者退出和被动做市请求、监管发行人重要信息披露的及时性和完整性、确定是否需要停牌。此外，还利用自动监测系统对每只证券的交易活动进行监视。一旦发现违法活动，将立即将其提交 NASD 监管公司进行进一步的调查和纪律处分。

在监管机构设置上，NASDAQ 交易所设立了监管监督委员会和首席监管官，其中前者由 3 名独立董事组成，负责监督交易所工作，协助交易所董事会检查监管计划，后者则全面负责监督交易所工作，包括监督交易所的市场监察、申请资料审核和强制执行法律法规。此外，首席监管官管理交易所与自律监管机构签订监管服务协议。交易所还另设一个独立的 NASDAQ 监管部，负责会籍和纪律处罚规则的管理工作。总之，交易所监管机构设立的核心原则就在于与业务条线的独立，以保证监管的有效性。

## 二、AIM 监管制度

在 AIM 上市要依靠终身保荐人的信用背书，从而将保荐人与发行人捆绑，二者共同对投资者负责，而监管的重点也从公司监管转换成保荐人监管。保荐人须履行好上市辅导、尽职调查、确认发行合规、向交易所提交书面声明、持续辅导、定期检查、协助信息披露等职责。一旦保荐人的行为或判断被确认违规或使 AIM 的诚信或声誉受损的，保荐人将受到公开谴责或者被取消保荐人资格。

## 三、香港创业板监管制度

香港发行上市监管工作主要由香港证券及期货事务监察委员会（以下简称为香港证监会）和香港联交所负责。香港证监会拥有《证券及期货条例》赋予的调查和处分所有市场参与者的权力，以保证香港的证券及期货市场的公平、效率和竞争性。香港证监会下设的企业融资部负责交易所与上市相关的工作，中介机构部负责中介人相关法规及事宜，市场监察部负责市场运行监督，法规执行部负责监察执法。

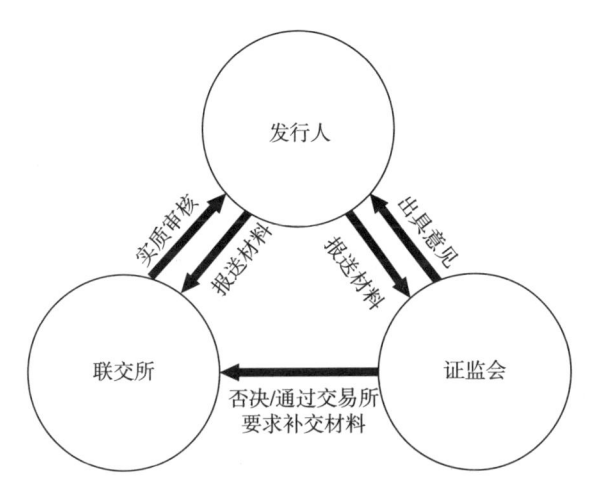

**图 2-13 香港联合交易所创业板监管制度简要流程**

资料来源：《渐行渐近的沪伦通》，中信建投证券研究发展部。

香港联合交易所是一线监管机构，负责审批上市文件。发行和上市的双重存档制度在保证香港联交所审核上市的权力的同时，也赋予了香港证监会最终否决权。香港联交所的上市科负责发行上市材料的实质审核，上市委员会则负责聆讯和复核。同时报送香港证监会的发行上市材料只会接受其形式审核，但香港证监会可以根据需要通过香港联交所要求发行人补充材料。

## 第五节　退市制度比较

### 一、NASDAQ"一美元退市规则"

NASDAQ市场的退市标准是淡化公司业绩的，这种制度设计的特点在于其更为关注公司在市值、做市商数、公众持股等其他方面的表现。"一美元退市规则"反映的就是公司的股价成为企业从NASDAQ退市的标准。这个规则的具体内容是，若上市公司股票最低报价连续30个交易日不足1美元，NASDAQ市场将对其发出亏损警告，在警告发出的90天内，仍然不能提升其股价的，将被宣布停止股票交易。当然，"一美元退市规则"只是非财务指标之一，不满足财务指标和非财务指标都会导致企业退市。另外需要指出的是，由于NASDAQ是一个分层市场系统，退市既可以指从高层退入低层，也可以仅指离开NASDAQ市场。具体的持续上市条件如下表所示。

表2-6 NASDAQ持续上市条件

| | 财务指标 | 非财务指标 |
|---|---|---|
| NASDAQ-GS与NASDAQ-GM | 标准1：股东权益1 000万美元，公众持股75万，且公众持股市值500万美元，2个做市商 | 买价1美元 |
| | 标准2：上市证券市场价值5 000万美元，公众持股110万，且公众持股总值1 500万美元，4个做市商 | 满足公司治理要求 |
| | 标准3：最近1个财务年度或者最近3个财务年度中的2年总资产和总收入为5 000万美元，公众持股110万，且公众持股总值1 500万美元，4个做市商 | 总持有人400人 |
| NASDAQ-CM | 标准1：股东权益250万美元，公众持股50万，且公众持股总值100万美元 | 买价1美元 |
| | 标准2：上市证券市场价值3 500万美元，公众持股50万，且公众持股总值100万美元 | 满足公司治理要求 |
| | 标准3：最近1个财务年度或者最近3个财务年度中的2年持续运行净收益50万美元，公众持股50万，且公众持股总值100万美元 | 2个做市商，总持有人300人 |

资料来源：《中国创业板与纳斯达克市场制度比较研究》，中信建投证券研究发展部。

不满足持续上市条件的公司会触发聆讯退市制度。NASDAQ-GS与

NASDAQ-GM 的持续上市条件相同，与 NASDAQ-CM 的考察角度一样，均在市值、公众持股以及业绩上对上市公司进行限制。一旦不满足持续上市条件，上市资格部将通知该上市公司终止上市。如果上市公司接到退市通知后对此不服，45 天内可以逐级上诉，从 NASDAQ 市场的上市资格小组直至美国证监会，由美国证券交易委员会进行终裁。另外，从 NASDAQ 退市的公司大多被美国其他的 OTC 市场接纳。

## 二、AIM 退市

AIM 的上市公司退市主要情形包括上市公司主动退市、因不符合上市条件而被动退市、转板和反向接管等。在世界主要的创业板市场中，AIM 对公司上市的要求，如对其财务指标、公众持股比例和资产规模等的要求都是十分低的。与上市标准相对应的是，持续上市标准对公司的财务指标等都无要求，只是对上市公司信息披露内容及标准做出了严格的规范。

## 三、香港创业板退市制度

香港创业板采用直接退市制度，强调买者自负，并没有场外市场承接退市公司。联交所权限较大，可将不再满足联交所上市条件、严重违反上市规则的公司停牌或除牌。这些条件涵盖了公司控制权、公众持股比例、经营情况、资产情况、违规情况、证券交易、信息披露等方面的内容。根据《创业板上市规则》《香港联合交易所有限公司创业板证券上市规则》，出现以下情形，联交所可以将公司停牌：（1）发行人被接管或清盘；（2）发行人已发行股本总额占社会公众所持有比例低于 25%；（3）联交所认为发行人无足够业务运作相当价值的资产；（4）联交所认为发行人或其业务不再适合上市；（5）发行人严重违反《创业板上市规则》；（6）停牌持续时间较长，发行人并没有采取适当的行动以恢复上市地位；（7）市场的完整性和声誉已经或可能会因买卖发行人的股票而遭受损失；（8）发行人的上市股票的价格和成交量出现没有做出解释的异常变动，同时发行人的授权代表未能及时确定发行人并不知悉任何有关或可能有关该股票价格或成交量异常变动的事情或事态发展，或者发行人延迟发出对联交所的查询的回应；（9）市场上就有关股价敏感资料出现不公平的发布或泄露，使得发行人的上市股票的价格或成交量出现异常的变动。如果联交所认为有人不恰当地利用未经公布的股价敏感资料，联交所将会采取停牌行动。停牌期间上市公司可通过提交复牌建议争取恢复上市资格。通过联交所给予上市公司6个月的时间进行整改，若发行人并没有采取足够的措施使其证券复牌，则联交所将对上市公司进行除牌处理。

第二篇

# 科创板制度解析

# 第三章

# 科创板审核制度

科创板的主要定位是服务于符合国家战略、突破关键核心技术、市场认可度高的科技创新企业。《关于在上海证券交易所设立科创板并试点注册制的实施意见》中进一步提出，科创板将"重点支持新一代信息技术、高端装备、新材料、新能源、节能环保以及生物医药等高新技术产业和战略性新兴产业，推动互联网、大数据、云计算、人工智能和制造业深度融合，引领中高端消费，推动质量变革、效率变革、动力变革"。

科创板规则在发行上市条件层面相较于A股资本市场有所创新，但仍能看到其对NASDAQ、香港创业板等高科技市场的上市发行规则有所借鉴，例如明确接受为盈利企业提交的上市申请、明确接受红筹企业进行IPO或者发行CDR、接受同股不同权企业、设置绿鞋机制，等等。本章主要对科创板的审核制度进行解析，并从四个方面详细展开，包括科创板的定位和行业要求、发行与上市条件、审核和注册程序以及创新制度安排。

## 第一节 科创板的定位和行业要求

科创板是独立于现有主板市场的新设板块，并在该板块内进行注册制试点。2019年3月1日,中国证监会发布《科创板首次公开发行股票注册管理办法（试行）》和《科创板上市公司持续监管办法（试行）》。2019年3月3日,《上海证券交易所科创板股票发行上市审核问答》正式发布,科创板配套规则进一步明晰。2019年3月15日,上交所正式发布《保荐人通过上海证券交易所科创板股票发行上市审核系统办理业务指南》与《科创板创新试点红筹企业财务报告信息披露指引》。3月18日,科创板发审系统上线。6月13日,证监会主席易会满主持科创板开板仪式,并宣布科创板正式开板。科创板坚持面向世界科技前沿,面向经济主战场,面向国家重大需求,主要服务于符合国家战略、突破关键核心技术、市场认可度高的科技创新企业。此类企业拥有关键核心技术,科技创新能力突出,主要依靠核心技术开展生产经营,具有稳定的商业模式,市场认可度高,社会形象良好,具有较强成长性。

科创板"重点支持新一代信息技术、高端装备、新材料、新能源、节能环保以及生物医药等高新技术产业和战略性新兴产业,推动互联网、大数据、云计算、人工智能和制造业深度融合,引领中高端消费,推动质量变革、效率变革、动力变革"。对科创板重大事项提供咨询意见的科技创新咨询委员会也相应分布在集成电路领域,生物医药领域,人工智能、大数据、云计算、软件、互联网、物联网、新一代移动通信服务（5G）等新一代信息技术领域,航空航天、海洋工程、先进轨道交通、高端数控机床和机器人等高端装备制造领域,以及新材料、新能源汽车等领域。

## 第二节　科创板的发行与上市条件

### 一、发行条件

《关于在上海证券交易所设立科创板并试点注册制的实施意见》与

《科创板首次公开发行股票注册管理办法（试行）》，对科创板发行企业提出如下资格要求。

第一，主体资格及运营年限。要求发行人是依法设立且持续经营3年以上的股份有限公司，具备健全且运行良好的组织机构，相关机构和人员能够依法履行职责。其中，有限责任公司按原账面净资产值折股整体变更为股份有限公司的，持续经营时间可以从有限责任公司成立之日起计算。

第二，财务基础和内部控制。要求发行人：（1）符合会计基础工作规范，财务报表的编制和披露符合企业会计准则和相关信息披露规则的规定，在所有重大方面公允地反映发行人的财务状况、经营成果和现金流量，并由注册会计师出具无保留意见的审计报告；（2）内部控制制度健全且得到有效执行，能够合理保证公司运行效率、合法合规和财务报告的可靠性，并由注册会计师出具无保留结论的内部控制鉴证报告。

第三，独立持续运营能力。要求发行人：（1）符合资产完整，业务及人员、财务、机构独立，与控股股东、实际控制人及其控制的其他企业不存在对发行人构成重大不利影响的同业竞争，以及严重影响独立性或者显失公平的关联交易；（2）主营业务、控制权、管理团队和核心技术人员稳定，最近2年内主营业务和董事、高级管理人员及核心技术人员均没有发生重大不利变化；控股股东以及受控股股东、实际控制人支配的股东所持发行人的股份权属清晰，最近2年的实际控制人没有发生变更，不存在控制权变更可能导致的重大权属纠纷；（3）不存在主要资产、核心技术、商标等的重大权属纠纷，重大偿债风险，重大担保、诉讼、仲裁等或有事项，经营环境已经或者将要发生重大变化等对持续经营有重大不利影响的事项；（4）生产经营符合法律、行政法规的规定，符合国家产业政策；（5）最近3年内，发行人及其控股股东、实际控制人不存在贪污、贿赂、侵占财产、挪用财产或者破坏社会主义市场经济秩序的刑事犯罪，不存在欺诈发行、重大信息披露违法或者其他涉及国家安全、公共安全、生态安全、生产安全、公众健康安全等领域的重大违法行为；(6)董事、监事和高级管理人员不存在最近3年内受到中国证监会行政处罚，或者因涉嫌犯罪被司法机关立案侦查，或者涉嫌违法违规被中国证监会立案调查且尚未有明确结论意见等情形。

科创板发行条件与现行主板、中小板、创业板的差异主要体现在：(1)要求最近2年内主营业务没有发生重大不利变化，且主营业务集中在新一代信息技术、高端装备、新材料、新能源、节能环保以及生物医药等高新技术产业和战略性新兴产业；(2)要求募集资金应当用于主营业务，重点投向科技创新领域；(3)要求审核所需要的时间整体控制在6个月左右；(4)要求信息披露内容更多；(5)增加了在申报时一并提交电子版本工作底稿以及验证版招股说明书的要求。

表3-1 科创板发行条件与现行板块的主要差异

| 项目 | 主板/中小板 | 创业板 | 科创板 |
| --- | --- | --- | --- |
| 主营业务 | 最近3年内主营业务没有发生重大变化 | 发行人应当主要经营一种业务，其生产经营活动符合法律、行政法规和公司章程的规定，符合国家产业政策及环境保护政策。发行人最近2年内主营业务没有发生重大变化 | 最近2年内主营业务没有发生重大不利变化，发行人生产经营符合法律、行政法规的规定，符合国家产业政策。根据《关于在上海证券交易所设立科创板并试点注册制的实施意见》，科创板将重点支持新一代信息技术、高端装备、新材料、新能源、节能环保以及生物医药等高新技术产业和战略性新兴产业，推动互联网、大数据、云计算、人工智能和制造业深度融合 |
| 募集资金及用途 | 应当有明确的使用方向，原则上用于主营业务 | 围绕主营业务进行投资安排 | 上市公司发行股份募集的资金应当用于主营业务，重点投向科技创新领域，不得直接或间接投资与主营业务无关的公司 |

续表

| 项目 | 主板/中小板 | 创业板 | 科创板 |
| --- | --- | --- | --- |
| 审核流程 | 首发属于中国证监会的行政许可类事项，提交申请后需排队审核，所需时间一般在1年左右 | | 上交所自受理之日起3个月内决策（科创板上市委员会审核，科技创新咨询委员会提供咨询意见，不含发行人准备反馈意见回复所需的时间）；中国证监会20个工作日内注册（可以提反馈意见，可以退回交易所补充审核）；注册后6个月内定价发行，所需时间整体控制在6个月左右 |
| 信息披露 | 预先披露招股说明书；通过窗口指导意见规范契约型基金、信托计划以及资产管理计划三类股东的信息披露 | | 需要预先披露招股说明书、发行保荐书、上市保荐书、审计报告和法律意见书等文件；契约型基金、信托计划或资产管理计划成为上市公司控股股东、第一大股东或者实际控制人的，除应当履行前款规定义务外，还应当在权益变动文件中穿透披露至最终投资者 |
| 工作底稿 | 无提交工作底稿和验证版招股说明书的要求 | | 保荐人在报送发行上市申请文件的同时，应当以电子文档形式报送工作底稿和验证版招股说明书，供监管备查。增加了在申报时一并提交电子版本工作底稿以及验证版招股说明书的要求，对保荐机构和证券服务机构的工作质量和效率提出了要求 |

资料来源：证监会，上交所，中信建投证券研究发展部。

"51条"是2018年6月由证监会向各家券商发布的条例，包括26条《首发审核财务与会计知识问答》和25条《首发审核非财务知识问答》，进一步量化和细化了对IPO的审核标准。2019年3月25日，证监会发布了《首发业务若干问题解答》（俗称"新50条"），证监会表示,本次公布的问题解答共 50 条,定位于相关法律法规、规则规定在首发审核业务中的具体理解、适用和专业指引,主要涉及首发申请人具有共性的法律问题与财务会计问题,各首发申请人和相关中介机构可对照适用。

与 2018 年发布的"51 条"相比较,虽然"新 50 条"少了一条内容,但它实际上是在原有的基础上合并了两项内容,增加了一条新的内容。被合并的两条是关于非财务问题的,即"整体变更涉及的股东纳税义务"以及"国有或集体企业改制设立中的程序瑕疵",而增加的内容则是有关对赌协议的问题,即投资机构在投资发行人时约定对赌协议等类似安排的,原则上要求发行人在申报前清理,但是如果发行人不是当事人、不引起控制权变化、与市值不挂钩,或者不影响经营,则可以不清理,这是在对赌协议上进一步放宽对上市公司的要求。除此之外,"新 50 条"在股东控制权清晰、股东控制权稳定、资产收入真实清晰、ESG(环境、社会、公司治理)相关问题等方面也做了更加明晰、详细的规定。

表 3-2　IPO 审核"新 50 条"在相关问题上的具体变动

|  | 相关问题 | 具体变动 |
| --- | --- | --- |
| 股东控制权清晰 | 工会持股问题 | 明确禁止实际控制人链条,取消了访谈比例限制 |
|  | 三类股东核查 | 接受新三板挂牌形成的三类股东,即契约型基金、信托计划以及资产管理计划三类股东,但不能是实际控制人,不再要求穿透核查 |
|  | 复杂股东结构 | 删除了"VIE 架构必须拆除"的规定 |
| 股东控制权稳定 | 对赌协议放宽要求 | 发行人不是当事人、不引起控制权变化、与市值不挂钩、不影响经营 |
|  | 股权质押、诉讼风险 | 股权质押、冻结或诉讼仲裁的,发行人应当按照招股说明书的要求予以充分披露。实际控制人不具备清偿能力,要谨慎出具意见 |

续表

| | 相关问题 | 具体变动 |
|---|---|---|
| 资产收入真实清晰 | 资产来自上市公司 | 删除了"对于境内上市公司在境内分拆子公司上市,暂不符合现行监管政策"的规定,需要中介机构核查出具意见,避免同一资产两次上市 |
| | 历史出资不实问题 | 虚假出资、出资不实、不合法需要补救,并充分披露。删除原有处罚条款 |
| | 对股东、高管和实际控制人的同业竞争的规定 | 不得构成同业竞争,核查出具说明意见 |
| 公司治理 | 增加重大违法、环保问题审查 | —— |
| | 社保等缴纳不足 | 只需要披露信息,不用再披露切实的整改方案 |

资料来源:证监会,中信建投证券研究发展部。

2018年发布的IPO审核"51条"仅仅是对主板、中小板及创业板上市公司的窗口指导,并非规章制度。而科创板推出在即,监管层加速修改IPO审核"51条"并形成正式的《首发业务若干问题解答》文件,这将极大地保障科创板企业的发行合规,提高审核效率。

## 二、注册制下的上市条件

2019年3月1日,上交所发布《上海证券交易所科创板股票上市规则》,其中规定发行人申请在科创板上市应符合以下条件:(1)符合中国证监会规定的发行条件;(2)发行后股本总额不低于人民币3 000万元;(3)公开发行的股份达到公司股份总数的25%以上,公司股本总额超过人民币4亿元的,公开发行股份的比例为10%以上;(4)市值及财务指标符合本规则规定的标准;(5)本所规定的其他上市条件。

其中，发行人的市值及财务指标须满足5套差异化上市指标的任意一项，即针对预计市值不低于人民币10亿元、15亿元、20亿元、30亿元、40亿元的5个区间，对应不同的营收、净利、研发投入比例等财务指标要求。与主板、中小板及创业板不同的是，科创板的财务指标突破了业绩指标的范围，新增了最近三年累计研发投入占比、主要业务具备明显技术优势两种维度，可以满足在关键领域通过持续研发投入已突破核心技术或取得阶段性成果，拥有良好发展前景但财务表现不一的各类科创企业的上市需求，体现了科创板上市条件的包容度及其行业定位。

表3-3 科创板上市的5套标准

|  | 预计市值档位 | 财务指标须满足条件 |
| --- | --- | --- |
| 标准1 | 不低于人民币10亿元 | 最近两年净利润均为正且累计净利润不低于人民币5 000万元，或者最近一年净利润为正且营业收入不低于人民币1亿元 |
| 标准2 | 不低于人民币15亿元 | 最近一年营业收入不低于人民币2亿元，且最近三年累计研发投入占最近三年累计营业收入的比例不低于15% |
| 标准3 | 不低于人民币20亿元 | 最近一年营业收入不低于人民币3亿元，且最近三年经营活动产生的现金流量净额累计不低于人民币1亿元 |
| 标准4 | 不低于人民币30亿元 | 最近一年营业收入不低于人民币3亿元 |
| 标准5 | 不低于人民币40亿元 | 主要业务或产品经国家有关部门批准，市场空间大，目前已取得阶段性成果。医药行业企业至少有一项核心产品获准开展二期临床试验，其他符合科创板定位的企业应具备明显的技术优势并满足相应条件 |

资料来源：《上海证券交易所科创板股票上市规则（征求意见稿）》，中信建投证券研究发展部。

上市标准1成为主流标准，符合该标准的企业数量占比86.6%。截至2019年5月31日，112家科创板企业中有97家符合上市标准1，即预计市值不低于人民币10亿元，且最近两年净利润均为正并累计净利润不低于人民币5 000万元，或者最近一年净利润为正且营业收入不低于人民币1亿元。其次是上市标准4，符合该标准的一共9家企业。符合上市标准2和3的企业较少，分别为3家和1家。符合上市标准5的企业为0家。这在一定程度上体现了科创板公司规模较小的特点。

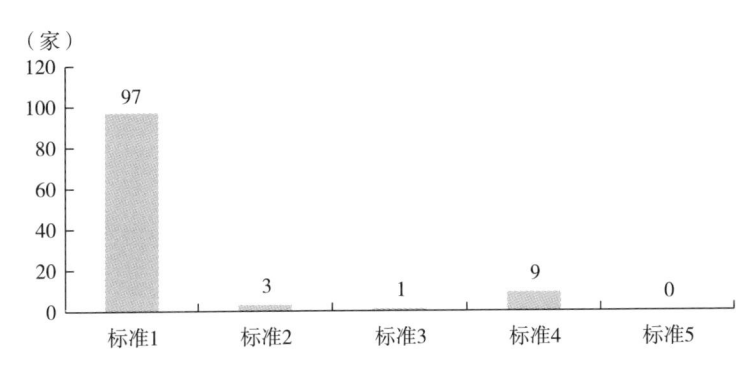

图3-1 科创板申报企业中，满足5套上市标准的企业数量

资料来源：Wind，中信建投证券研究发展部。

表3-4 科创板与现行板块上市条件主要差异

| 项目 | 主板/中小板 | 创业板 | 科创板 |
| --- | --- | --- | --- |
| 财务指标 | 净利润最近三年均为正且累计超过3 000万元；最近三年营业收入累计超过3亿元，或最近三年经营现金流量净额累计超过5 000万元 | 最近两年盈利，且最近两年净利润累计不少于1 000万元；最近一年盈利，净利润不少于500万元，营业收入不少于5 000万元，最近两年的营业收入增长率均不低于30%；上述两项达到一项即可 | 只要满足5套差异化的上市指标中的一套即可 |
| 资产要求 | 最近一期末无形资产（扣除土地使用权、水面养殖权和采矿权等）占净资产的比例不高于20% | 最近一期末净资产不少于2 000万元 | 尚无明确规定 |
| 股本要求 | 发行前股本总额不少于人民币3 000万元，发行后不少于5 000万元 | 发行后股本总额不少于3 000万元 | 发行后股本总额不少于3 000万元 |

资料来源：证监会，上交所，中信建投证券研究发展部。

## 第三节　科创板的审核和注册程序

科创板发行上市主要分为发行上市审核（上交所负责）、发行注册（证监会负责）两大核心流程。发行人的发行上市申请文件获上交所审核通过后，上交所将审核意见和发行上市申请文件报送中国证监会履行注册程序。交易所审核过程中，科技创新咨询委员会负责为科创板建设和发行上市审核提供专业咨询和政策建议，科创板股票上市委员会负责对审核部门出具的审核报告提出审议意见。

科技创新咨询委员会突出专业性和代表性，由40~60名科技创新行业的权威专家、知名企业家、资深投资专家组成，并根据行业划分为多个咨询小组。咨询委员会委员由上交所选聘，并可商请有关部委、单位及相关科研院校与行业协会推荐委员人选。在履职方式上，咨询委员会保持适当的灵活性，上交所通过召开会议、书面函件等方式，就具体咨询事项向相关行业委员进行咨询。咨询委员会主要工作职责包括：（1）定位专家咨询机构，重在提供专业咨询意见和建议；（2）在上市推广相关工作中，就企业是否具有科创企业属性、是否符合技术发展趋势提供咨询意见；（3）在发行上市审核相关工作中，围绕发行人披露的行业现状、技术水平和发展前景涉及的专业性、技术性问题，对审核问询提供意见和建议。

科创板股票上市委员会注重专业性与独立性，主要由上交所以外的专家和上交所相关专业人员共30~40人组成，专业上主要包括会计、法律专业人士，来源上包括市场人士和监管机构人员。上市委员会工作过程强调公正、勤勉，相关制度依照公开、公正的原则，对委员选聘、参会委员抽选、会议通知、回避要求、审议机制、审议工作监督等，做出全面、细致的安排，确保上市委员会切实履行职责。上市委员会突出监督与把关，审议会议对审核机构出具的审核报告及发行上市申请文件进行审议，参会委员就审核报告内容和审核机构是否同意发行上市的初步建议发表意见，全面、充分地讨论，形成合议意见。

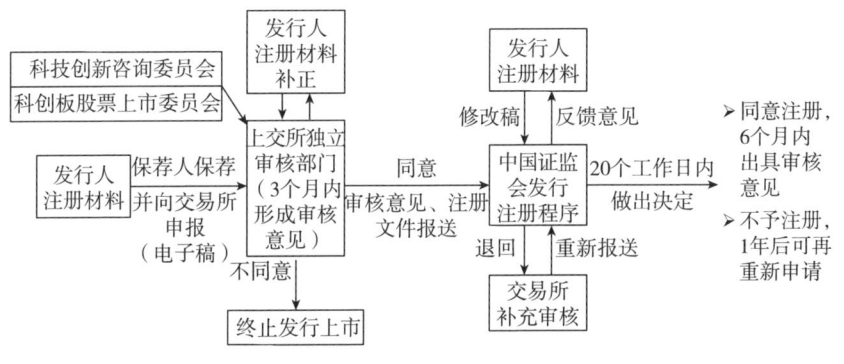

**图 3-2 科创板的审核和注册流程**

资料来源：证监会，上交所，中信建投证券研究发展部。

科创板自宣布设立以来，证监会、交易所及各部门全力配合落实工作，其落地进度很快。2018 年 12 月 25 日，上交所表示"全力推动科创板改革和注册制试点尽快落地。按照'高标准、快推进、稳起步、强功能、控风险、渐完善'的工作思路，加快制定业务规则和配套制度，努力建设一个充满生机和活力的科创板市场，推动注册制形成可复制、可推广的典型样本"。

**图 3-3 科创板原计划上市时间线**

资料来源：上交所，中信建投证券研究发展部。

## 第四节　科创板的创新制度安排

### 一、差异化表决权

"同股不同权"形式多样，狭义指"不同投票权"。公司股份所附属的权利多种多样，一般来说分为两类：所有权和控制权。所有权主要指财产分配权，控制权主要指投票权。从广义的角度来看，"同股不同权"的含义可以参考欧盟的"比例性"原则，即所有权与控制权之间的比例性配置。只要所有权和控制权之间比例相等，就是"同股同权"；反之，就是"同股不同权"。但是"同股不同权"形式多样，且存在已久。科创板采用狭义的概念，即指公司发行的普通股具有不同投票权，包括多重投票权（AB股）、投票权上限限制、特权股，等等。例如，瑞典采取的是多重投票权架构，其股份投票权权重不同，如A类股一股1票，B类股一股10票。截至目前，全球排名前二十的交易所中约60%允许"同股不同权"，如纽交所、NASDAQ、东京证券交易所、伦敦证券交易所等。

在《公司法》的约束下，A股原板块公司均应遵从"同股同权"的原则。科创板预突破此限制，其征求意见稿中对同股不同权制度（AB股制度）的设置，较大程度地借鉴了港股市场。港股AB股制度在1980年左右盛行，后因治理乱象、缺乏监管经验等因素于1989年废除。2018年上半年港交所又重新推出AB股制度，其在经验积累和市场挑战等方面与A股有较大相似处，具有一定的借鉴意义。下表重点对比梳理了两市AB股制度的主要条款。

表3-5　科创板与香港主板两市AB股制度的主要条款

| 事项 | 科创板 | 香港主板 |
| --- | --- | --- |
| 差异化安排时点要求 | 须在首发前有表决权差异化安排，且完整运行一个财务年度。若无，则不得在首发后以任何方式设置此类安排 | 公司上市前已采用不同投票权架构，且是新在港交所申请上市才会被接受 |
| 市值与业绩要求 | 预计市值不低于人民币100亿元；或预计市值不低于人民币50亿元，且最近一年营业收入不低于人民币5亿元 | 上市时市值至少为400亿港元；或上市时市值至少为100亿港元，以及经审计的最近一个财务年度收益至少为10亿港元 |
| 受益股东资格要求 | 应当为对上市公司发展或业务增长等做出重大贡献，且在公司上市前后持续担任董事的人员或者该等人员实际控制的持股主体；拥有权益的股份合计应达到公司全部已发行有表决权的股份的10%以上 | 必须为申请人上市时的董事会成员；在公司首发时，拥有公司已发行股本相关经济利益的占比合计必须不少于10%（有豁免条件） |
| 特别表决权差异限制 | 每份特别表决权股份的表决权数量应当相同，且不得超过每份普通股的表决权数量的10倍 | 不同投票权股份类别赋予受益人的投票权，不得超过发行人股东大会上普通股可就任何议案表决的投票权的10倍 |
| 特别表决权范围 | 除公司章程规定的表决权差异外，普通股份与特别表决权股份具有的其他股东权利应当完全相同 | 不同投票权必须仅附于个别股本证券类别，并只就发行人股东大会上的议案赋予受益人更大的投票权。在所有其他方面，必须与发行人上市普通股所附带的权利相同 |
| 特别表决权比例控制 | 上市后，除同比例配股、转增股本情形以外，不得在境内外发行特别表决权股份，不得提高特别表决权比例。上市公司因股份回购等原因，可能导致特别表决权比例提高的，应当采取将相应数量特别表决权股份转换为普通股份等措施，保证特别表决权比例不高于原有水平 | 上市发行人不得将不同投票权股份比例增至超过上市时该等股份所占比例。仅在部分情况下可配发、发行或授予不同投票权股份，且配发或发行不会提高不同投票权股份的比例 |

续表

| 事项 | 科创板 | 香港主板 |
|---|---|---|
| 普通表决权保障 | 上市公司应当保证普通表决权比例不得低于10% | 同股同权股东必须持有上市发行人股东大会议案不少于10%的合格投票权 |
| 上市交易限制 | 特别表决权股份不得在二级市场进行交易，但可以按照本交易所有关规定进行转让 | 发行人不可寻求具不同投票权的股份类别上市 |
| 特别表决权向普通表决权的永久转换情形 | 出现下列情形之一的，须按1∶1比例转换成普通股：（1）相应股东不再具备相应资格和最低持股要求，或者丧失相应履职能力，如离任、死亡；（2）相应股东失去对相关持股主体的实际控制；（3）向他人转让所持特别表决权股份，或将表决权委托他人行使；（4）公司的控制权发生变更（此情况下全部特别表决权股份均应当转换为普通股份） | 出现下列条件之一的，不同投票权必须终止：（1）该受益人身故；（2）不再是发行人董事；（3）本交易所认为其无行为能力履行董事职责；（4）本交易所认为其不再符合《上市规则》所载的关于董事的规定等；（5）相应股份的实益拥有权或其经济利益被转让，或股份所附投票权的管控（透过代表或其他方法）被转让 |
| 特别表决权暂时失效情形 | 对部分事项表决时，每份特别表决权股份的表决权数量与普通股的相同，如修改章程、改变特别表决权的表决权数、聘任独董、聘任会计师、公司合并、分立、解散或变更 | —— |

资料来源：《上海证券交易所科创板股票上市规则（征求意见稿）》，香港联合交易所《主板上市规则》（第八A章）。

  科创板的AB股制度设计与香港主板类似，总体的制度框架基本一致，都对发行人在差异化安排时点、市值与业绩要求、受益股东资格、特别表决权差异限制、特别表决权范围和比例控制、普通表决权保障、上市交易限制、特别表决权向普通表决权的永久转换，以及特别表决权暂时失效等方面做出了严格的规定。但是，相比较而言，科创板在以下三点有所不同。第一，上市门槛更低。科创板要求"同股不同权"公司的预计市值门槛为 50 亿元人民币，而香港主板要求最低为 100 亿港元。第二，受益股东资格要求更严格。香港交易所只要求受益股东是申请人上市时的董事会成员即可，但是科创板还要求其对上市公司的发展或业务增长等做出重大贡献。第三，特别表决权向普通表决权永久转换的条件更加严格。除了都明确因身故、离任等丧失相应履职能力、失去对相关持股主体的实际控制、向他人转让所持特别表决权股份的要求，科创板还规定不满足最低持股要求，或者公司的控制权发生变更时，特别表决权将失效。

"同股不同权"可防止公司创始人过早丧失控制权，有利于公司长远目标的实现。一方面，科技创新企业大多属于初创型企业，早期需要大量融资，但是如果通过发行普通股来融资，控制权就很容易被稀释掉，甚至丧失对公司的控制权。如果采取减少股份发行的措施，又可能导致融资不足，这种情况下 AB 股制度的优势便有所体现。另一方面，AB 股也有利于防止"恶意收购"的出现，使管理层更加专注于企业自身的主营业务经营，避免陷入短视。但是，"同股不同权"也有一定的缺陷，比如控制权和收益权的不一致容易滋生管理层道德风险，也在一定程度上损害中小股东的权益。

截至 2019 年 5 月 31 日，上交所披露，112 家科创板受理公司中，优刻得（Ucloud）和九号智能两家公司带有"同股不同权"设计。其特别表决权股份与普通股份的投票比例均为 5：1，即 A 类股份拥有其 B 类股份的 5 倍表决权。以 Ucloud 为例，其三位实控人持股合计 26.82%，若发行不低于 21.56% 的社会公众股，在同股同权的原则下，实控人的持股比例将被稀释至 22.06%。但是，在采用表决权差异制度后，按照 5：1 的表决权比例，发行前实控人的表决权为 64.71%，发行后表决权仍高达 53.23%，很大程度上保证了实控人对公司的控制权。

## 二、红筹企业上市

对符合《国务院办公厅转发证监会关于开展创新企业境内发行股票或存托凭证试点的若干意见》(国办发〔2018〕21号)规定的注册地在境外、主要经营活动在境内的红筹企业,可选择在科创板IPO或发行存托凭证(CDR)。"21号文"从战略定位、特定行业、企业规模和综合评判维度等方面对红筹企业进行一定约束,再次突显了科创板对上市公司的行业分布及科技创新能力的重视程度。

就发行条件而言,在科创板IPO的红筹企业应符合《科创板首次公开发行股票注册管理办法(试行)》的相关规定,满足《上海证券交易所科创板股票上市规则(征求意见稿)》的发行条件,公司形式可适用注册地的法律规定。在科创板发行CDR的红筹企业应符合《科创板首次公开发行股票注册管理办法(试行)》和上交所关于发行上市审核注册程序的规定。

红筹企业还应满足以下特别规定:(1)不适用境内公司法。在科创板IPO或发行CDR的企业,其股权结构、公司治理、运行规范等事项适用境外公司法等法律法规规定的,其投资者权益保护水平,包括资产收益、参与重大决策、剩余财产分配等权益,总体上应不低于境内法律法规以及中国证监会相关规定的要求,并保障境内存托凭证持有人实际享有的权益与境外基础证券持有人的权益相当。(2)内部审批流程简化。根据公司章程或章程性文件,不必就本次境内发行上市事宜提交股东大会审议的,其申请上市时可不提交股东大会决议,但应当提交相关董事会决议。

截至2019年5月31日,112家科创板受理公司中只有九号智能是红筹企业。九号智能是一家专注于智能短交通和服务类机器人领域的创新企业，主要产品包括智能电动平衡车、智能电动滑板车、智能服务机器人等，在相关领域拥有或申请中的国内外专利达 1 000 余项。根据其招股书披露：发行人于 2017 年 7 月进行的 C 轮融资中，公司估值约 100 亿元人民币，2018 年实现 42.48 亿元的营业收入，符合《上海证券交易所科创板股票上市规则》中关于尚未在境外上市红筹企业至少满足"预计市值不低于人民币 100 亿元"或"预计市值不低于人民币 50 亿元，且最近一年营业收入不低于 5 亿元"的标准。

对比在科创板申请上市的三种不同类型企业的市值及财务指标规定，我们可以看到，同股同权企业的市值门槛是 10 亿元人民币，而同股不同权和红筹企业的市值门槛均为 50 亿元；且同股同权企业可以任意满足 5 套标准之一，更具灵活性。若红筹企业已在境外上市，其市值门槛可高达 2 000 亿元。这在一定程度上对同股不同权及红筹企业提出了更高的质量要求，保护了投资者利益，也提高了科创板的上市质量。

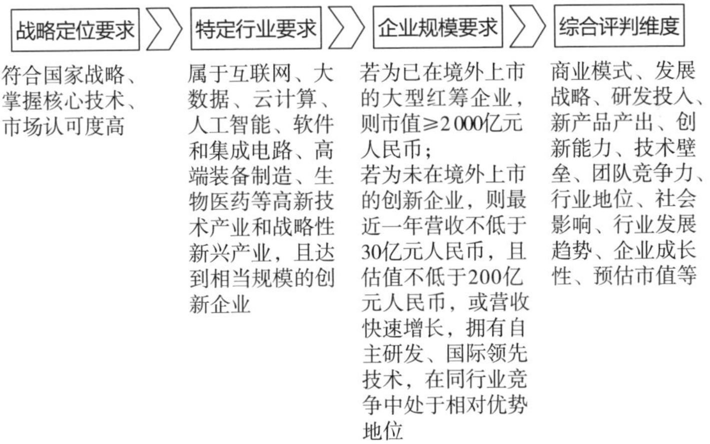

| 战略定位要求 | 特定行业要求 | 企业规模要求 | 综合评判维度 |
|---|---|---|---|
| 符合国家战略、掌握核心技术、市场认可度高 | 属于互联网、大数据、云计算、人工智能、软件和集成电路、高端装备制造、生物医药等高新技术产业和战略性新兴产业，且达到相当规模的创新企业 | 若为已在境外上市的大型红筹企业，则市值≥2 000亿元人民币；若为未在境外上市的创新企业，则最近一年营收不低于30亿元人民币，且估值不低于200亿元人民币，或营收快速增长，拥有自主研发、国际领先技术，在同行业竞争中处于相对优势地位 | 商业模式、发展战略、研发投入、新产品产出、创新能力、技术壁垒、团队竞争力、行业地位、社会影响、行业发展趋势、企业成长性、预估市值等 |

**图 3-4　"21 号文"对红筹企业的四个方面的要求**

资料来源：《国务院办公厅转发证监会关于开展创新企业境内发行股票或存托凭证试点的若干意见》。

| 同股同权 | 同股不同权（表决权差异） |
|---|---|
| 预计市值不低于人民币10亿元，最近两年净利润均为正且累计净利润不低于人民币5 000万元，或者预计市值不低于人民币10亿元，最近一年净利润为正且营业收入不低于人民币1亿元；<br>预计市值不低于人民币15亿元，最近一年营业收入不低于人民币2亿元，且最近三年累计研发投入占最近三年累计营业收入的比例不低于15%；预计市值不低于人民币20亿元，最近一年营业收入不低于人民币3亿元，且最近三年经营活动产生的现金流量净额累计不低于人民币1亿元；预计市值不低于人民币30亿元，且最近一年营业收入不低于人民币3亿元；预计市值不低于人民币40亿元，主营业务或产品经国家有关部门批准，市场空间大，目前已取得阶段性成果。医药行业企业至少有一项核心产品获准开展二期临床试验，其他符合科创板定位的企业应具备明显的技术优势并满足相应条件 | 预计市值不低于人民币100亿元；<br>预计市值不低于人民币50亿元，且最近一年营业收入不低于人民币5亿元 |
|  | **红筹企业** |
|  | 已在境外上市，市值不低于2 000亿元；营业收入快速增长，拥有自主研发、国际领先技术，在同行业竞争中处于相对优势地位的尚未在境外上市的企业，最近一年营收不低于30亿元，且估值不低于200亿元 |

**图3-5 相较于同股同权企业，同股不同权、红筹企业有着更高的市值及财务要求**

资料来源：《上海证券交易所科创板股票上市规则》，中信建投证券研究发展部。

# 第四章
# 科创板发行与承销制度

2019年4月16日，上交所发布了《上海证券交易所科创板股票发行与承销业务指引》（简称《发行与承销业务指引》）。它明确了科创板战略配售、保荐机构跟投、新股配售经纪佣金、超额配售选择权等制度，细化了发行程序与信息披露等要求，以此规范科创板股票发行与承销活动，促进各参与主体归位尽责。

首先，明确券商跟投比例为2%~5%，与融资规模反向挂钩，跟投子公司还应对获配股份设定自发行人首次公开发行上市之日起24个月的限售期。其次，明确战略配售机构类型，战略配售对象最高不超过30家。战略投资者主要包括6大类型：大型战略合作伙伴，大型险企和国家级大型投资基金，封闭式证券投资基金，保荐机构相关子公司，发行人、高管、核心员工参与战略配售设立的专项资产管理计划，以及符合法律法规、业务规则规定的其他战略投资者等。其中对于公募基金，要求主要投资策略包括投资战略配售股票，以封闭方式运作，且同一基金管理人仅能以其管理的一只证券投资基金参与本次战略配售。最后，对绿鞋操作机制进行规范，强化承销商主体责任，实施期间竞价买入股份不得卖出。

本章首先将对我国现有的发行与承销制度进行回顾，主要包括网上发行、网下配售与战略配售。其次，对科创板采用的定价方式，即对网下投资者询价的市场化定价机制做详细的阐述,包括不允许采用在主板发行时可选择的发行人与主承销商自主协商直接定价等其他方式,并且不受 23 倍市盈率的窗口指导,这大大增加了对投资者投资经验和投资风险承受能力的考验。再次,在战略配售方面,科创板大幅降低了战略配售的门槛,取消了 A 股其他板块首次公开发行规模在 4 亿股以上才能实施战略配售的限制。最后,对网上发行与超额配售制度进行详细的介绍,并将科创板与主板进行对比分析。

## 第一节　我国发行与承销制度概览

当前我国 IPO 发行承销机制分为网上发行、网下配售与战略配售。发行流程为:(1)初步询价;(2)累计投标询价;(3)向战略投资者发行、网下配售、网上发行。发行人及其主承销商应当通过初步询价确定发行价格区间,在发行价格区间内通过累计投标询价确定发行价格。询价对象可以自主决定是否参与初步询价,未参与初步询价或者参与初步询价但未有效报价的询价对象,不得参与累计投标询价和网下配售。询价对象主要是证券投资基金、全国社会保障基金、证券公司证券自营账户、经批准设立的证券公司集合资产管理计划、信托投资公司证券自营账户、保险公司或者保险资产管理公司证券投资账户、QFII、企业年金基金等机构投资者。

战略配售不参与询价且限定持有期不低于 12 个月。发行人应当与战略投资者事先签署配售协议,并报中国证券监督委员会备案。发行人及其主承销商应当在发行公告中披露战略投资者的选择标准、向战略投资者配售的股票总量、战略配售股票占本次发行股票的比例以及持有期限等。战略投资者不得参与首次公开发行股票的初步询价和累计投标询价,并应当承诺获得本次配售的股票持有期限不少于 12 个月,持有期自本次公开发行的股票上市之日起计算。

网下配售是公开发行中所占份额最多的配售方式，主要面向公募基金、社保基金与养老基金等机构投资者，机构投资者参与询价且自主决定持有期限。其中，应当安排优先向公募基金、社保基金和养老基金配售，安排一定比例的股票向企业年金基金和保险资金配售。当以上机构投资者有效申购不足时，发行人和主承销商可以向其他符合条件的网下投资者配售剩余部分。

网上发行主要用于股票发行量少的情况，在股票发行量大的时候作为辅助通道。直接定价全部采用网上发行，网下询价则是网下配售与网上发行结合。网上发行与网下配售同时进行是最为常见的承销方式，投资者参与网上发行，应当按价格区间上限进行申购，如最终确定的发行价格低于价格区间上限，差价部分将会退还给投资者。

表4-1 我国IPO发行与承销方式

| 方式 | 配售比例 | 售出限制 | 其他限制 |
| --- | --- | --- | --- |
| 战略投资者 | 配售协议约定 | 持有期限不少于12个月 | 战略投资者不可参与询价与配售 |
| 网下配售 | 初始比例不低于本次公开发行股票数量的70% | 自主约定持有期限并披露 | 应当安排优先向公募基金、社保基金和养老基金配售，同类投资者配售比例相同。安排战略投资，应当扣除战略投资配售比例后确定网上网下发行比例。询价剔除报价最高部分，剔除不低于拟申购的10%，剔除部分不得参与网下申购 |
|  | 初始比例不低于本次公开发行股票数量的60% |  | —— |
| 网上发行 | 扣除战略配售后，根据申购结果确定网上网下配售比例 | —— | 采用直接定价全部网上发行；采用询价方式则可网下配售与网上发行结合。明确申购新股或CDR的市值计算包含CDR |

资料来源：《证券发行与承销管理办法》，中信建投证券研究发展部。

公开发行股票数量应按照扣除限售期的股票数量计算。申购倍数＝有效申购总量/网上发行总量。网上投资者有效申购倍数对应的不同回拨比例如下：（1）50~100倍，回拨比例为20%；（2）超过100倍，回拨比例为40%；（3）有效申购倍数超过150倍，则回拨后网下发行比例不超过本次公开发行股票数量的10%。网上投资者申购数量不足网上初始发行量的，可回拨给网下投资者，具有限售期的股份不得从网下配售回拨到网上发行。科创板回拨比例与原有回拨比例的对比见下表。

表4-2 超额认购回拨机制规则

| 申购倍数（以n表示） | 科创板回拨比例 | 原有回拨比例 |
| --- | --- | --- |
| 50以下 | 不回拨 | 不回拨 |
| 50 ≤ n < 100 | 本次发行数量的5% | 本次发行数量的20% |
| 100 ≤ n < 150 | 本次发行数量的10%；回拨后无限售期的网下发行数量不超过本次公开发行股票数量的80% | 本次发行数量的40% |
| 150及以上 | | 回拨后网下配售比例不超过本次公开发行数量的10% |

资料来源：中信建投证券研究发展部。

## 第二节　网下询价定价制度

科创板的定价方式为向网下投资者询价的市场化定价机制，不允许采用在主板发行时可选择的发行人与主承销商自主协商直接定价等其他方式，并且不受23倍市盈率的窗口指导，因此对投资者的投资经验和风险承受能力要求更高。

## 一、询价对象与报价规则

上交所于 2019 年 3 月 1 日发布的《上海证券交易所科创板股票发行与承销实施办法》中规定，科创板 IPO 定价的询价对象，也即网下投资者的范围，仅限于证券公司、基金管理公司、信托公司、财务公司、保险公司、合格境外机构投资者和私募基金管理人 7 类专业机构投资者，不允许个人投资者参与询价。另外，发行人与主承销商可以对网下投资者的范围进一步设置其他条件，并在发行公告中预先披露。

网下投资者参与询价与网下配售业务。在参与初步询价时，网下投资者的报价规则主要有三个方面：（1）网下投资者可以为其管理的不同配售对象账户分别填报一个报价，每个报价应当包含配售对象信息、每股价格和该价格对应的拟申购股数；（2）不同于主板发行采用询价定价方式时网下投资者只能有 1 个报价的规定，科创板的同一网下投资者全部报价中的不同拟申购价格最多可达 3 个；（3）上交所于 2019 年 4 月 16 日发布的《上海证券交易所科创板股票发行与承销业务指引》中指出，同一网下投资者填报的拟申购价格中，最高价格与最低价格的差额不得超过最低价格的 20%。

## 二、初步询价的信息披露与定价

初步询价结束后，发行人和主承销商应当剔除拟申购总量中报价最高的部分，剔除部分至少应达到所有网下投资者拟申购总量的 10%。如果拟剔除的最高报价部分中的最低价与后来确定的发行价格（或者发行价格区间上限）相同，则可以不剔除该报价，此时剔除比例可低于 10%。

剔除部分最高报价后，发行人和主承销商应当根据以下三项，合理审慎地确定发行价格（或者发行价格区间的中间值）。第一，参照剔除最高报价部分后，所有网下投资者及各类网下投资者剩余报价的中位数和加权平均数。第二，参照剔除最高报价部分后，公募产品、社保基金、养老基金剩余报价的中位数和加权平均数。第三，参照剔除最高报价部分后，公募产品、社保基金、养老基金、企业年金基金、保险资金和合格境外机构投资者这6类投资者剩余报价的中位数和加权平均数，并重点参照两者中的孰低值。

如果选择确定发行价格区间，则区间上限与下限的差额不得超过区间下限的20%，并且在确定的发行价格区间的基础上，应再通过累计投标询价确定最终的发行价格。

表4-3 科创板与主板/中小板、港股主板的网下询价制度的差异

| | 科创板 | 主板/中小板 | 港股主板 |
| --- | --- | --- | --- |
| 询价定价方式 | 市场化定价，不受23倍市盈率的限制 | 受23倍市盈率限制 | 市场化定价 |
| 询价对象 | 证券公司、基金管理公司、信托公司、财务公司、保险公司、合格境外机构投资者和私募基金管理人7类专业机构投资者 | 持有不少于1 000万元市值的非限售股份或非限售CDR（合并计算）的投资者。实际操作中的市值要求通常为6 000万元 | 基石投资者、机构投资人、持有市值超过800万港元的个人投资者 |
| 是否剔除部分最高报价 | 剔除比例至少为10% | 剔除比例至少为10% | 不剔除 |

资料来源：《上海证券交易所科创板股票发行与承销实施办法》，《证券发行与承销管理办法》，香港联交所《主板上市规则》，中信建投证券研究发展部。

**初步询价披露的"六个值"。**《上海证券交易所科创板股票发行与承销实施办法》中规定，在网下申购前，发行人和主承销商应当披露下列信息，其中的重点是披露各项中位数和加权平均数：（1）剔除最高报价部分后，所有网下投资者及各类网下投资者剩余报价的中位数和加权平均

数;(2)剔除最高报价部分后,公募产品、社保基金、养老基金剩余报价的中位数和加权平均数;(3)剔除最高报价部分后,公募产品、社保基金、养老基金、企业年金基金、保险资金和合格境外机构投资者剩余报价的中位数和加权平均数。投行还会披露网下投资者详细报价情况,具体包括投资者名称、配售对象信息、申购价格及对应的拟申购数量、发行价格或发行价格区间确定的主要依据,以及发行价格或发行价格区间的中值所对应的网下投资者超额认购倍数。

**投资者风险提示。** 发行人和主承销商确定的发行价格(或者发行价格区间中值)超过剔除最高报价部分后所有网下投资者及各类网下投资者剩余报价的中位数和加权平均数,以及剔除最高报价部分后公募产品、社保基金、养老基金剩余报价的中位数和加权平均数的孰低值的,应该发布投资风险特别公告。依据《上海证券交易所科创板股票发行与承销业务指引》,公告发布要求还因不同的超出比例存在差异。

投资风险特别公告的内容应当包括以下几个方面:说明确定的发行价格(或者发行价格区间中值)超出前述孰低值的理由及定价依据;提请投资者关注发行价格(或者发行价格区间)与网下投资者报价之间的差异,提请投资者关注投资风险,审慎研判发行定价的合理性,理性做出投资决策;最后,还应提交上交所认为应当披露的其他内容。

表4-4 投资风险特别公告发布规定

| 超出比例 | 应发布投资风险特别公告的时间 | 发布次数 |
| --- | --- | --- |
| ≤10% | 申购前至少5个工作日 | 1次及以上 |
| 10%~20% | 申购前至少10个工作日 | 2次以上 |
| >20% | 申购前至少15个工作日 | 3次以上 |

资料来源:《上海证券交易所科创板股票发行与承销实施办法》,《上海证券交易所科创板股票发行与承销业务指引》,中信建投证券研究发展部。

相较于主板/中小板首次公开发行对主承销商是否对投资者出具投资

价值研究报告不做硬性要求，科创板的首次公开发行则要求主承销商应当向网下投资者出具投资价值研究报告。

如果发行人和主承销商确定的发行价格（或者发行价格区间中值）不在投资价值研究报告所明确的估值区间范围内，则发行人和主承销商应当向上交所说明理由，以及各类网下投资者报价与上述估值区间的差异情况。

### 三、网下配售规则

网下投资者在初步询价时为其配售对象账户填报的拟申购价格属于有效报价的，网下投资者方可按照发行价格参与网下申购，或者在发行价格区间进行累计投标询价报价和申购。其中，有效报价是指网下投资者申报的不低于主承销商和发行人确定的发行价格或发行价格区间下限，且未作为最高报价部分被剔除，同时符合主承销商和发行人事先确定且公告的其他条件的报价。

表 4-5　科创板网下配售规则与 A 股其他板块规则的对比

|  | 科创板 | 主板 / 中小板 / 创业板 |
|---|---|---|
| 网下初始发行比例 | 公开发行后总股本不超过 4 亿股的，网下初始发行比例不低于本次公开发行股票数量的 70%；<br>公开发行后总股本超过 4 亿股或者发行人尚未盈利的，网下初始发行比例不低于本次公开发行股票数量的 80% | 公开发行后总股本不超过 4 亿股的，网下初始发行比例不低于本次公开发行股票数量的 60%；<br>公开发行后总股本超过 4 亿股的，网下初始发行比例不低于本次公开发行股票数量的 70% |
| 优先配售比例 | 应当安排不低于本次网下发行股票数量的 50% 优先向公募产品、社保基金、养老基金、企业年金基金和保险资金配售。若这几类机构投资者的有效申购比例不足 50%，发行人和主承销商可以向其他符合条件的网下投资者配售剩余部分 | 应当安排不低于本次网下发行股票数量的 40% 优先向公募产品、社保基金、养老基金、企业年金基金和保险资金配售。若这几类机构投资者的有效申购比例不足 50%，发行人和主承销商可以向其他符合条件的网下投资者配售剩余部分 |

续表

| | 科创板 | 主板/中小板/创业板 |
|---|---|---|
| 其他规则 | 对网下投资者进行分类配售的，同类投资者获得配售的比例应当相同。<br>公募产品、社保基金、养老基金、企业年金基金和保险资金的配售比例应当不低于其他投资者；<br>安排向战略投资者配售股票的，应当扣除向战略投资者配售部分后确定网下、网上发行比例 | |

资料来源：《上海证券交易所科创板股票发行与承销实施办法》，《证券发行与承销管理办法》，中信建投证券研究发展部。

在网下配售规则方面，通过对比《上海证券交易所科创板股票发行与承销实施办法》与《证券发行与承销管理办法》，可以发现科创板与A股其他板块的差异主要体现在发行比例上。在科创板中，根据公开发行后总股本数量的差异，网下初始发行数量占比也有不同，总股本不超过4亿股的，网下初始发行占本次公开发行股票数量的比例至少应达到70%；总股本超过4亿股的，该比例至少应为80%。另外，优先向公募产品、社保基金、养老基金、企业年金基金和保险资金配售的最低比例至少应为本次网下发行股票数量的50%。以上三个比例均比A股其他板块的相应比例上调10%，有利于引导各类投资者理性投资。

| 取消个人投资者询价 | 科创板IPO的询价对象范围缩小为符合条件的专业机构投资者，具体包括：证券公司、基金管理公司、信托公司、财务公司、保险公司、合格境外投资者和私募基金管理人等 |
|---|---|
| 市值要求 | 除科创主题封闭运作基金与封闭运作战略配售基金外，其他网下投资者及其管理的配售对象账户持有市值门槛不低于6000万元 |
| 报价规则放宽 | 参与询价的网下投资者可以为其管理的不同配售对象账户分别填报一个报价；<br>同一网下投资者全部报价中的不同拟申购价格不超过3个 |

图4-1 科创板网下配售规则变化

资料来源：Wind，中信建投证券研究发展部。

除此以外，科创板网下配售的重要变化包括：(1) 高净值个人与不符合 10 亿规模要求的私募被剔除，仅限专业机构投资者参与；(2) 底仓市值要求为 6 000 万元；(3) 不低于网下发行的 70% 优先向 6 类中长线资金对象配售；(4) 抽取 6 类中长线资金对象中 10% 的账户，锁定 6 个月；(5) 网下投资者须缴纳的经纪佣金费率由承销商按照 0.08%~0.5% 的区间自主确定。

根据《上海证券交易所科创板股票发行与承销业务指引》，科创板网下投资者类型可能与 A 股其他板块现有情况有所区别。根据文件精神可推测，在新分类下，A 类可能为公募产品、社保基金、养老基金、企业年金基金、保险资金，B 类为 QFII，其他为 C 类。A 股现有网下投资者分类为：A 类，公募产品、社保基金、养老基金；B 类，企业年金基金与保险资金；其他为 C 类。

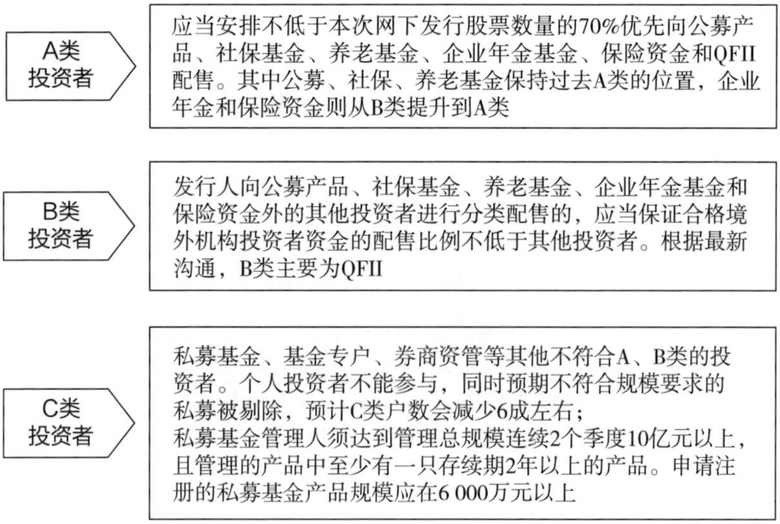

| A 类投资者 | 应当安排不低于本次网下发行股票数量的70%优先向公募产品、社保基金、养老基金、企业年金基金、保险资金和QFII配售。其中公募、社保、养老基金保持过去A类的位置，企业年金和保险资金则从B类提升到A类 |
| --- | --- |
| B 类投资者 | 发行人向公募产品、社保基金、养老基金、企业年金基金和保险资金外的其他投资者进行分类配售的，应当保证合格境外机构投资者资金的配售比例不低于其他投资者。根据最新沟通，B类主要为QFII |
| C 类投资者 | 私募基金、基金专户、券商资管等其他不符合A、B类的投资者。个人投资者不能参与，同时预期不符合规模要求的私募被剔除，预计C类户数会减少6成左右；私募基金管理人须达到管理总规模连续2个季度10亿元以上，且管理的产品中至少有一只存续期2年以上的产品。申请注册的私募基金产品规模应在6 000万元以上 |

图 4-2 科创板网下配售 A 类、B 类与 C 类机构投资者分类标准

资料来源：Wind，中信建投证券研究发展部。

券商跟投一共有四档，通过初步询价直接确定发行价格的项目券商跟投比例为4%~5%。不考虑高管、核心员工通过专项资管计划参与，余下95%~96%的份额由网下配售与网上发行分配。结合2019年1月30日中国证监会发布的《关于在上海证券交易所设立科创板并试点注册制的实施意见》，新股网下发行回拨机制调整，网下初始发行数量不低于公开发行比例的70%，最大回拨机制下，回拨比例为公开发行股票数量的10%。本次安排不低于网下发行股票数量的70%优先向公募产品、社保基金、养老基金、企业年金基金、保险资金和合格境外机构投资者资金等6类中长线资金对象配售。

以10亿元以下规模的项目为例，我们可以计算出按最高档回拨后券商跟投、网下配售（6类投资者）、网下配售（非6类投资者）与网上打新份额的占比分别为5.0%、39.9%、17.1%与38.0%。《发行与承销业务指引》建议通过摇号抽签的方式抽取6类中长线资金对象中10%的账户，中签账户的管理人承诺中签账户获配股份锁定，持有期限为自发行人股票上市之日起6个月。假设所有获配账户中签股数相同，则被锁定股份约占4%，流通股份为96%，能较为有效地满足科创板上市后的流动性要求。因此，按照当前主板市场回拨情况，网下配售份额仅占新股发行份额的10%。科创板回拨机制调整后，网下配售份额占比在五成到七成，新发股份份额更多向机构投资者倾斜，科创板企业新股发行定价主要由专业机构投资者负责。过往由于网下配售账户获配股数较少，机构投资者在网下配售询价投入的投研资源较为薄弱，为赚取一、二级差价更多倾向于报价偏高。为促使机构审慎报价，6类中长线资金对象中10%的账户被摇号锁定，这个举措对科创板上市后的流动性不构成重大影响。

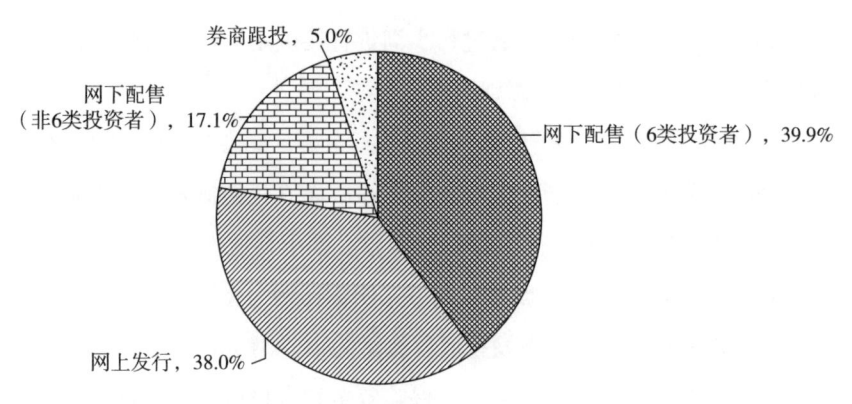

图 4-3　10亿元以下规模的项目，回拨后新股发行份额占比

资料来源：Wind，中信建投证券研究发展部。

## 四、中止发行的情况

在中止发行的情形方面，除了当网下投资者申购数量低于网下初始发行量时应中止发行的情形以外，科创板与 A 股其他板块差异较大。《上海证券交易所科创板股票发行与承销实施办法》对科创板发行后的总市值做出要求，若其不满足招股说明书中明确的标准，则应当中止发行；而在《证券发行与承销管理办法》中，其他板块则面临有效报价投资者数量与缴款认购的新股比例上的要求，若有效报价投资者数量不足，则应当中止发行；若缴款认购的新股占比不足 70%，则可中止发行。另外，其他板块的首次公开发行还允许发行人与主承销商自行约定其他具体情形。中止发行后，在证监会同意注册决定的有效期内，且满足会后事项监管要求的前提下，经向上交所备案，可重新启动发行。

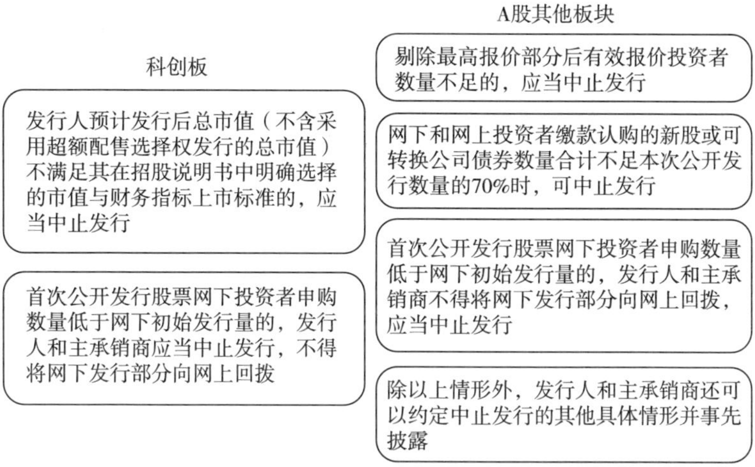

```
                                A股其他板块
                    ┌─────────────────────────────────┐
       科创板       │ 剔除最高报价部分后有效报价投资者 │
                    │ 数量不足的，应当中止发行         │
┌─────────────────┐ └─────────────────────────────────┘
│ 发行人预计发行后总市值（不含采│ ┌─────────────────────────────────┐
│ 用超额配售选择权发行的总市值）│ │ 网下和网上投资者缴款认购的新股或可│
│ 不满足其在招股说明书中明确选择│ │ 转换公司债券数合计不足本次公开发│
│ 的市值与财务指标上市标准的，应│ │ 行数量的70%时，可中止发行        │
│ 当中止发行                    │ └─────────────────────────────────┘
└─────────────────┘ ┌─────────────────────────────────┐
                    │ 首次公开发行股票网下投资者申购数量│
┌─────────────────┐ │ 低于网下初始发行量的，发行人和主承│
│ 首次公开发行股票网下投资者申购│ │ 销商不得将网下发行部分向网上回拨，│
│ 数量低于网下初始发行量的，发行│ │ 应当中止发行                    │
│ 人和主承销商应当中止发行，不得│ └─────────────────────────────────┘
│ 将网下发行部分向网上回拨      │ ┌─────────────────────────────────┐
└─────────────────┘ │ 除以上情形外，发行人和主承销商还可│
                    │ 以约定中止发行的其他具体情形并事先│
                    │ 披露                            │
                    └─────────────────────────────────┘
```

图 4-4　科创板与 A 股其他板块中止发行情形

资料来源：《上海证券交易所科创板股票发行与承销实施办法》，《证券发行与承销管理办法》，中信建投证券研究发展部。

## 第三节　战略配售制度

### 一、战略投资者：门槛降低，保荐机构与高管、核心员工可参与，数量限制差异化

科创板大幅降低了战略配售的门槛，取消了 A 股其他板块首次公开发行规模在 4 亿股以上才能实施战略配售的限制。《上海证券交易所科创板股票发行与承销业务指引》详细规定了战略配售的投资者资质要求、发行比例要求与相关的披露要求。在战略投资者的资质方面，战略投资者应当具备良好的市场声誉和影响力，具有较强的资金实力，具体可以参与战略配售的有 6 种类型的投资者：一是与发行人经营业务具有战略合作关系或长期合作愿景的大型企业或其下属企业；二是具有

长期投资意愿的大型保险公司或其下属企业，国家级大型投资基金或其下属企业；三是以公开募集方式设立，主要投资策略包括投资战略配售股票，且以封闭方式运作的证券投资基金；四是参与跟投的保荐机构相关子公司；五是发行人的高级管理人员与核心员工参与本次战略配售设立的专项资产管理计划；六是符合法律法规、业务规则规定的其他战略投资者。其中值得关注的是，科创板首次公开发行的战略投资者规定中增加了A股其他板块所没有的保荐机构跟投、高管与核心员工参与战略配售的内容。

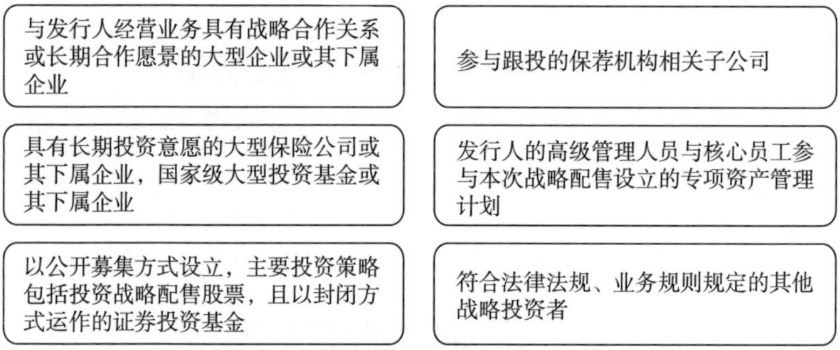

| | |
|---|---|
| 与发行人经营业务具有战略合作关系或长期合作愿景的大型企业或其下属企业 | 参与跟投的保荐机构相关子公司 |
| 具有长期投资意愿的大型保险公司或其下属企业，国家级大型投资基金或其下属企业 | 发行人的高级管理人员与核心员工参与本次战略配售设立的专项资产管理计划 |
| 以公开募集方式设立，主要投资策略包括投资战略配售股票，且以封闭方式运作的证券投资基金 | 符合法律法规、业务规则规定的其他战略投资者 |

**图4-5 科创板战略投资者的六种类型**

资料来源：《上海证券交易所科创板股票发行与承销实施办法》，中信建投证券研究发展部。

另外，根据首次公开发行股票数量的规模差异，战略投资者的数量限制也有所不同。IPO发行规模在4亿股以上的，战略投资者的数量不超过30名；发行规模在1亿股和4亿股之间的，战略投资者的数量不超过20名；小于1亿股的，战略投资者不超过10名。证券投资基金参与战略配售，必须以基金管理人（基金公司）的名义参与，每个基金管理人只能有1只证券投资基金参与战略配售。

表 4-5　战略投资者数量限制条件

| 首次公开发行股票数量 | 战略投资者数量 | 附加说明 |
| --- | --- | --- |
| 大于 4 亿股 | ≤ 30 | 证券投资基金参与战略配售的，应当以基金管理人的名义作为 1 名战略投资者参与发行。同一基金管理人仅能以其管理的 1 只证券投资基金参与本次战略配售 |
| 大于 1 亿股且不足 4 亿股 | ≤ 20 | |
| 小于 1 亿股 | ≤ 10 | |

资料来源：《上海证券交易所科创板股票发行与承销业务指引》，中信建投证券研究发展部。

2019 年 6 月 8 日，上交所发布《上海证券交易所科创板股票公开发行自律委员会促进科创板初期企业平稳发行行业倡导建议》，倡议建议简化发行上市操作，保障安全运行。首次公开发行股票数量低于 8 000 万股且预计募资不足 15 亿元的企业通过初步询价直接确定发行价格，仅安排券商与高管、核心员工跟投。截至 2019 年 6 月 8 日，剔除两家终止审查，科创板申报项目共 117 家。预计发行股数平均值为 68 560 万股，预计募资平均值为 9.4 亿元。满足首次公开发行股票数量低于 8 000 万股且预计募资不足 15 亿元的企业一共有 84 家，占比为 71.8%。因此，有将近七成申报项目不安排除保荐机构与高管、核心员工通过专项资管计划的战略配售，也不采用绿鞋机制。由于战略配售股份可以融券，实际上存在着通过"融券＋关联方交易"绕开战略配售锁定的套利空间。通过提高门槛，可降低这种套利活动发生的可能。

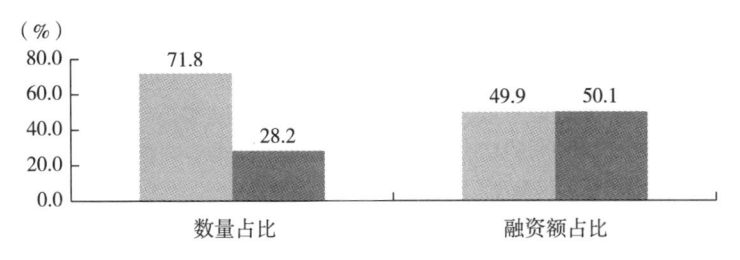

图 4-6　符合战略配售条件标的情况

资料来源：Wind，中信建投证券研究发展部。

## 二、战略配售的基本要求：使用自有资金，锁定期 12 个月

除了证券投资基金以外，战略投资者应使用自有资金参与股票配售，并应承诺上市后持有获配股份至少 12 个月。首次公开发行股票数量在 1 亿股以上的，战略配售股票数量占发行总股数的比例原则上不应超过 30%，若超过则应备足理由。若首次公开发行股票数量不足 1 亿股，战略配售股票数量占发行总股数的比例不得超过 20%。在经纪佣金方面，承销商应当向通过战略配售获配股票的投资者收取不低于获配应缴款一定比例的新股配售经纪佣金。此外，发行人与主承销商应该对战略配售方式、战略投资者信息、配售结果等进行披露。

表 4-6　参与战略配售的具体要求

|  | 具体要求 |
|---|---|
| 资金性质 | 战略投资者参与股票配售，应当使用自有资金，不得接受他人委托或者委托他人参与，但依法设立并符合特定投资目的的证券投资基金等主体除外 |
| 发行比例 | 首次公开发行股票数量在 1 亿股以上的，战略投资者获得配售的股票总量原则上不得超过本次公开发行股票数量的 30%，超过的应当在发行方案中充分说明理由。首次公开发行股票数量不足 1 亿股的，战略投资者获得配售的股票总量不得超过本次公开发行股票数量的 20% |
| 锁定期 | 战略投资者应当承诺获得本次配售的股票持有期限不少于 12 个月，持有期自本次公开发行的股票上市之日起计算 |
| 高管与核心员工参与配售 | 发行人的高级管理人员与核心员工，经发行人董事会审议通过后，可以设立专项资产管理计划参与本次发行战略配售。该专项资产管理计划获配的股票数量不得超过首次公开发行股票数量的 10%，且应当承诺获得本次配售的股票持有期限不少于 12 个月 |
| 经纪佣金 | 承销商应当向通过战略配售获配股票的投资者收取不低于获配应缴款一定比例的新股配售经纪佣金 |

续表

| | 具体要求 |
|---|---|
| 信息披露 | （1）在招股意向书和初步询价公告中披露是否采用战略配售方式、战略配售股票数量上限、战略投资者选取标准等；（2）在发行公告中披露战略投资者名称、承诺认购的股票数量以及限售期安排等；（3）在网下发行初步配售结果及网上中签结果公告中披露最终获配的战略投资者名称、股票数量以及限售期安排等；（4）在招股说明书中披露参与战略配售的高管和核心员工的姓名、担任职务、参与比例等事宜 |

资料来源：《上海证券交易所科创板股票发行与承销实施办法》，《上海证券交易所科创板股票发行与承销业务指引》，中信建投证券研究发展部。

## 三、战略配售的特殊要求：保荐机构跟投

科创板试行保荐机构相关子公司跟投制度。保荐机构相关子公司（保荐机构依法设立的另类投资子公司或者实际控制该保荐机构的证券公司依法设立的另类投资子公司）应当用自有资金实施跟投，参与战略配售。跟投比例为2%~5%，依据发行规模适用不同比例。此外，跟投子公司还应对获配股份设定自发行人首次公开发行并上市之日起24个月的限售期。

表4-7 科创板保荐机构跟投比例要求

| 首次公开发行规模 | 跟投比例 | 附加跟投规模限制 |
|---|---|---|
| 小于10亿元 | 5% | ≤4 000万元 |
| 大于10亿元且不足20亿元 | 4% | ≤6 000万元 |
| 大于20亿元且不足50亿元 | 3% | ≤1亿元 |
| 50亿元以上 | 2% | ≤10亿元 |

资料来源：《上海证券交易所科创板股票发行与承销业务指引》，中信建投证券研究发展部。

## 第四节　网上发行与超额配售制度

### 一、网上申购及配售规则

在申购资格方面,《上海证券交易所科创板股票发行与承销实施办法》中规定,持有市值达到 10 000 元以上的投资者方可参与网上申购。每 5 000 元市值可申购一个申购单位,不足 5 000 元的部分不计入申购额度。其中,每一个新股申购单位为 500 股,申购数量应当为 500 股或其整倍数,但最高申购数量不得超过当次网上初始发行数量的千分之一,且不得超过 9 999.95 万股,如超过则该笔申购无效。

网上摇号机制方面,当网上申购总量超过网上发行总量时,上交所按照每 500 股配一个号的规则对有效申购进行统一连续配号。当有效申购总量大于网上发行总量时,主承销商在公证机构监督下,根据总配号量和中签率组织摇号抽签,每一个中签号可认购 500 股新股。

### 二、回拨机制:回拨比例相较 A 股其他板块下调

网上投资者申购数量不足网上初始发行量的,可以根据网上投资者有效申购倍数,分档按照扣除设定限售期股票数量后的公开发行股票数量的一定比例回拨给网下投资者。有效申购倍数在 50~100 倍的,应当从网下向网上回拨公开发行股票数量的 5%;有效申购倍数超过 100 倍的,回拨比例应当为 10%。另外,回拨后无限售期的网下发行数量至多为本次公开发行数量的 80%。

表 4-7　回拨比例规定

| 有效申购倍数 | 回拨比例 | 附加限制 |
|---|---|---|
| 大于 50 倍且不超过 100 倍 | 5% | 回拨后无限售期的网下发行数量不超过本次公开发行数量的 80% |
| 超过 100 倍 | 10% | |

资料来源：《上海证券交易所科创板股票发行与承销实施办法》，中信建投证券研究发展部。

将回拨比例规定与前述网下初始发行比例规定相结合，并与《证券发行与承销管理办法》进行对比，可以发现科创板的网下初始发行比例更高，而网上发行向网下投资者的回拨比例下调。回拨后，科创板网下初始发行比例至少为 60%，而主板的网下初始发行比例至少为 40%，总体而言科创板网下配售占比较高。

表 4-8　科创板发行比例相关规则与主板的差异对比

| | 科创板 | 主板 |
|---|---|---|
| 网下初始发行比例 | （1）公开发行后总股本不超过 4 亿股的，网下初始发行比例不低于本次公开发行股票数量的 70%；（2）公开发行后总股本超过 4 亿股或者发行人尚未盈利的，网下初始发行比例不低于本次公开发行股票数量的 80% | （1）公开发行后总股本不超过 4 亿股的，网下初始发行比例不低于本次公开发行股票数量的 60%；（2）公开发行后总股本超过 4 亿股的，网下初始发行比例不低于本次公开发行股票数量的 70% |
| 网上发行向网下投资者回拨比例 | （1）网上投资者有效申购倍数超过 50 倍且不超过 100 倍的，回拨比例为本次公开发行股票数量的 5%；（2）网上投资者有效申购倍数超过 100 倍的，回拨比例为本次公开发行股票数量的 10%；（3）回拨后无限售期的网下发行数量原则上不超过本次公开发行股票数量的 80% | （1）网上投资者有效申购倍数超过 50 倍且不超过 100 倍的，回拨比例为本次公开发行股票数量的 20%；（2）网上投资者有效申购倍数超过 100 倍的，回拨比例为本次公开发行股票数量的 40%；（3）网上投资者有效申购倍数超过 150 倍的，回拨后无锁定期网下发行比例不超过本次公开发行股票数量的 10% |

资料来源：《上海证券交易所科创板股票发行与承销实施办法》，《证券发行与承销管理办法》，中信建投证券研究发展部。

## 三、超额配售权的设立

超额配售权又称"绿鞋机制",是发行人授予承销商的一项按发行价格超额发售不超过首次公开发行股票数量 15% 的股份的选择权。A 股其他板块首次公开发行规模达到 4 亿股以上才能够采用超额配售选择权。2010 年中国农业银行首次公开发行超额配售选择权,这也是 A 股市场唯一的"绿鞋"案例。根据《上海证券交易所科创板股票发行与承销实施办法》,科创板取消了这一限制条件,发行人和主承销商可以自由选择是否采用超额配售选择权,不受发行规模的限制,有助于平抑科创板股票上市后的股价。超额配售规模不得超过首次公开发行股票数量的 15%,此处比例限制与 A 股其他板块相同。《上海证券交易所科创板股票发行与承销业务指引》对超额配售选择权进一步做出操作、期限、行权、股票和资金交付等方面的详细要求。

表 4-9 科创板有关超额配售选择权的相关规定

|  | 具体要求 |
| --- | --- |
| 价格 | 投资者应当接受询价确定规定价格,应当同意延期交付股票 |
| 规模 | 超额配售规模不得超过首次公开发行股票数量的 15% |
| 操作要求 | (1)通过联合主承销商发行股票的,发行人应授予其中 1 家主承销商超额配售权;(2)主承销商应当向中国结算上海分公司申请开立超额配售选择权专门账户;(3)应当在招股意向书和招股说明书中披露超额配售选择权实施方案,包括实施目标、操作策略、可能发生的情形以及预期达到的效果等 |
| 期限 | 上市之日起 30 日内可行使超额配售选择权 |
| 行权 | (1)若股价低于发行价,主承销商可通过收购二级市场股票起到稳定股价的作用,然后向投资者交付股票;(2)若股价高于发行价,主承销商可选择要求发行人直接发行新股给投资者 |

续表

| | 具体要求 |
|---|---|
| 股票和资金交付 | 主承销商应当在发行人股票上市起 30 日后的 5 个工作日内,根据超额配售选择权行使情况,向发行人支付超额配售股票募集的资金,并向同意延期交付股票的投资者交付股票 |

资料来源:《上海证券交易所科创板股票发行与承销业务指引》,中信建投证券研究发展部。

# 第五章

# 科创板上市与持续监管制度

2019年3月1日,证监会发布了《科创板首次公开发行股票注册管理办法(试行)》(以下简称《注册管理办法》)、《科创板上市公司持续监管办法(试行)》(以下简称《持续监管办法》),上交所发布《上海证券交易所科创板股票上市规则》(以下简称《上市规则》),自公布之日起实施。

《注册管理办法》整体制度框架体系包括总则、发行条件、注册程序、信息披露、发行与承销的特别规定、发行上市保荐的特别规定、监督管理和法律责任、附则。基于便利直接融资、强化信息披露监管、加强风险防控三大基本原则,它对上交所科创板试点注册制首次公开发行股票的相关活动进行了规范。《持续监管办法》包括企业在科创板发行上市后的公司治理、信息披露、股份减持、重大资产重组、股权激励、终止上市等方面的内容,它规定了科创板持续监管的总体要求和制度取向,明确了调整适用的规则范围和衔接安排。《上市规则》独立于主板上市规则,就上市条件、公司治理、持续督导等内容做出完整的规定。其内容包括严格退市安排、设置更为合理的股份减持方式、压实保荐机构督导责任、规范表决权差异安排、整合内部治理规范性要求、优化信息披露、设置更加市场化的重大资产重组制度、提供更为灵活便利的股权激励制度。

在此基础上，本章主要从减持制度、股权激励制度、并购重组、信息披露与持续督导以及退市制度五个方面对科创板上市与持续监管制度进行详细的解析。

在减持制度方面，规定控股股东、实际控制人等股东应当承诺上市后36个月内不减持所持首发前股份。相比主板上市的锁定期要求，新增对核心技术人员的减持规定，核心技术人员锁定期为12个月（在最初的征求意见稿中是36个月）。同时，科创板为创投基金等提供了更灵活的减持方式，除按照现行减持规定实施减持外，还可以采取非公开转让方式实施减持。这极大地便利了创投资金的退出，有利于促进创新资本的形成。

在股权激励的制度方面，扩展股权激励的比例与对象，将上市公司全部在有效期内的股权激励计划所涉及的股票总数的累计限额由10%提升至20%；增强股权激励价格条款灵活性，激励对象限制性股票的价格可以低于股权激励计划草案公布前1个交易日、20个交易日、60个交易日或者120个交易日公司股票交易均价的50%；增加股权激励实施方式便利性，取消了上市公司限制性股票计划应当在60日内授予权益并完成登记的期限限制，满足激励条件后，上市公司再将限制性股票登记至激励对象名下，便利实施操作。

在并购重组方面，强调"更加市场化的重大资产重组制度"有以下三大特点：第一，实施注册制；第二，强调协同效应，严格限制"炒壳"行为；第三，规范"商誉"会计处理。

在信息披露与持续督导方面，对信息披露的特殊要求主要包括行业信息、经营风险、重大交易与关联交易以及股权质押四个方面。在退市制度方面，科创板推出四大强势退市制度，取消暂停和恢复上市，这在一定程度上保证了科创板上市公司的质量，使市场维持一个较为合理的退市率。

# 第一节 减持制度

对于在科创板发行上市的公司，其控股股东、实际控制人、核心技术人员以及董事、监事、高级管理人员等股东实施减持时，须满足一定的锁定期、减持比例、减持方式等要求。为了保证发行上市公司的控制权稳定，核心技术团队不会流失，科创板实施更为紧密的利益绑定，公司控股股东、实际控制人等股东应当承诺上市后36个月内不减持所持首发前股份。相比主板上市的锁定期要求，新增对核心技术人员的减持规定，核心技术人员锁定期为12个月。同时，科创板为创投基金等提供了更灵活的减持方式，除按照现行减持规定实施减持外，还可以采取非公开转让方式实施减持。这极大地便利了创投资金的退出，有利于促进创新资本的形成。

| 1. 保持控制权和技术团队稳定 | 2. 严格限制特定股东的股份减持行为 |
| --- | --- |
| 控股股东、实际控制人、核心技术人员等股东应当承诺上市后12个月内不减持所持首发前股份 | 控股股东、实际控制人、董事、监事、高管人员、核心技术人员除每人每年可以在二级市场小额减持1%以内的首发前股份外，均应当通过非公开转让、协议转让的方式减持首发前股份 |
| 3. 为创投基金等提供更灵活的减持方式 | 4. 明确特定情形下不得实施减持 |
| PE、VC等创投基金减持首发前的股份，在首发前股份限售期满后，除按照现行减持规定实施减持外，还可以采取非公开转让方式实施减持 | 上市时未盈利的公司在实现盈利前，控股股东、实际控制人、董事、监事、高管、核心技术人员不得减持股份，但上市满5个完整会计年度的，不再适用前述规定 |

图 5-1 科创板股份减持制度要点

资料来源：上交所，证监会，中信建投证券研究发展部。

值得注意的是，相较于《征求意见稿》，《上市规则》对不得减持股份的时间放宽了规定。在《征求意见稿》中，对于上市时未盈利的公司，要求在 5 个完整的会计年度，未盈利的控股股东、实控人及董事、监事、高级管理人员和核心技术人员不得减持股份。但是在 2019 年 3 月 1 日发布的《上市规则》中，则放宽了减持的时间规定。具体来说，公司上市时未盈利的，在公司实现盈利前，控股股东和实际控制人自上市起 3 个完整会计年度以内不得减持，4~5 个年度每年减持不得超过公司股份总数的 2%。而对于董事、监事、高级管理人员以及核心技术人员，可进行减持的时间限制也从上市后 5 年缩减至 3 年。减持时间的进一步放宽，体现了科创板对上市公司的股东、高管及核心技术人员经济利益的进一步保护，从而更大程度上激励企业在科创板上市，在增强科创板吸引力的同时也保证了科技创新事业的发展。

表 5-1　科创板股东减持与主板规则主要差异

|  | 科创板 | 主板 | 差异要点 |
| --- | --- | --- | --- |
| 锁定期要求 | 控股股东、实际控制人和核心技术人员应当承诺，自发行人股票上市之日起 36 个月内，不转让或者委托他人管理其直接和间接持有的发行人首发前股份，也不得提议由发行人回购该部分股份 | 控股股东、实际控制人及其关联方应当承诺上市后 36 个月不减持所持有的首发前股份 | 保证核心技术人员稳定性，实施更为紧密的利益绑定 |
| 股东减持要求 | 特定股东通过集中竞价、大宗交易等方式在二级市场减持，但每人每年通过集中竞价和大宗交易减持首发前股份数量不得超过公司股份总数的 1% | 大股东减持，在任意连续 90 日内，采取集中竞价交易方式的，减持股份不得超过 1%，采取大宗交易方式的，减持股份不得超过 2% | 严格限定特定股东减持行为 |

续表

| | 科创板 | 主板 | 差异要点 |
|---|---|---|---|
| 股东减持方式 | 特定股东以外的创业投资基金股东及其他股东所持首发前股份解除限售后，除可以按照《减持细则》《上海证券交易所上市公司创业投资基金股东减持股份实施细则》等有关规定减持外，还可以按照本规则关于特定股东减持首发前股份的规定进行减持 | —— | 便利创投资金退出，促进创新资本形成 |
| 禁止减持情况 | 公司上市时未盈利的，在公司实现盈利前，特定股东不得减持首发前股份。公司上市满5个完整会计年度后，不适用前款规定 | —— | 未盈利公司特定股东不得减持 |

资料来源：上交所，证监会，中信建投证券研究发展部。

## 一、股份减持锁定期安排

控股股东减持锁定期最长。针对首发前股份持有人不同，有不同的锁定期安排。一般来说，上市公司首发前股份，自股票上市之日起12个月内不得转让。而董事、监事、高级管理人员和核心技术人员自公司股票上市之日起一年内和离职后半年内，不得转让其所持本公司股份。控股股东减持锁定期最长，自发行人股票上市之日起36个月内，不转让或者委托他人管理其直接和间接持有的发行人首发前股份，也不得提议由发行人回购该部分股份。

同一控制下转让锁定期缩短至1年，转让应保证控股股东和实际控制人明确以下几点。若转让双方存在控制关系，或者均受同一实际控制人控制的，自发行人股票上市之日起一年后，可豁免遵守前款承诺。同时，上市公司控股股东及其一致行动人、实际控制人在限售承诺期满后减持首发前股份的，应当保证公司有明确的控股股东和实际控制人。

表 5-2　科创板股份减持锁定期安排

| 股份/股东 | 限售期 | 具体要求 |
| --- | --- | --- |
| 首发前股份 | 12 个月 | （1）上市公司首发前股份，自股票上市之日起 12 个月内不得转让；（2）公司股东持有的首发前股份，应当在公司上市前托管在为公司提供首次公开发行上市保荐服务的保荐机构 |
| 董事、监事、高级管理人员 | 上市后 12 个月和离职后 6 个月 | 董事、监事和高级管理人员自公司股票上市之日起一年内和离职后半年内，不得转让其所持本公司股份 |
| 控股股东和核心技术人员 | 36 个月 | 自发行人股票上市之日起 36 个月内，不转让或者委托他人管理其直接和间接持有的发行人首发前股份，也不得提议由发行人回购该部分股份 |

资料来源：上交所，证监会，中信建投证券研究发展部。

## 二、特定股东和创投减持方式

（一）特定股东

特定股东包括上市公司控股股东、实际控制人、董事、监事、高级管理人员、核心技术人员。特定股东可通过以下三种方式减持：（1）通过保荐机构或者上市公司选定的证券公司以询价配售方式，向符合条件的机构投资者进行非公开转让；（2）通过集中竞价、大宗交易等方式在二级市场减持，但每人每年通过集中竞价和大宗交易减持首发前股份数量不得超过公司股份总数的 1%；（3）涉及上市公司控制权变更、国有股权转让等情形的，可以按照上交所相关业务规则的规定进行协议转让。

但是特定股东减持有一定的限制条件。若公司上市时尚未盈利，在公司实现盈利前，特定股东不得减持首发前股份，但公司上市满 5 个完整会计年度的情形除外。上市公司存在重大违法情形，触及退市标准的，自相关行政处罚决定或者司法裁判做出之日起至公司股票终止上市前，特定股东不得减持公司股份。

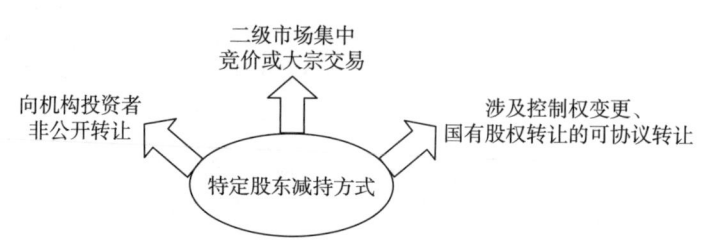

**图 5-2　科创板特定股东三种减持方式**

资料来源：上交所，证监会，中信建投证券研究发展部。

### （二）创投基金等股东

创业投资基金股东及其他股东所持首发前股份解除限售后，可以按照《沪、深证券交易所股东及董事、监事、高级管理人员减持股份实施细则》与《上海证券交易所上市公司创业投资基金股东减持股份实施细则》等有关规定减持，或者按照《上海证券交易所科创板股票上市规则》关于特定股东减持首发前股份的规定进行减持。这极大地便利了创投资金的退出，有利于促进创新资本的形成。

## 三、减持信息披露要求

加强减持前、中、后信息披露，特定股东需要额外披露。科创板上市公司通过集中竞价、大宗交易等方式在二级市场减持首发前股份的，应当在减持前、减持中和减持完成三个阶段进行信息披露。在首次卖出的 15 个交易日前，应该披露其减持计划，具体包括拟减持股份的数量、减持时点、方式、价格区间、减持原因等信息。特定股东另须额外披露减持原因、减持时点考虑、上市公司是否存在重大负面事项和重大风险，以及上交所要求披露的其他信息。在减持过程中，股东应于以下两个时点披露减持的进展情况：在首次减持股份事实发生的次一交易日；持股比例每减少1%的整数倍事实发生的次一交易日。在减持计划时间内，上市公司披露高送转或筹划并购重组等重大事项的，特定股东应当立即披露减持首发前股份进展情况。最后，在减持计划实施完毕或者减持计划届满后的2个交易日内，股东应再进行一次减持情况披露。

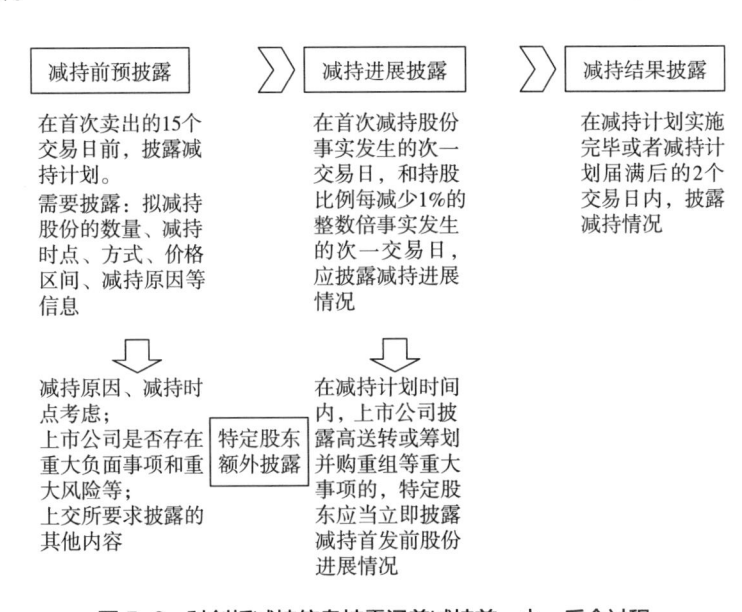

**图 5-3 科创板减持信息披露涵盖减持前、中、后全过程**

资料来源：上交所，证监会，中信建投证券研究发展部。

## 第二节 股权激励制度

股权激励政策是科创企业吸引人才、留住人才、激励人才的重要手段，也是资本市场服务科创企业的一项重要制度安排。科创板上市后的股权

101

激励规则大部分参考了A股其他板块上市公司现行的《上市公司股权激励管理办法》，但是在具体细节上有一定的突破和创新，更加有利于科创企业稳定其核心技术和管理团队，实现更长远的公司发展。主要有以下三点创新。

第一，扩展股权激励的比例与对象。将上市公司全部在有效期内的股权激励计划所涉及的股票总数的累计限额由10%提升至20%；允许单独或合计持有上市公司5%以上股份的股东、实际控制人及其配偶、父母、子女成为股权激励对象。这扩大了被激励的核心员工范围，有利于科创企业实施更大力度的激励计划。

第二，增强股权激励价格条款灵活性。激励对象限制性股票的价格可以低于股权激励计划草案公布前1个交易日、20个交易日、60个交易日或者120个交易日公司股票交易均价的50%，应当说明定价依据及定价方式并且聘请独立财务顾问发表意见。相较于A股其他板块，上市公司实行股权激励时，其授予价格不得低于股票票面金额，且原则上不得低于股权激励计划草案公布前1个交易日的公司股票交易均价的50%，以及股权激励计划草案公布前20个交易日、60个交易日或者120个交易日的公司股票交易均价之一的50%，二者价高者，科创板企业可根据自身具体情况灵活确定授予价格，能够充分调动激励计划的积极性，有效发挥对人才的激励作用。

第三，增加股权激励实施方式便利性。科创板取消了上市公司限制性股票计划应当在60日内授予权益并完成登记的期限限制，允许满足激励条件后，上市公司再将限制性股票登记至激励对象名下，便利实施操作。这样既便利了公司的操作过程，同时也减轻了激励对象需要提前出资购买股票的资金压力。

表 5-3 科创板与主板的股权激励规则

| | 科创板 | 主板 | 差异要点 |
|---|---|---|---|
| 股权激励对象 | 上市公司的董事、高级管理人员、核心技术人员或者核心业务人员，以及公司认为应当激励的对公司经营业绩和未来发展有直接影响的其他员工。单独或合计持有上市公司 5% 以上股份的股东、实际控制人及其配偶、父母、子女以及外籍员工，在上市公司担任董事、高级管理人员、核心技术人员或者核心业务人员的，可以成为激励对象 | 董事、高级管理人员、核心技术人员或者核心业务人员，以及公司认为应当激励的对公司经营业绩和未来发展有直接影响的其他员工，但不应当包括独立董事和监事。任职上市公司董事、高级管理人员、核心技术人员或者核心业务人员的外籍员工，可以成为激励对象。单独或合计持有上市公司 5% 以上股份的股东或实际控制人及其配偶、父母、子女，不得成为激励对象 | 扩大股权激励范围 |
| 股权激励比例 | 上市公司全部在有效期内的股权激励计划所涉及的标的股票总数累计不得超过公司股本总额的 20% | 上市公司全部在有效期内的股权激励计划所涉及的标的股票总数累计不得超过公司股本总额的 10% | 扩大股权激励比例上限 |
| 股权激励价格 | 上市公司授予激励对象限制性股票价格，低于股权激励计划草案公布前 1 个交易日、20 个交易日、60 个交易日或者 120 个交易日公司股票交易均价的 50%，应当说明定价依据及定价方式 | 授予价格不得低于股票票面金额，且原则上不得低于下列价格较高者：（1）股权激励计划草案公布前 1 个交易日的公司股票交易均价的 50%；（2）股权激励计划草案公布前 20 个交易日、60 个交易日或者 120 个交易日的公司股票交易均价之一的 50% | 增强股权激励价格条款的灵活性 |
| 股权激励实施 | — | 上市公司未能在 60 日内完成股权激励登记的，应当及时披露未完成的原因，并宣告终止实施股权激励 | 增加股权激励实施方式的便利性 |

资料来源：上交所，证监会，中信建投证券研究发展部。

## 第三节 并购重组：
## 更加市场化的重大资产重组制度

科创板重大资产重组制度将更加市场化，监管机构鼓励科创板上市公司做大做强主业。《科创板上市公司持续监管办法（试行）》对科创板上市公司重大资产重组有基本规定，主要包括："涉及发行股票的，由交易所审核，并经中国证监会注册"，"标的资产应当符合科创板定位，并与公司主营业务具有协同效应"。

《上海证券交易所科创板股票上市规则（征求意见稿）》及其起草说明对科创板上市公司重大资产重组有着更细致的规定和解读，主要强调"更加市场化的重大资产重组制度"，有以下三大特点：第一，实施注册制。科创板公司发行股份购买资产、合并、分立，由上交所审核，经中国证监会注册，实施更为便利；第二，强调协同效应，严格限制"炒壳"行为。重大资产重组涉及购买资产的，应当与上市公司主营业务具有协同效应，有利于促进主营业务整合升级；第三，规范"商誉"会计处理。科创板公司实施重大资产重组的，应当按照《企业会计准则》的有关规定确认商誉，足额计提减值损失。

## 第四节 信息披露与持续督导

科创板注册制规则体系以信息披露为中心，根据《科创板上市公司持续监管办法（试行）》《上海证券交易所科创板股票上市规则（征求意见稿）》，其信息披露的特殊要求主要包括行业信息、经营风险、重大交易与关联交易，以及股权质押四个方面。

第一，强化行业信息披露。科创企业应当结合公司所属行业特点，通过定期报告和临时公告，披露行业发展状况及技术趋势、公司经营模式及核心竞争力、研发团队和研发投入等重要信息。特别强调公司进入新行业或主营业务发生变更的专项披露要求。

第二，突出经营风险披露。针对科创类上市公司日常经营过程中可能遭遇的重大经营风险，提出相应的披露要求。具体包括未盈利公司的风险披露要求、对业绩大幅下滑公司的风险披露要求、知识产权与重大诉讼仲裁等重大风险披露要求。

第三，优化重大交易与关联交易的披露及决策程序。具体表现在：（1）关联交易的披露及股东大会审议标准中增加市值指标；（2）未盈利企业重大交易豁免适用利润类指标；（3）适度扩展了关联人的认定范围，并对关联交易披露及审议指标予以适当调整。

第四，增加股权质押高风险情形的披露。要求质押比例较高的股东全面披露质押股份的基本情况、质押金额的用途、自身财务状况、控股股东质押对控制权的影响等内容。此外，出现平仓风险的，要求控股股东及其一致行动人及时通知上市公司，并披露是否可能导致公司控制权变更、拟采取的措施以及面临的风险。

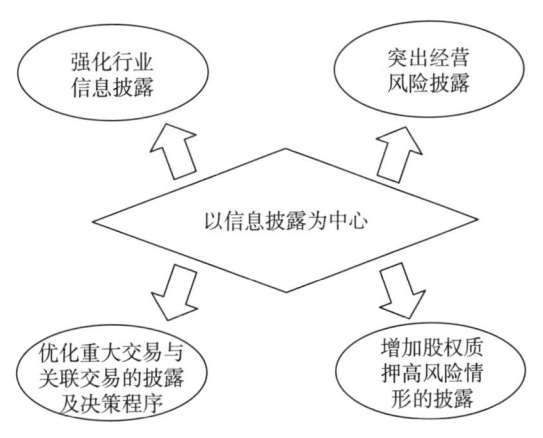

**图 5-4　科创板信息披露的四大特殊要求**

资料来源：上交所，证监会，中信建投证券研究发展部。

在严格的信息披露制度基础上，压严、压实保荐机构责任是实施注册制的重要支撑。这一要求也需要在持续监管中加以强化和落实。《上海证券交易所科创板股票上市规则（征求意见稿）》在现有保荐机构和保荐代表人责任的基础上设置了更为严格的要求，主要体现在以下三个方面。

第一，延长持续督导期限。首发上市的持续督导期，包括上市当年剩余时间及其后3个完整会计年度。上市公司实施再融资或重大资产重组的，可以更换持续督导机构，提供服务的保荐机构或财务顾问应当履行剩余期限的持续督导职责。

第二，定期出具投资研究报告。要求保荐机构定期就上市公司基本情况、行业情况、公司情况、财务状况等方面开展投资研究，定期形成并披露正式的投资研究报告。

第三，细化和明确保荐机构责任。要求保荐机构及保荐代表人不仅督促上市公司建立健全信息披露和规范运作制度，还应当关注上市公司日常经营和股票交易状况；明确了保荐机构督促公司披露重大风险，并就公司重大风险发表督导意见的情形；对于公司出现重大异常或者风险迹象的，要求保荐机构进行现场核查。

## 第五节　退市制度

据《中国基金报》统计，自1999年琼民源A（000508.SZ）退市以来，沪深两市仅有113家A股公司被退市。其中37家公司是被吸收合并的，实质上退市的公司数量仅76家，占当前A股公司总数3 584家的比重约为2.12%。如果从1990年交易所成立算起的话，截至2018年，28年内平均每年仅有2.6家公司退市，年均退市率仅为0.075%，远远低于NASDAQ市场6.75%的年均退市率。正是A股市场尚不完善的退市制度，使许多经营不善的上市公司得以通过财务操作、关联交易等成功保壳，这实际在一定程度上降低了上市公司的整体质量。

科创板推出四大强制退市制度，取消暂停和恢复上市。科创板的四大强制退市制度涵盖重大违法、交易类、财务类和规范类。上市公司只要触发退市条件，就会立即被强制退市，无缓冲期或缓冲状态。此外，科创板还取消了现有上市公司退市制度中存在的暂停上市和恢复上市机制，这意味着如果科创板上市企业被上交所采取退市风险警示而未能依照规定改变其风险警示，将直接面临终止上市的后果，且后续无法通过重新上市恢复上市地位。如果上述退市制度得以顺利实施，这将在一定程度上保证科创板上市公司的质量，使市场维持一个较为合理的退市率。

重大违法强制退市，即上市或交易期间存在信息披露违法或欺诈等行为，上市公司存在涉及国家安全、公共安全、生态安全、生产安全和公众健康安全等违法行为，则将其强制退市。这一点是上市公司理应遵守的基本要求。

交易类强制退市，即上市公司120日累计股票成交量低于200万股，20个交易日收盘价低于面值，20个交易日市值低于3亿元，或20个交易日股东数量低于400人，则强制退市。相较于主板、中小板和创业板，科创板构建了成交量、收盘价、市值和股东数量四个交易类退市指标，这在一定程度上使得科创企业在做好主业的同时，更多地关注资本市场动向，做好市值管理，增强与资本市场的联系。

财务类强制退市，即上市公司的主营业务停止或规模极低，经营资产大幅减少，无法维持日常经营，营收或利润来源于无商业实质的关联交易或与主营无关的贸易业务，则该公司会被强制退市。这实质上是在防止上市公司出现主营业务空心化，减少风险点。

规范类强制退市，即在信息披露及规范运作上存在缺陷，主要包括7个方面：（1）因财务会计报告存在重大会计差错或者虚假记载，被中国证监会责令改正但未在期限内改正，公司在股票停牌2个月内仍未改正；

(2)未在法定期限内披露年度报告或者半年度报告，停牌2个月内仍未披露；(3)因信息披露或者规范运作等方面存在重大缺陷，被本所责令改正但公司未在规定期限内改正，在股票停牌2个月内仍未改正；(4)因公司股本总额或股权分布发生变化，导致连续20个交易日不再具备上市条件，此后公司在股票停牌1个月内仍未解决；(5)最近一个会计年度的财务会计报告被会计师事务所出具无法表示意见或者否定意见的审计报告；(6)公司可能被依法强制解散；(7)法院依法受理公司重整、和解与破产清算申请。这对上市公司在信息披露及公司治理等方面提出了更高的要求，有利于提高市场信息披露的真实性和有效性，提高资本市场的投资质量。

表5-4 科创板上市公司退市制度

| 退市类型 | 具体情形 |
| --- | --- |
| 重大违法强制退市 | 上市或交易期间存在信息披露违法或欺诈等行为，上市公司存在涉及国家安全、公共安全、生态安全、生产安全和公众健康安全等违法行为 |
| 交易类强制退市 | 120日累计股票成交量低于200万股，20个交易日收盘价低于面值，20个交易日市值低于3亿元，20个交易日股东数量低于400人 |
| 财务类强制退市 | 主营业务停止或规模极低；经营资产大幅减少，无法维持日常经营，营收或利润来源于无商业实质的关联交易或与主营无关的贸易业务 |
| 规范类强制退市 | (1)因财务会计报告存在重大会计差错或者虚假记载，被中国证监会责令改正但未在期限内改正，公司在股票停牌2个月内仍未改正；(2)未在法定期限内披露年度报告或者半年度报告，停牌2个月内仍未披露；(3)因信息披露或者规范运作等方面存在重大缺陷，被本所责令改正但公司未在规定期限内改正，在股票停牌2个月内仍未改正；(4)因公司股本总额或股权分布发生变化，导致连续20个交易日不再具备上市条件，此后公司在股票停牌1个月内仍未解决；(5)最近一个会计年度的财务会计报告被会计师事务所出具无法表示意见或者否定意见的审计报告；(6)公司可能被依法强制解散；(7)法院依法受理公司重整、和解与破产清算申请 |
| 主动终止上市 | 上市公司股东回购或转向其他交易所等情况 |

资料来源：《上海证券交易所科创板股票上市规则》，中信建投证券研究发展部。

# 第六章

# 科创板交易制度

在交易制度方面，由于科创板上市企业所面对的不确定性更高，其相较于其他板块对于投资者的投资水平有更高的要求，所以在投资者准入的适当性管理方面有着更高的门槛。个人投资者参与科创板股票交易，须满足 24 个月的证券交易时长以及 50 万元的市值要求，个人投资者参与科创板股票的交易门槛高于主板、中小板以及创业板，但低于新三板。

此外，科创板的交易制度还在以下几个方面有较多的创新举措：第一，放宽涨跌幅限制。涨跌幅限制由 10% 放宽到 20%，且首次公开发行上市的股票，上市后的前 5 个交易日不设价格涨跌幅限制；第二，优化融券交易。科创板股票自上市首日起可作为融资融券标的；第三，盘后固定价格交易。除竞价交易与大宗交易外，科创板股票交易方式创新性引入了"盘后固定价格交易"，指在收盘集合竞价结束后，交易系统按照时间优先顺序对收盘定价申报进行撮合，并以当日收盘价成交；第四，新增本方最优价格申报和对手方最优价格申报两种报价方式；第五，调整申报量，规定单笔申报数量应不小于 200 股，可以以 1 股为单位进行递增。市价订单单笔申报最大数量为 5 万股，限价订单单笔申报最大数量为

10万股。

## 第一节　投资者准入门槛

个人投资者参与科创板股票交易，在市值要求上需要满足申请权限开通前20个交易日，证券账户及资金账户内的资产日均不低于人民币50万元（不包括该投资者通过融资融券融入的资金和证券）。在交易时长上，考虑到科创板的独特性，对于投资者的相关经验和专业性有更高的要求，为了保护投资者合法权益，个人投资者需要参与证券交易至少24个月以上。

主板及中小板对于个人投资者并无特殊准入要求，创业板对于交易经验不满2年的个人投资者会进行特别风险揭示，并对投资人的风险承受能力匹配有所要求，而新三板则要求个人投资者在2年交易经验的基础上，还需要持有市值500万元以上的证券类资产。个人投资者参与科创板股票交易的门槛高于主板、中小板以及创业板，但低于新三板。

表6-1　不同板块投资者适当性管理制度对比

| 板块 | 具体要求 |
| --- | --- |
| 主板 | —— |
| 创业板 | 2年交易经验，若不满2年须进行特别风险揭示，签署风险揭示书 |
| 科创板 | 申请权限开通前20个交易日，证券账户及资金账户内的资产日均不低于人民币50万元（不包括该投资者通过融资融券融入的资金和证券）；参与证券交易至少24个月以上 |
| 新三板 | 证券账户资产市值在500万元以上 |

资料来源：《上海证券交易所科创板股票交易特别规定》，中信建投证券研究发展部。

科创板相关准入门槛的设置是出于对相关交易经验不足的投资者的保护。同时，科创板鼓励未满足适当性要求的投资者通过购买公募基金等方式参与科创板交易。

## 第二节 多举措创新的交易制度

### 一、放宽涨跌幅限制

在股票竞价交易阶段,由于科创板股票价格易波动,涨跌幅限制由10%放宽到20%,且首次公开发行上市的股票,上市后的前5个交易日不设价格涨跌幅限制。这与主板、中小板以及创业板股票发行首日涨幅不超过44%、首日后涨跌幅不超过10%的限制有着较大差异。

### 二、优化融券交易

相较于主板对融资融券标的的诸多要求,科创板股票自上市首日起可作为融资融券标的。证券公司可以按规定借入科创板股票,具体事宜另行规定。

科创板交易制度中对融券交易机制的优化,将有助于提高市场定价效率,也是市场着力于改善"单边市"等问题的体现。为了与科创板进行对比,下面列出现行《上海证券交易所融资融券交易实施细则》对主板A股作为融资融券标的的股票的各项规定。

表6-2 主板A股作为融资融券标的的各项规定

| 项目 | 具体要求 |
| --- | --- |
| 上市时间 | 在上交所上市交易3个月以上 |
| 流动性 | 融资买入的股票流通股不低于1亿股或流通市值不低于5亿元<br>融券卖出的股票流通股不低于2亿股或流通市值不低于8亿元 |
| 股东人数 | 股东不少于4 000人 |

续表

| | |
|---|---|
| 其他条件 | 3个月内不能出现日均换手率低于基准指数日均换手率的15%，且日均成交金额小于5 000万元；日均涨跌幅平均值与基准指数涨跌幅平均值的偏离值超过4%；波动幅度达到基准指数波动幅度的5倍以上 |
| 其他要求 | 已完成股权分置改革；股票交易未被实施风险警示等 |

资料来源：《上海证券交易所融资融券交易实施细则》，中信建投证券研究发展部。

## 三、盘后固定价格交易

除竞价交易与大宗交易外，科创板股票交易方式创新性引入了"盘后固定价格交易"，指在收盘集合竞价结束后，交易系统按照时间优先顺序对收盘定价申报进行撮合，并以当日收盘价成交。每个交易日的15:05—15:30为盘后固定价格交易时间，当日15:00仍处于停牌状态的股票不进行盘后固定价格交易。通过收盘定价申报买卖科创板股票的，单笔申报数量应当不小于200股，且不超过100万股。卖出时，余额不足200股的部分，应当一次性申报卖出。

## 四、新增两种报价方式

根据市场需要，为便于投资者参与交易，除主板、中小板以及创业板现行的最优五档即时成交剩余撤销申报和最优五档即时成交剩余转限价申报两种方式，科创板新增本方最优价格申报和对手方最优价格申报两种市价申报方式。

本方最优价格申报，即以进入交易主机时，集中申报簿中本方最优报价为申报价格。对手方最优价格申报，即以进入交易主机时，集中申报簿中对手方最优报价为申报价格。本方最优价格申报进入交易主机时，集中申报簿中本方无申报的，申报自动撤销；对手方最优价格申报进入交易主机时，集中申报簿中对手方无申报的，申报自动撤销。

## 五、调整申报量

科创板对单笔申报数量要求进行了调整，不再要求单笔申报数量为100股及其整倍数，对于市价订单和限价订单，规定单笔申报数量应不小于200股，可以以1股为单位进行递增；市价订单单笔申报最大数量为5万股，限价订单单笔申报最大数量为10万股。通过市价申报买卖的，单笔申报数量应当不小于200股，且不超过5万股。卖出时，余额不足200股的部分，应当一次性申报卖出。同时，科创板可以依据股价高低，实施不同的申报价格最小变动单位，具体事宜由上交所另行规定。

表6-3 科创板交易制度创新的具体体现

| 交易制度创新 | 主要内容 |
| --- | --- |
| 放宽涨跌幅 | 新股上市后的前5个交易日不设涨跌幅限制，5日后涨跌幅限制在20% |
| 优化融券交易 | 股票自上市首个交易日起可作为融资融券标的 |
| 盘后固定价格交易 | 引入盘后固定价格交易机制，指在收盘集合竞价结束后，上交所交易系统按照时间优先的顺序对收盘定价申报进行撮合，并以当日收盘价成交的交易方式 |
| 新增两种报价方式 | 新增本方最优价格申报和对手方最优价格申报两种市价申报方式 |
| 调整申报量 | 不再要求单笔申报数量为100股及其整倍数。对于市价订单和限价订单，规定单笔申报数量应不小于200股，每笔申报可以以1股为单位递增 |

资料来源：《上海证券交易所科创板股票盘后固定价格交易指引》，《上海证券交易所科创板股票交易特别规定》，中信建投证券研究发展部。

第三篇

## 科创板的投资策略

# 第七章

# 科创企业创新估值方法

2019年6月14日,证监会按法定程序批复了科创板首批上市的两家企业:苏州华兴源创科技股份有限公司、烟台睿创微纳技术股份有限公司,意味着科创板的落地已步入正轨,越来越多的高科技初创企业即将上市,而首要问题就是对此类企业进行IPO定价。现金流折现模型(DCF)、市盈率模型(P/E)等传统的估值模型更适用于业务成熟度高、利润稳定的公司,故对部分科创板上市企业的IPO定价可能难有作为。因此,针对科创板的具体上市标准、上市企业的具体特点,选择合适的估值方法成为当务之急。

科创板定位创新行业,提升了对企业的包容度。首先,科创板重点支持新一代信息技术、高端装备、新材料、新能源、节能环保以及生物医药等高新技术产业和战略性新兴产业,推动互联网、大数据、云计算、人工智能和制造业深度融合,引领中高端消费,推动质量变革、效率变革、动力变革。其次,对科创板重大事项提供咨询意见的科技创新咨询委员会也相应地主要分布在集成电路领域,生物医药领域,人工智能、大数据、云计算、软件、互联网、物联网、新一代移动通信服务(5G)等新一代信息技术领域，航空航天、海洋工程、先进轨道交通、高端数控机床和机器人等高端装备制造领域，以及新材料、新能源汽车等领域。最后，就科创板的上市标准而言，科创板增加市值条件，弱化对企业盈利的要求，并允许未盈利企业申请上市。因此，科创板较A股的主要变化在于将出现一批尚未盈利或者微利的企业上市。该类企业普遍具有技术新、前景不明确、业绩波动大、风险高等特征，市场可比公司较少，传统估值方法可能不适用。

科创板的估值体系可参考一级市场的估值体系，即建立起基于对未来盈利最有价值的核心竞争力的有效评价的估值体系：（1）科创板将对尚未盈利企业重新构建估值体系，区别于传统盈利企业的现金流折现、P/E等方法；（2）科创板的估值将更加注重对能够带来未来盈利的核心价值的衡量，如技术水平、研发团队、管理团队，等等；（3）对于高端制造领域，最主要的竞争力是其核心技术能力，可根据研发人员数量和水平、已有产品技术实力、未来技术路径等进行定性分析，并将其与竞争对手做横向比较；（4）综合考虑下游市场渠道等方面，对该公司在未来行业竞争格局中的地位予以判断（是否为龙头等），结合该行业的市场空间和具体标的的市场地位进行估值。

基于此，本书将科创板企业大致按6大行业分类，即互联网行业、云计算及算法行业、电商行业、电子行业、高端装备行业和创新药行业，并针对行业的特点和企业的特性分别采用适合的估值方法。

## 第一节　互联网行业估值方法

### 一、互联网行业估值前的准备：了解行业

（一）公司所处行业的基本情况

公司主要业务是通过开发的数据分析处理平台（数字地球）对地理

信息数据（卫星采集数据、航空遥感数据、地面测绘数据）进行复杂的算法处理，并创建可视化平台以实现地球数据的共享与应用，使得人类可深入了解和管理地球，同时运用新一代信息技术，如大数据、云计算、人工智能等提高软件处理能力以及时效性。

（二）行业供需、竞争格局

数字地球行业的供给、需求处于逐渐形成阶段。国内卫星资源供给主要依靠国家项目，下游应用主要在国防、政府，整体仍是供不应求的状态。上游的数据源基本被国家队垄断，中游的数据被平台寡头垄断，下游相关应用竞争充分。

（三）行业发展现状

遥感卫星产业应用仍处于发展的早期阶段，随着数字地球行业上游数据源获取逐渐易得，数据量快速增长，下游应用需求逐步扩大，未来整个行业将进入快速发展阶段。

（四）行业发展前景

新一代信息技术上升为国家战略内容，空间基础设施建设进入新阶段，国家高度重视军民融合发展，经济社会发展创造巨大需求空间。

## 二、互联网行业估值方法分析

互联网公司估值以用户数为核心，同时分析用户的价值和变现力。互联网诞生至今，学界提出了很多定律来进行互联网价值评估。比如，萨尔诺夫定律：$V \propto n$（其中 V 为网络价值，n 为节点数或用户数）。齐普夫定律：$V \propto n\log(n)$。里德定律：$V \propto 2n$。梅特卡夫定律：

$V \propto n^2$。其中，梅特卡夫定律因为能较好地吻合脸书（Facebook）和腾讯的用户数和营业收入的关系而更被人接受。随着规模效应的出现，规模成本下降，成本的增长速度低于收入增长速度，随着用户数增加会出现盈亏平衡点。我们计算了腾讯、Facebook 的用户数和营业总收入、营业总支出之间的关系，发现收入与成本跟用户数呈明显的二次关系（见图 7-1、图 7-2）。

但是梅特卡夫定律也存在局限性，它给所有的连接或者群组赋予了同样的数值，但实际上不同用户之间可能并不能无障碍地交互。而且随着用户数达到一定量级，其对网络产生的贡献也会边际递减。另外，随着用户数的增加，获客成本和维系成本也会增加。根据行业经验，互联网平台获得一个新用户的成本，是维护一个老用户的成本的 5~10 倍。我们假设新

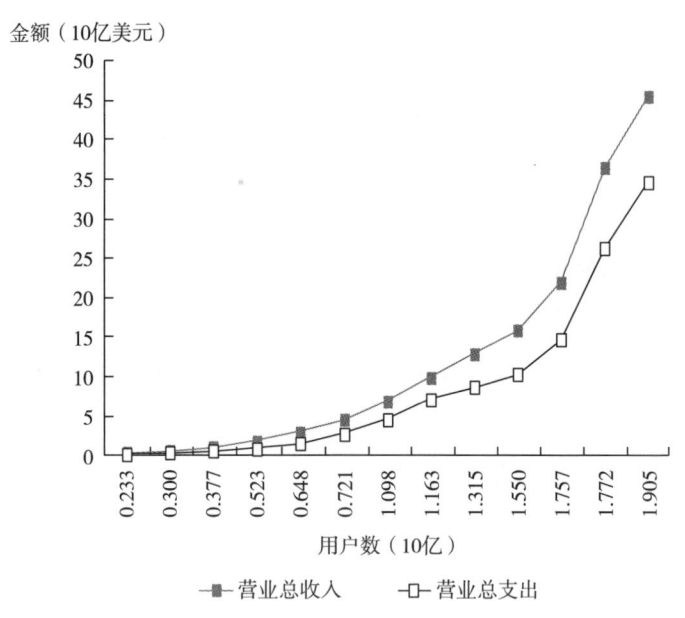

**图 7-1 腾讯用户数和公司收入、成本的关系**

资料来源：腾讯公司公告，中信建投证券研究发展部。

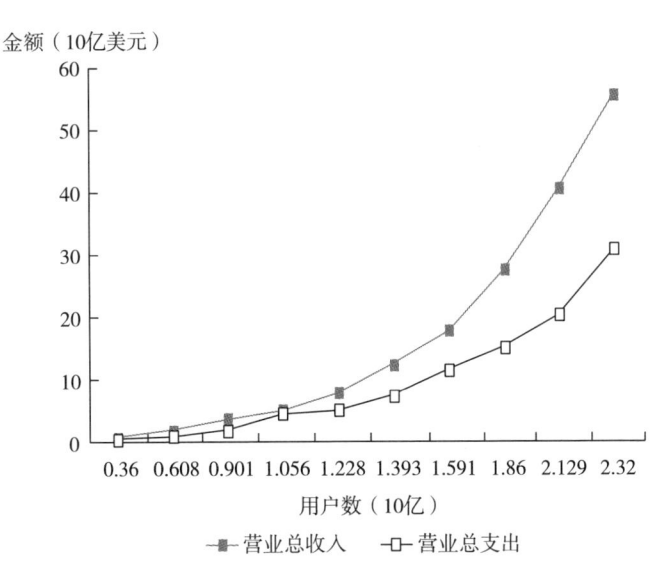

图 7-2　Facebook 用户数和公司收入、成本的关系

资料来源：Facebook 公司公告，中信建投证券研究发展部。

用户的获客成本是老用户维系成本的 5 倍。经过测算，阿里巴巴的平均获客成本从 2013 年 9 月的 12.17 元 / 人上升到 2018 年 12 月的 77.99 元 / 人（见图 7-3）。京东的获客成本从 2016 Q3 的 44.23 元 / 人上升到 2018 Q4 的 103.90 元 / 人。拼多多的获客成本从 2017 Q2 的 1.95 元 / 人上升到 2018 Q4 的 54.71 元 / 人。基于此，我们判断梅特卡夫定律对于处于早期的互联网公司可能是比较符合的，但是当公司进入成熟期，就需要使用其他的估值方法。

变现力包含的内容比较多，包括货币化率、溢价率、用户黏性和活跃度等。货币化率是指平台的交易额能够为企业创收的比例，该比例越高，平台的货币化率就越高。溢价率是指当优势企业逐渐处于垄断地位，其溢价能力提升，从而获得更高的溢价比例。用户黏性和活跃度则体现了广告、展示位的点击量的提高。此外，提供的服务越多，用户变现力也

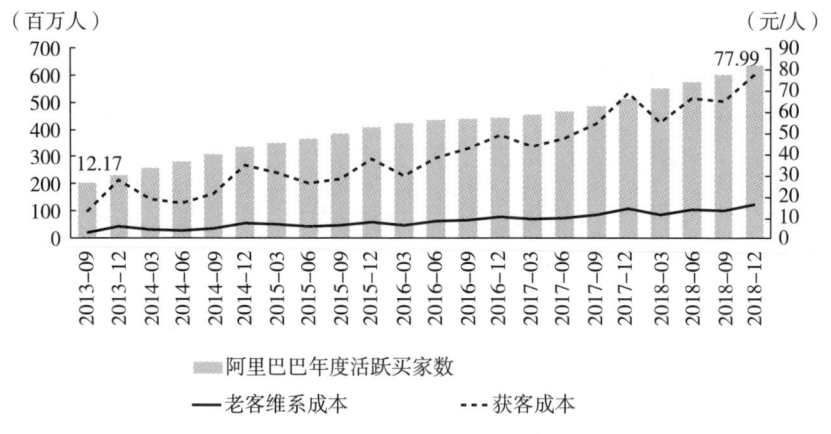

图 7-3 阿里巴巴平均获客成本和老客维系成本

资料来源：阿里巴巴公司公告，中信建投证券研究发展部。

越高，比如腾讯除了提供社交服务以外还提供游戏，因此其单用户估值高于微博、推特（Twitter）。我们梳理了社交类互联网公司和电商类互联网公司的活跃用户数和单用户估值（市值/活跃用户数）。腾讯的业务除了QQ、微信等，还有游戏、视频，它提供的服务比微博、陌陌更多，变现方式更多，而且QQ、微信的用户黏性和活跃度更高，因此其单用户估值远高于微博、陌陌（见图7-4、图7-5）。

现金流折现估值模型（DCF）作为绝对估值法的标杆，在互联网公司不同的发展时期均可使用，但一般来说在以下情况更加适用：（1）公司资本结构相对稳定，否则影响贴现率结果；（2）长时间内不计划进行并购重组；（3）不存在未被利用且可产生现金流的资产；（4）公司的未来经营有规律可循，盈利模式与业绩增速稳定；（5）不出现跳跃式突变，非强周期，且远期现金流为正。

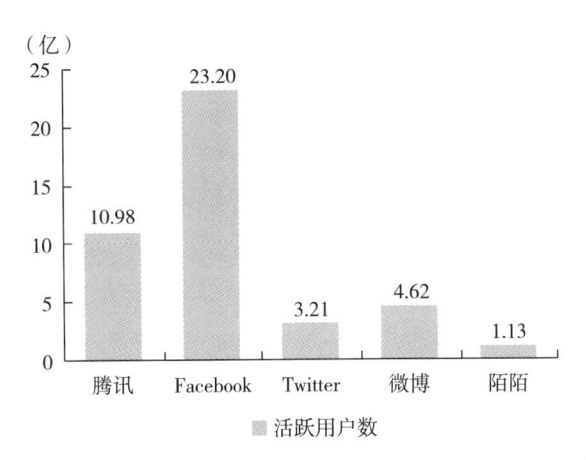

图 7-4 社交类互联网公司活跃用户数（截至 2018 年 12 月）

资料来源：中信建投证券研究发展部。

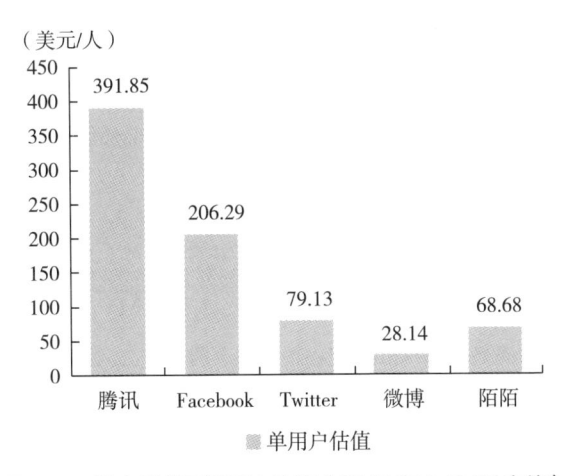

图 7-5 社交类公司单用户估值（2019 年 3 月 27 市值）

资料来源：中信建投证券研究发展部。

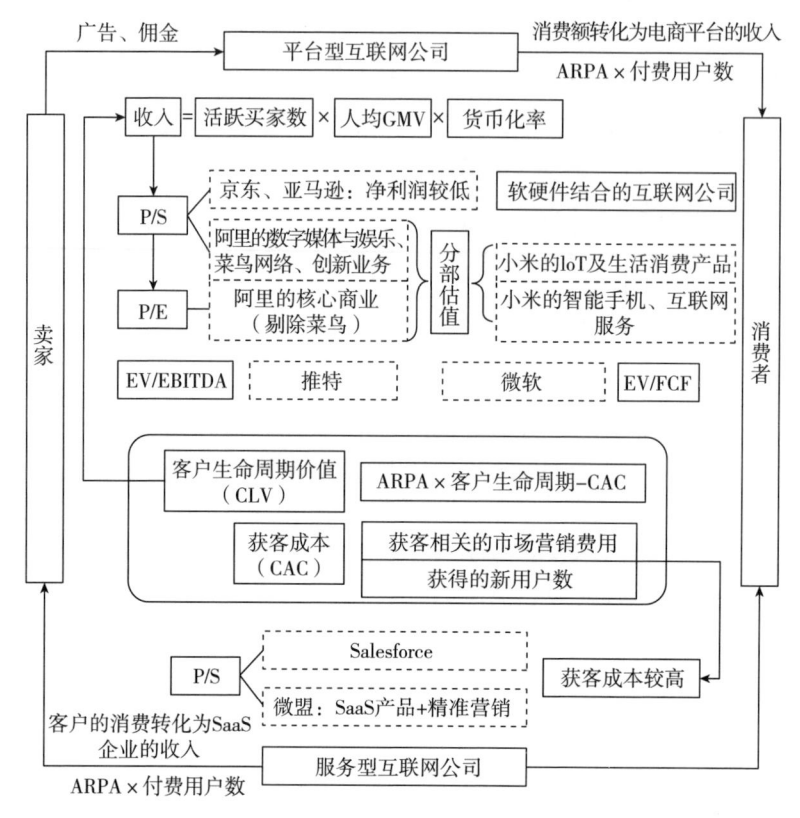

图 7-6 一张图看懂互联网公司怎么估值

资料来源：中信建投证券研究发展部。

相对估值法包括 P/E（市盈率）、EV/EBITDA（企业价值倍数）、P/S（市销率）、P/FCF（市价自由现金流量比）、P/GMV（市价总商品交易额比）、PEG（市盈率相对盈利增长比率）等多种指标。其优势在于简单便捷，不需要非常细致的财务数据和测算就可以使用，并且以市场上类似股票的估值水平为参照，较为容易发现其是否被高估或低估，而以上这些特点非常适用于互联网行业。在考虑选择哪个指标最为合适时，我们首先要看被估值的互联网公司是否实现盈利，如果仍处于净亏损状态，P/E 或 EV/EBITDA 皆不可用，可采用 P/S 指标。对于商业模式、盈利水平较为稳定的互联网公司，则可采用更为传统的 P/E、EV/EBITDA 进行相对估值。

SOTP（分部估值）针对多业务综合公司，避免"一刀切"导致的被低估。SOTP 估值法的核心理念是，假设目标公司经营多种业务，如果将其拆分出售给其他公司，这笔交易应该作价多少。具体方法是将每部分业务单独用 DCF、P/E 等最合适的方法进行估值，然后加总，视情况扣除净债务、非经营性负债，并加回非经营性资产，得到整体的价值。这样做的好处是避免公司因为整体采用单一方法估值，导致其被低估。对相当一部分业务分布在两个或两个以上行业的互联网公司，SOTP 方法非常适合，比如涉及了线上零售和云服务的亚马逊，涉及了美国境内流媒体、DVD 及国际业务的奈飞（Netflix）。

表 7-1 几种常见相对估值法指标的分析比较

| 指标 | 适用情况 | 优势 | 劣势 |
|---|---|---|---|
| P/E | 成熟期独角兽公司，商业模式及盈利水平较为稳定 | 每股收益来衡量盈利能力，是较为常见的决定投资价值的因素；实证研究显示市盈率差异与长期平均股票回报差异具有显著关联 | 市场平均市盈率受宏观经济波动影响较大，容易产生脱离价值轨道的现象，导致作为价值评估标准的市场平均市盈率本身并不具备可比性；影响企业单一年度净利润的因素则相对复杂和多变，同时具有可操纵性；每股收益可为负数，使指标无意义 |
| EV/EBITDA | 独角兽发展的中后期，收入、利润波动较大，盈利不稳定；但要求预测得出的企业未来收益水平必须能够体现企业未来的收益流量和风险状况的主要特征 | 反映了投资资本的市场价值和未来一年企业收益间的比例关系；从全体投资人的角度出发，与资本结构无关；剔除了财务杠杆使用状况、折旧政策变化、长期投资水平等非营运因素的影响，与企业未来收益和风险的相关性更高，展现运营绩效 | 单一的年度指标并没有考虑到企业未来增长率，只有在两个企业具有近似增长前景的条件下才作为相对估值法进行使用；由于行业特性和会计处理规定可能会导致 EBITDA 一定程度的扭曲，需要对 DA（折旧与摊销）进行调整，恢复其衡量企业主营业务税前绩效的合理性 |

续表

| 指标 | 适用情况 | 优势 | 劣势 |
|---|---|---|---|
| P/S | 初期独角兽公司；营收具有稳定增长性，可反应未来公司价值 | 不会出现负值，适用于亏损公司、自由现金流为负的公司、困境反转期的周期股；稳定、可靠，不受公司折旧、存货、非经常性收支的影响，不容易被操纵；收入乘数对价格政策和企业战略变化敏感，可以反映这种变化的后果 | 市销率未反应不同公司之间的成本和结构差异；销售收入的确认方式差异影响扭曲销售预测；高额的销售收入并不一定意味着高额的营业利润；公式上下乘数不一致，高负债公司可能具有更高的P/S值 |
| P/GMV | 增长型互联网公司，多用于电商平台 | 考虑了公司创始期最重要的业务驱动因素；弥补了不同运营模式下，P/S估值法对评价电商业绩的失效（平台佣金模式+自营销售模式） | 模型具有不确定性，GMV受市场份额变化影响较大 |
| PEG | 高增长率且市盈率高于市场水平的企业 | 考虑了过去几年企业盈利的增长情况，以及未来几年企业的发展机遇。彼得·林奇认为理想投资对象的PEG应该低于0.5，PEG值高于1的企业被高估 | 带有一定的人为预测因素，需要对企业本身的增长率有准确的研究观察 |

资料来源：公开资料，中信建投证券研究发展部。

## 第二节　云计算及算法行业估值方法

按照美国国家标准与技术研究院（NIST）对于云计算的定义，云计算为客户提供便捷、按需的网络访问，进入计算资源共享池（资源包括网络、服务器、存储、应用软件、服务），仅需要投入较少的管理工作，便可以快速获取需要的资源，云计算按照使用量付费。云计算的特点有：超大规模、虚拟化、高可靠性、通用性、高可扩展性、按需服务、廉价性和潜在危险性等。

如果按照运营模式进行划分，云计算可以分为公有云、私有云和混合云。以响应内部需求为目的的私有云是最初的云计算运营模式，随着技术的更新和外部需求的加大，私有云逐步向公有和混合方向延伸。如果按照服务模式进行划分，云计算可以分为基础设施即服务（IaaS）、平台即服务（PaaS）和软件即服务（SaaS）。

IaaS 提供所有计算基础设施的利用，包括处理 CPU、内存、存储、网络和其他基本的计算资源。用户不管控任何云计算基础设施，但能控制操作系统的选择、存储空间以及部署的应用。PaaS 把客户用开发语言和工具开发的应用程序部署到供应商的云计算基础设施上；客户控制部署的应用程序或者控制运行应用程序的托管环境配置；SaaS 面向软件的最终用户，用户在各种设备上通过客户端界面访问，直接享受建立和运行在云计算基础设施上的应用程序。

表 7-2  云计算按服务模式类型分类

| 用户模式类型 | 定义 | 典型公司 |
| --- | --- | --- |
| IaaS | 通过为客户提供或管理 IT 基础设施使其获得增强的虚拟化能力。主要分为数据/存储云和计算云。基础设施主要指物理资源，如计算、存储、数据和网络设备资源等 | Amazon S3、SQL Azure Amazon EC2、Zimory、Elastic-Hosts |
| PaaS | 提供用来支撑开发应用和服务的平台。平台主要指云计算环境下的操作系统 | Force.com、Google App Engine、Windows Azure |
| SaaS | 为客户提供特定商业功能和流程的软件与应用 | Google Docs、Salesforce CRM、SAP Business By Design |

资料来源：前瞻产业研究院整理，中信建投证券研究发展部。

IaaS 公司估值应用 EV/EBITDA 或者 P/B 法。目前在成熟的美股市场，IaaS 公司更倾向于采用 EV/EBITDA，原因在于云业务 AWS 需要前期建设大量数据中心，采购大量服务器和网络设备，投资较大且属于重资产业务。这些投入必不可少，但折旧、摊销对于利润的影响以及资本性支出对于现金流的影响显而易见，所以采用 EBITDA 更为合适。以亚马逊公司为例，亚马逊旗下业务包括电商、订阅服务、在线广告、云计算等板块。而对于云业务板块，源于重资产属性，一般采用 EV/EBITDA 或者 EBITDA 估值方法；2012—2016 年亚马逊 AWS 的收入增速较快，年复合增长率高于 60%，因此享受 20 倍 EBITDA 的估值；2017 年以后 AWS 全球收入增速降至 40% 左右，目前整体仍然给予 2019 年 12~15 倍 EBITDA 估值。而亚马逊估值一般采用 SOTP 估值，对于自营电商业务，给予 0.8~1 倍 P/S 估值。

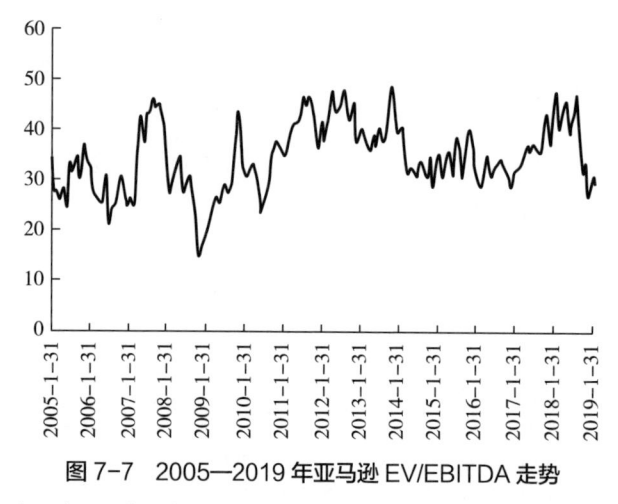

图 7-7 2005—2019 年亚马逊 EV/EBITDA 走势

资料来源：中信建投证券研究发展部。

PaaS 公司估值适合 P/S 估值法。以最近上市的视频通信公司 ZOOM 为例。2017—2019 年 ZOOM 分别实现收入 0.61 亿、1.52 亿和 3.31 亿美元，2018 年、2019 年同比增速分别为 149% 和 118%。和很多 SaaS 公司的普遍亏损状况不同，该公司在收入体量不大时即实现了盈利，2018 年、2019 年分别实现净利润 382.2 万和 758.4 万美元。从单季度收入来看，ZOOM 在 2019Q3、2019Q4 两个季度预期收入环比增速分别达到 20%、

17.7%，同比增速为119.51%和107.84%。由于ZOOM的持续高成长以及广阔的市场空间，资本市场给予P/S（TTM）高于40倍。我们预计随着次新股炒作情绪衰退，公司会回落到正常估值，即P/S 20~25倍。

SaaS公司也适合采用P/S估值法。SaaS属于轻资产企业，且早期在用户占领策略上采用提供免费产品的方式，故而SaaS公司早期客户产生的收入远不能覆盖其销售、研发成本。以Salesforce为例，其研发费率和销售费率一直处于较高水平，研发费率稳定在15%左右，销售费率稳定在50%左右。

在稳态下销售费用将大幅下降，此外，在稳态下由于客户数量大幅增加，研发费用率将会降低。在销售费用率、研发费用率都很低的情况下，收入水平成为SaaS公司最关键的指标，而公司的增长速度决定了P/S的高低。通过横向对比我们可以看到Salesforce的P/S值一直低于其他三家。Workday和Service now两家公司在上市之初的P/S值高达40多倍（见图7-8）。我们认为该现象与公司的营收增速有关。例如，Workday和Service now在早期营收增速高于100%的时候，其P/S值都在40倍以上，而Salesforce营收增长一直保持在30%左右，按照P/S方法估值十分稳定。

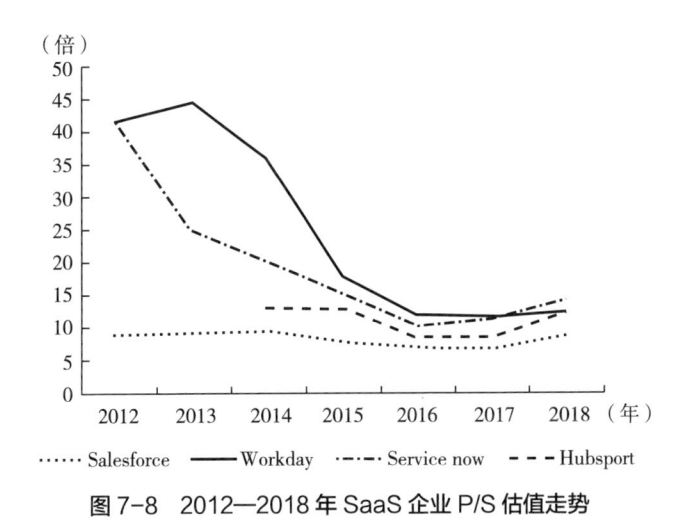

**图7-8　2012—2018年SaaS企业P/S估值走势**

资料来源：中信建投证券研究发展部。

## 第三节 电商行业估值方法

不同的电商平台的单用户估值（市值/用户数）差异悬殊，阿里巴巴的单用户估值远高于 eBay、京东、拼多多、唯品会等，这是因为阿里巴巴在国内的市占率远高于其他电商平台。根据 eMarketer 的数据，2018年阿里巴巴在中国电商市场的份额为 58.2%，高于京东（16.3%）和拼多多（5.2%）、唯品会（1.8%），存在垄断溢价。其次阿里巴巴的人均 GMV 也高于京东、拼多多，所以其单用户估值较高。此外电商平台的单用户估值普遍高于社交类公司的单用户估值。这是因为用户在电商平台上的消费量要高于在社交平台上的消费量。

电商的收入公式为：电商收入 = 活跃买家数 × 客单价 × 平均年下单次数 × 货币化率。阿里巴巴的人均 GMV 远高于京东和拼多多。我们测算了不同电商平台上单用户估值和获客成本的比值。用户人均 GMV 方面，随着用户使用年份越久，其人均购买次数和人均 GMV 越会高于新用户。

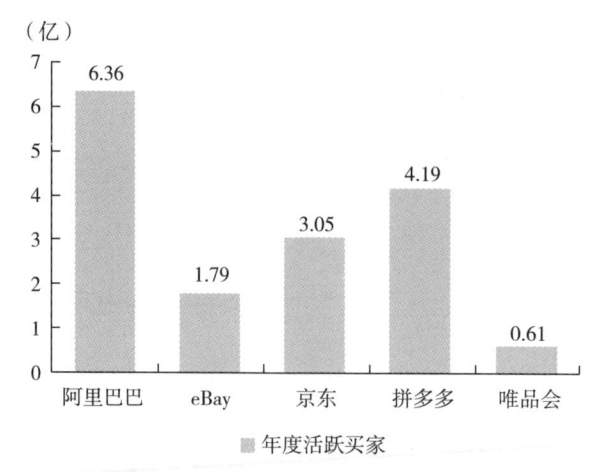

图 7-9 电商平台年度活跃买家数（截至 2018 年 12 月）

资料来源：中信建投证券研究发展部。

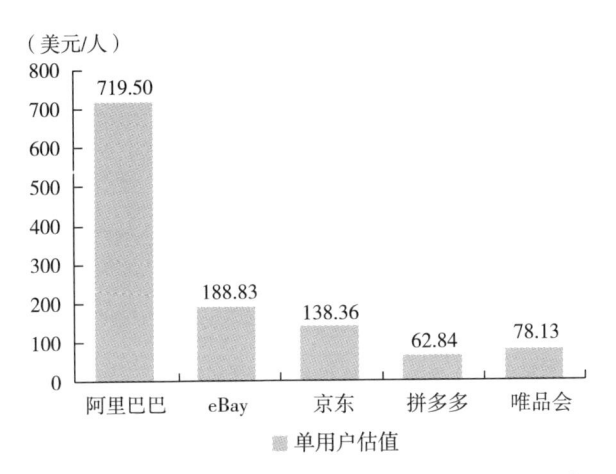

**图 7-10　电商平台单用户估值（2019 年 3 月 27 市值）**

资料来源：中信建投证券研究发展部。

另外根据行业经验，互联网平台获得一个新用户的成本，是维护一个老用户的 5~10 倍。我们假设新用户的获客成本是老用户维系成本的 5 倍，折现率为 8%。经过测算，阿里巴巴、京东、拼多多的 6 年用户价值贡献现值/6 年用户成本现值的比率分别为 9.48、5.20、4.51。阿里巴巴的单用户贡献高于京东和拼多多，这也是阿里巴巴的单用户估值高于京东和拼多多的原因。

**表 7-3　阿里巴巴国内零售客户生命周期价值与获客成本比较**

| 买家年份 | 1 | 2 | 3 | 4 | 5 | 6 |
|---|---|---|---|---|---|---|
| 人均 GMV（元） | 3 000 | 5 250 | 7 500 | 9 750 | 12 000 | 14 250 |
| 货币化率 | 3.66% | 4.10% | 4.51% | 4.96% | 5.46% | 6.00% |
| 贡献收入 | 109.8 | 215.25 | 338.25 | 483.70 | 654.85 | 855.40 |
| 毛利率 | 65% | 65% | 65% | 65% | 65% | 65% |
| 毛利润贡献 | 71.37 | 139.91 | 219.86 | 314.40 | 425.65 | 556.01 |
| 折现率 | 8% | 8% | 8% | 8% | 8% | 8% |
| 现值（元） | 66.08 | 119.95 | 174.53 | 231.10 | 289.69 | 350.38 |
| 6 年用户价值贡献现值合计（元） | 1 231.74 ||||||

续表

| 买家年份 | 1 | 2 | 3 | 4 | 5 | 6 |
|---|---|---|---|---|---|---|
| 获客成本 or 维系成本（元） | 78 | 15.6 | 15.6 | 15.6 | 15.6 | 15.6 |
| 成本现值（元） | 72.22 | 13.37 | 12.38 | 11.47 | 10.62 | 9.83 |
| 6年用户成本现值合计（元） | 129.89 ||||||
| 用户价值/成本 | 9.48 ||||||

资料来源：阿里巴巴公司公告，中信建投证券研究发展部。

表7-4 京东客户生命周期价值与获客成本比较

| 买家年份 | 1 | 2 | 3 | 4 | 5 | 6 |
|---|---|---|---|---|---|---|
| 人均GMV（元） | 1 800 | 3 150 | 4 500 | 5 850 | 7 200 | 8 550 |
| 货币化率 | 4.00% | 4.00% | 4.00% | 4.00% | 4.00% | 4.00% |
| 毛利润贡献 | 72.00 | 126.00 | 180.00 | 234.00 | 288.00 | 342.00 |
| 折现率 | 8% | 8% | 8% | 8% | 8% | 8% |
| 现值（元） | 66.67 | 108.02 | 142.89 | 172.00 | 196.01 | 215.52 |
| 6年用户价值贡献现值合计（元） | 901.10 ||||||
| 获客成本 or 维系成本（元） | 104 | 20.8 | 20.8 | 20.8 | 20.8 | 20.8 |
| 成本现值（元） | 96.30 | 17.83 | 16.51 | 15.29 | 14.16 | 13.11 |
| 6年用户成本现值合计（元） | 173.19 ||||||
| 用户价值/成本 | 5.20 ||||||

资料来源：京东公司公告，中信建投证券研究发展部。

表7-5 拼多多客户生命周期价值与获客成本比较

| 买家年份 | 1 | 2 | 3 | 4 | 5 | 6 |
|---|---|---|---|---|---|---|
| 人均GMV（元） | 577 | 1 517 | 2 427 | 3 641 | 5 097 | 6 626 |
| 货币化率 | 2.80% | 3.08% | 3.39% | 3.73% | 4.10% | 4.51% |

续表

| 买家年份 | 1 | 2 | 3 | 4 | 5 | 6 |
|---|---|---|---|---|---|---|
| 贡献收入 | 16.16 | 46.73 | 82.24 | 135.69 | 208.96 | 298.82 |
| 毛利率 | 75% | 75% | 75% | 75% | 75% | 75% |
| 毛利润贡献 | 12.12 | 35.04 | 61.68 | 101.77 | 156.72 | 224.11 |
| 折现率 | 8% | 8% | 8% | 8% | 8% | 8% |
| 现值（元） | 11.22 | 30.04 | 48.96 | 74.80 | 106.66 | 141.23 |
| 6年用户价值贡献现值合计（元） | | 412.92 |
| 获客成本 or 维系成本（元） | 55 | 11 | 11 | 11 | 11 | 11 |
| 成本现值（元） | 50.93 | 9.43 | 8.73 | 8.09 | 7.49 | 6.93 |
| 6年用户成本现值合计（元） | | 91.59 |
| 用户价值/成本 | | 4.51 |

资料来源：拼多多公司公告，中信建投证券研究发展部。

京东上市至今还未盈利，所以并不适用 P/E 估值。而且京东自由现金流波动比较大，因此在估值时应主要使用 P/S。随着京东的营业收入增速从2012年的96%下降到2018年的28%，呈现持续放缓的趋势，京东的 P/S 从2015年3月上市初的1.87下降到了2018年12月的0.45。亚马逊在2015年以前净利润较低，所以并不适用 P/E 估值，P/S 对它来说是更适合的指标。2004—2014年亚马逊的营业收入增速基本维持在20%以上，P/S 也基本维持在1.5~2.5倍之间。但是从2015年开始，亚马逊的 P/S 明显上升，这是因为亚马逊的云计算业务（AWS）开始发力。AWS 的应收占比从2014年的5.22%上升到2018年的11.02%。AWS 的利润率较高，2018年 AWS 的营业利润率为28.44%。所以虽然 AWS 的营收占比不高，但是它贡献了亚马逊绝大部分的营业利润。此外，由于规模效应的出现，亚马逊电商部分的业务盈利状况改善，收入增加，同时规模成本下降，使得2018年电商业务整体（北美与国际）盈利从2017年的-2.25亿美元上升到2018年的51.25亿美元。我们认为随着亚马逊盈利状况的持续改善，未来亚马逊的估值适用指标将从P/S过渡到P/E。

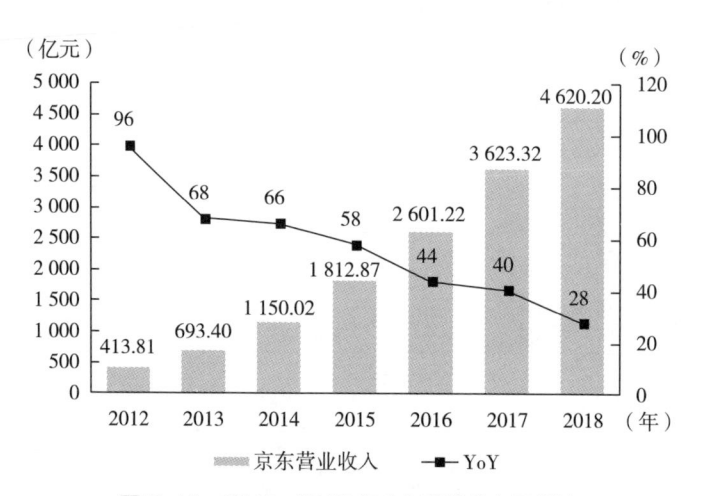

图7-11 2012—2018年京东营业收入及增速

资料来源：Bloomberg，中信建投证券研究发展部。

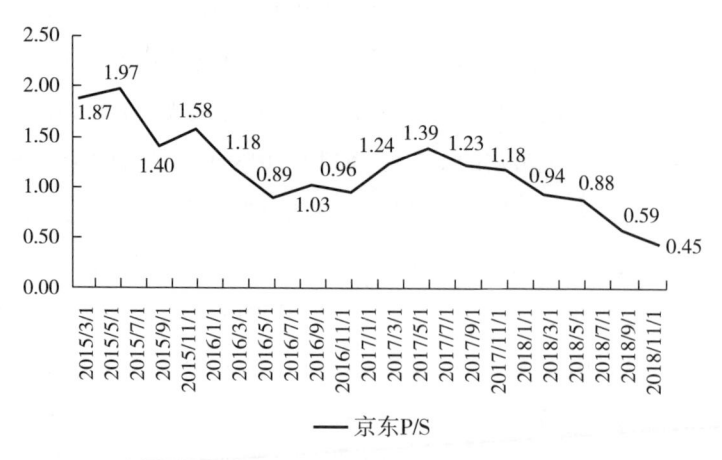

图7-12 2015—2018年京东P/S估值走势

资料来源：Bloomberg，中信建投证券研究发展部。

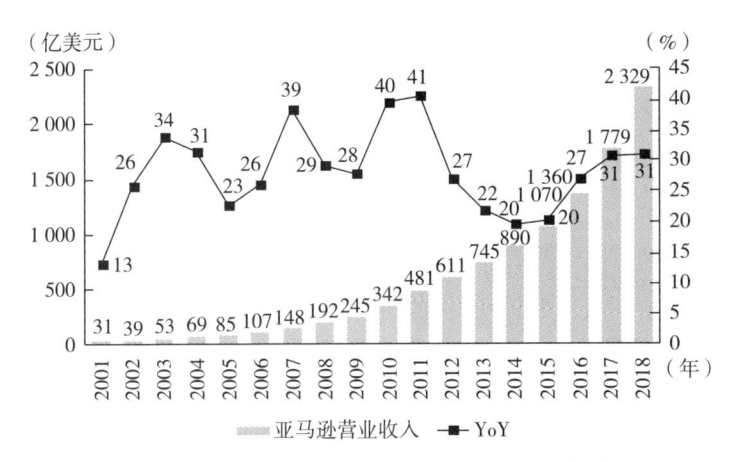

图 7-13　2001—2018 年亚马逊营业收入及增速

资料来源：Bloomberg，中信建投证券研究发展部。

图 7-14　2014—2018 年亚马逊 AWS 业务营业利润占比

资料来源：Bloomberg，中信建投证券研究发展部。

阿里巴巴的业务多元化，单一的 P/E 或 P/S 估值法并不适用于公司整体，所以需要使用 SOTP 估值法。阿里巴巴的业务分为 4 块：核心商业、云计算、数字媒体及娱乐、创新业务和其他。其中核心商业又分为 6 个部分：国内零售、国际零售、国内批发、国际批发、菜鸟网络以及其他。国内零售业务是阿里巴巴收入和利润的主要来源，主要包括天猫、淘宝、盒马、银泰商业等。截至 2018 年，核心商业、云计算、数字媒体及娱乐、创新业务和其他，这 4 块业务中只有核心商业已经盈利，其他 3 块还处于亏损状态。而且核心商业中的菜鸟网络（2017 年 10 月并表）、Lazada（2016 年并表）也还未盈利，所以也不适用 P/E 估值。目前主流的估值方法为 SOTP 估值法，对核心商业（剔除菜鸟网络、Lazada）使用 P/E 估值法，对数字媒体及娱乐、创新业务、菜鸟网络等采用 P/S 估值法。

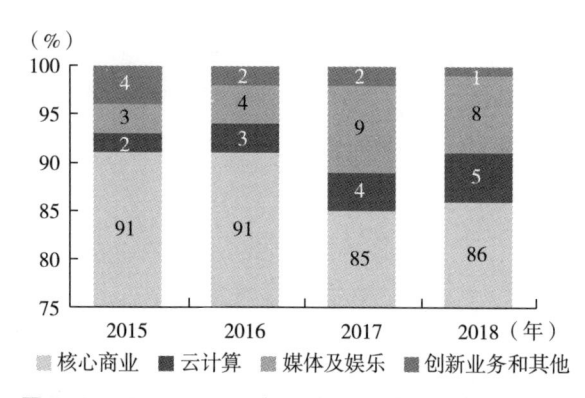

图 7-15　2015—2018 年阿里巴巴 4 块业务的利润占比

资料来源：Bloomberg，中信建投证券研究发展部。

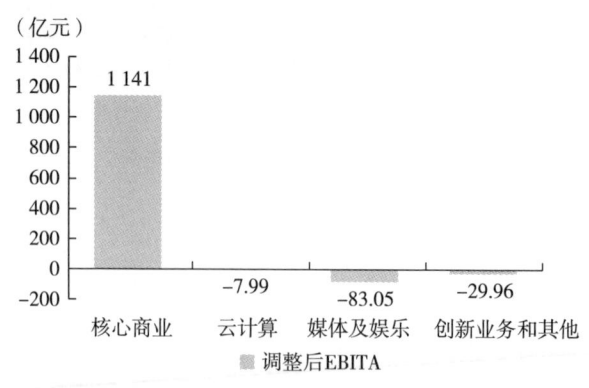

图 7-16　2018 年阿里巴巴 4 块业务的 EBITA

资料来源：Bloomberg，中信建投证券研究发展部。

## 第四节 电子行业估值方法

### 一、电子行业估值概述

电子行业的研究对象可以归纳为三个周期：产业转移周期、产品创新周期、库存周期。

产业转移周期（历时 10~20 年）：过去几十年间，电子产业依次经历了从欧美向日韩，从日韩向中国的转移。产业转移周期是决定产业格局的重要因素，进而影响企业能够获取的市场份额。

产品创新周期（历时 5~10 年）：由技术升级驱动，PC/互联网/功能手机/智能手机各个时代均伴随着终端和通信管道的技术革命。在产品创新周期中，电子行业研究的核心在于技术路径、产品 ASP（平均售价）、渗透率等。

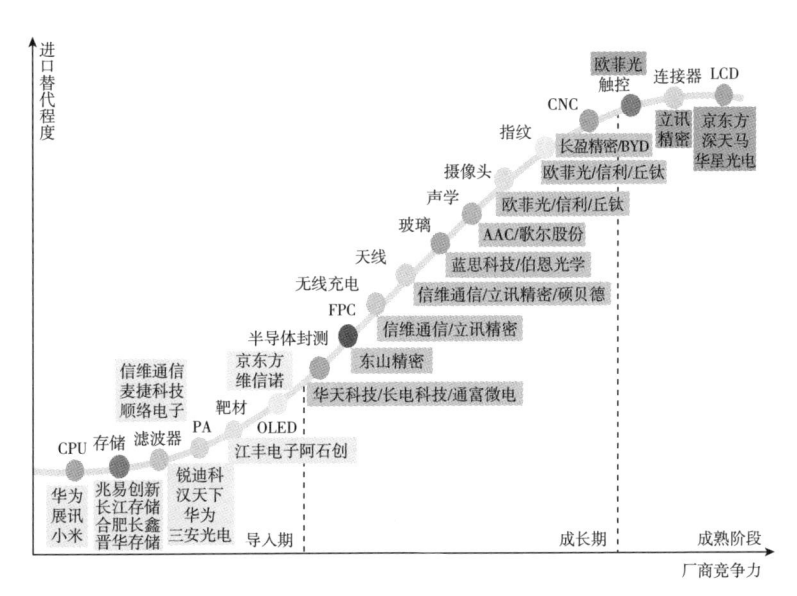

图 7-17 电子细分行业在产业转移周期中的位置

资料来源：Bloomberg，中信建投证券研究发展部。

**库存周期**：由于电子产品是可选消费品，因此其产业链景气呈现周期波动。库存周期的研究重点是产品的需求、产能和库存变化。

从研究方法来看，电子行业研究可以归纳为两种研究框架：成长框架与景气周期框架。其中成长框架主要针对产品创新周期和产业转移周期。产品创新周期可以分为萌芽期、快速成长初期、成长中后期以及成熟期；产业转移周期可以分为产业转移初期、加速期以及中后期。产品创新导致的ASP、渗透率提升，以及产业转移导致的竞争格局和市场份额变化是驱动企业业绩成长的最主要因素。投资者熟知的苹果产业链研究、大陆半导体进口替代研究等，均为成长框架的典型案例。景气周期框架则主要针对库存周期的研究，适用于面板、被动元件、PCB、全球半导体等行业。这类行业的共同特点是需求增速较低且随全球宏观景气波动，具备较强的重资产属性，盈利水平对开工率较为敏感等。

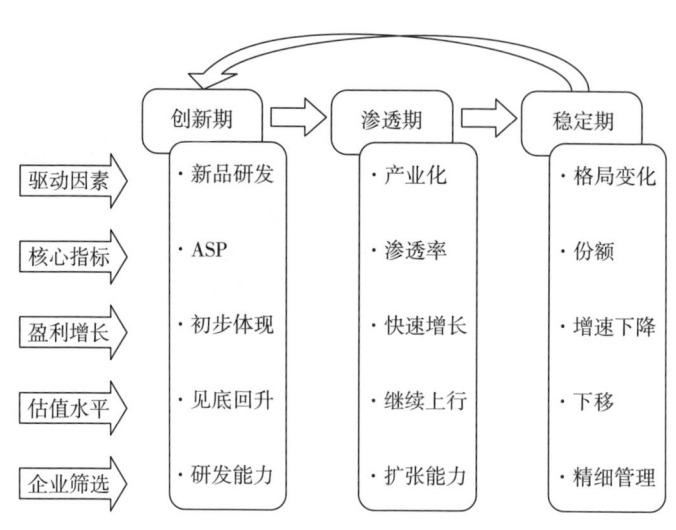

|  | 创新期 | 渗透期 | 稳定期 |
| --- | --- | --- | --- |
| 驱动因素 | ·新品研发 | ·产业化 | ·格局变化 |
| 核心指标 | ·ASP | ·渗透率 | ·份额 |
| 盈利增长 | ·初步体现 | ·快速增长 | ·增速下降 |
| 估值水平 | ·见底回升 | ·继续上行 | ·下移 |
| 企业筛选 | ·研发能力 | ·扩张能力 | ·精细管理 |

图 7-18 电子行业创新周期模型

资料来源：Bloomberg，中信建投证券研究发展部。

## 二、电子行业估值方法分析

结合上文对行业周期以及研究框架的探讨，可知不同类型/阶段的电子公司适用于不同的估值方法。其中，萌芽期的公司由于尚未形成较大规模的收入和利润，故侧重于技术储备的未来可变现空间或者长期现金流折现；快速成长初期的公司则可以使用 PEG、P/S、极限估值法等方式；成长中后期的公司可用 P/E、PEG 等指标；而成熟期的公司一般使用 P/E、P/B、稳定现金流折现等估值方法。

表 7-6 不同类型/阶段的电子公司估值方法

| 适用的公司类型/阶段 | 估值方法 | 典型电子细分行业 |
| --- | --- | --- |
| 萌芽期 | 技术储备的未来可变现空间、长期现金流折现等 | 未进入量产阶段的芯片设计公司、材料公司、设备公司等 |
| 快速成长初期 | PEG、P/S、极限估值法（测算未来极限空间）等 | 中小型的芯片设计公司、投产初期的晶圆/封测/材料产线等 |
| 成长中后期 | P/E、PEG 等 | 消费电子中下游零组件、LED、被动元件、细分领域的芯片龙头等 |
| 成熟期 | P/E、P/B、稳定现金流折现等 | 电子终端制造、液晶面板、晶圆代工、封测龙头等 |

资料来源：中信建投证券研究发展部。

科创板主要面对新一代信息技术、高端装备、新材料等高新技术领域。目前内地电子产业在中下游的终端品牌、零组件环节已经具备一定的竞争力，向上游核心元件环节延伸势在必行；而 5G、物联网、AI 等新技术带来增量，但市场空间尚待打开，提前布局占据先机尤为重要。从产业转移周期以及产品创新周期来说，科创板对电子行业有非常重要的意义。

电子行业有望受益于科创板的细分领域，主要可分为两大类：第一大类是国产化率较低，亟待追赶国外先进水平的核心元器件领域，包括半导体的设计、制造、先进封测，以及上游的设备与材料环节。这些领域属于资本密集型，研发、制造前期投入大，尤其是中高端产品，当下国内厂商以技术和市场份额突破为主，话语权较弱，投资回报周期较长。第二大类是前沿应用新趋势，国内具备一定技术先发优势，但市场、生态尚未成熟的领域，包括人工智能、自动驾驶、物联网等。其主要特征是技术落地需要时间，生态需要培育，短期内实现盈利有较大困难，但技术又需要持续更迭和投入。

科创板对拟上市企业的财务指标较现有A股其他板块更为包容，根据企业市值给出了五套标准，对上市公司的持续盈利能力（净利润指标）有所放宽，增加了对营收、研发投入占比、经营现金流、技术优势等标准的考察，避免了利润指标对企业上市的一刀切。

从拟登陆科创板的电子公司来看，主要集中于半导体、高端装备、新材料等领域，多数处于萌芽期或快速成长初期。其中萌芽期的典型代表包括未进入量产阶段的芯片设计公司、材料公司、设备公司等，快速成长初期的代表则有中小型的芯片设计公司、投产初期的晶圆/封测/材料产线等。研究此类科创板电子公司，适合使用成长框架，重点分析企业的PEG、P/S、技术储备未来可变现空间、长期现金流折现，等等。

## 第五节　高端装备行业创新估值方法

科创板的开启将重新构建高端制造企业的估值体系，我们认为科创板的估值体系可参考一级市场的估值体系，即从不同维度建立起基于对未来盈利最有价值的核心竞争力进行有效评价的估值体系。我们认为高端装备公司的估值方法主要包括P/E估值法、P/B估值法、P/S估值法和现金流折现法等。通过上述估值方法，结合对能够带来未来盈利的核心价值，如技术水平、研发团队、管理团队等的衡量，可对公司价值进行更准确的判断。

## 一、P/E 估值法

P/E 估值法计算简便，可直观反映对企业盈利的预期。对于一些高端制造子行业来说，其发展相对成熟，行业竞争激烈程度中等，企业盈利水平相对较高，因此可采用 P/E 法进行估值。典型的是轨道交通等相对成熟的行业。轨道交通行业高度依赖政府调控，整体来看，我国轨道交通建设投资比较平稳，企业周期波动性相对较小。同时，轨交设备安全性要求较高，需要竞争者具有相关资质以及行业应用经验，因此轨交行业具有一定的"护城河"，竞争激烈程度中等等特点使得轨交设备的上市公司盈利水平较高。同时，同行业公司波动周期相近，估值可对比性强，因此可使用 P/E 法对其进行估值。

以中国铁路通信信号股份有限公司（以下简称中国通号）为典型示例。中国通号是我国最大的轨道交通控制系统集成商。该公司主要产品是轨道交通控制系统，其带来的收入占 2018 年公司总收入的 71%，另外还有有轨电车、智慧城市、电力电气化等基础设施工程总承包服务，收入占比约为 29%。公司在高铁交控系统领域占有绝对优势，截至 2018 年末，中标里程覆盖率超过 60%，市场占有率排名第一。在城轨领域，按中标合同金额计，2018 年其市场份额约为 40%，为国内第一梯队。由于通信系统、信号系统、电力系统、电气化系统等均属于站后工程，处于铁路投资的中后周期，因此中国通号收入增速滞后铁路投资增长约一年。公司于 2015 年 8 月 7 日在港交所上市，发行价为 5.41 元，招股价区间为 5.41~6.86 元。2015 年 EPS 为 0.32 元，发行 P/E 为 16.9 倍，招股区间 P/E

为 16.9~21.3 倍。自上市以来，其估值区间为 10.44~20.47 倍，中值为 13.98 倍，平均值为 14.18 倍。从轨道交通控制系统龙头来看，其估值波动区间较为稳定，对比性强，适用 P/E 估值法。

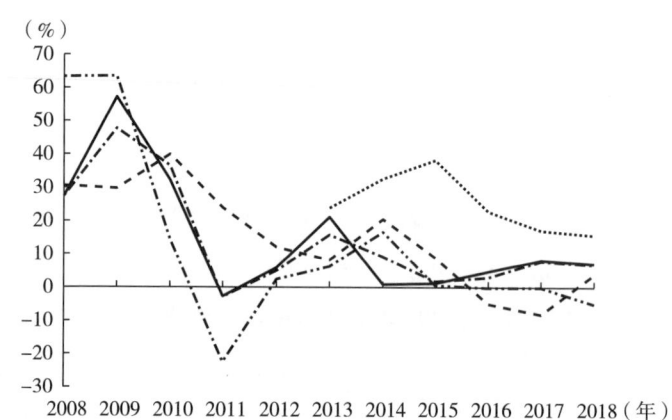

**图 7-19　轨交领域不同公司收入和投资增速对比**

资料来源：Bloomberg，中信建投证券研究发展部。

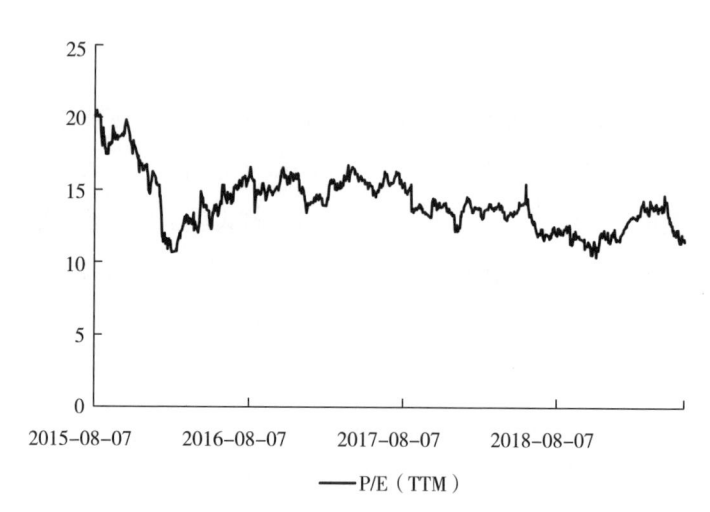

**图 7-20　中国通号 P/E 估值走势**

资料来源：Bloomberg，中信建投证券研究发展部。

## 二、P/B 估值法

相对于净利润，净资产极少出现负值，同时，资产相对利润更难被操纵，因此 P/B 估值法更适用于一些重资产且周期性强的行业。典型的是海工装备行业等周期波动大、重资产的行业。海工装备是指实现海洋资源开发、开采、加工、运输、管理、后勤服务功能的大型工程装备和辅助装备，主要应用领域为海上油气资源开发。海工装备对原油价格高度敏感，以生产平台为例，其市场周期基本与油价同步，因此周期性较强。同时，海工装备投资大、生产周期长、技术要求高，因此行业门槛较高。尤其是在油价低迷时，相关企业资产负债率较高。而且，海工装备首付款比例较低，一般为 10%，这使得企业现金流也较差。因此，无论使用 P/E、P/S、现金流折现估值都不能很好地对海工装备行业公司进行衡量。

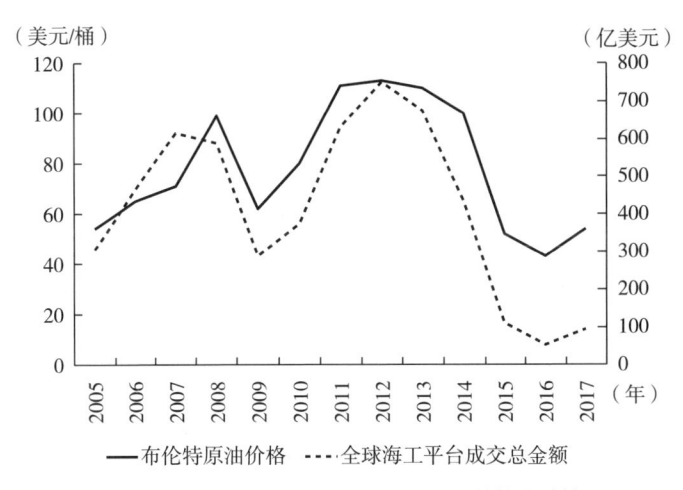

**图 7-21　全球海工平台市场周期随原油价格变动情况**

资料来源：Bloomberg，中信建投证券研究发展部。

以中国重工为典型示例。中国重工是我国产品门类最齐全的船舶配套设备制造企业，受油价低迷影响，2016—2018年该公司扣非后归母净利润分别为 -4.06亿元、-7.87亿元和 -1.75亿元，扣非净利润长期为负且波动较大。相对来讲，利用 P/B 估值法可以更好地对公司估值进行衡量。

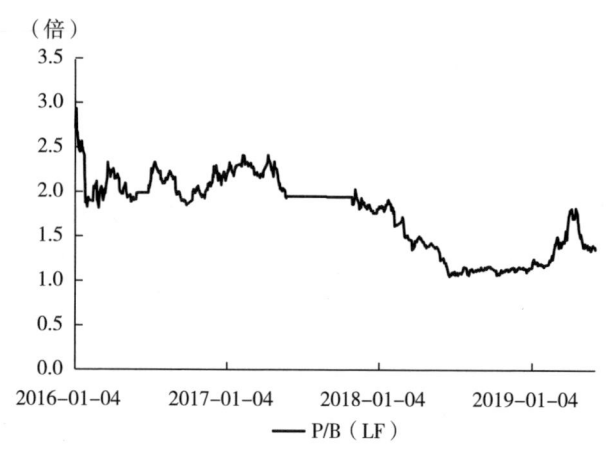

图 7-22 中国重工 P/B 估值走势

资料来源：Bloomberg，中信建投证券研究发展部。

## 三、P/S 估值法

相对来讲，营业收入一般不会为负，P/S 估值法适用范围更广。对于一些企业来说，其收入持续增长，但是研发投入较高，使得利润率不稳定，采用 P/S 估值可以更好地衡量企业估值。半导体设备等研发投入较大的行业为典型。半导体设备行业研发投入大、技术壁垒高，产业链基本处于垄断竞争状态。在半导体设备领域，我国与世界先进水平存在一定差距，因此我国相关企业需要不断加大研发投入去追赶。而半导体又是典型的赢者通吃的行业，行业第一往往占据了大部分利润，这使得后面的公司利润率较低，盈利状况并不稳定。但受益于半导体国产化的不断推进，该行业公司收入处于不断增长的状态，因此需要利用 P/S 对公司进行定价。

以北方华创为典型示例。北方华创是国内半导体设备龙头，除了光刻机、离子注入设备以外，其产业基本覆盖了整个半导体制造产业关键环节工艺的设备。公司技术在国内处于领先水平，28nm 集成电路工艺设备已经量产，14nm 设备也开始工艺验证。公司研发投入一直保持较高水平，2016 年、2017 年研发支出占总收入比例分别高达 46.72% 和 33.13%，这使得该公司销售净利率一直维持在较低水平，P/E 估值波动大且较高。随着公司工艺的不断突破，公司收入实现快速增长，因此 P/S 更适合衡量公司的估值。

### 四、现金流折现法

现金流贴现模型是通过预测未来的现金流量来进行估值。DCF 估值法适用于那些股利不稳定，但现金流增长相对稳定的公司。值得注意的是，贴现率等因素的主观假设对结果影响较大，因此 DCF 估值法更适合对公司进行辅助判断。

## 第六节　创新药行业估值方法

### 一、科创板潜在创新药标的

港股上市标的中符合上述条件的公司众多，参考去年香港交易所对 Biotech 公司 IPO 的要求，我们认为主要潜在标的集中于中小型创新药公司。

表 7-7 科创板港股潜在标的

| 证券简称 | 证券代码 | 市值（亿元） | 2017年营收（亿元） | 2017年净利润（亿元） | 主营业务 | 公司类别 |
| --- | --- | --- | --- | --- | --- | --- |
| 百济神州 -B | 6160.HK | 639.68 | 2.55 | -6.28 | 研发分子靶向药物、创立免疫肿瘤疗法、优化联合的用药方案 | 红筹或VIE |
| 信达生物 -B | 1801.HK | 363.38 | 0.19 | -5.62 | 开发、生产和销售用于治疗肿瘤等重大疾病的创新药物 | 红筹或VIE |
| 君实生物 -B | 1877.HK | 256.55 | 0.01 | -3.21 | 创新单克隆抗体药物和其他治疗性蛋白药物的研发与产业化 | H股 |
| 基石药业 -B | 2616.HK | 160.99 | —— | -3.09 | 开发及商业化创新肿瘤免疫治疗及分子靶向药物 | 红筹或VIE |
| 华领医药 -B | 2552.HK | 83.02 | 0.00 | -2.73 | 开发2型糖尿病的口服药物Dorzagliatin或HMS5552 | 红筹或VIE |
| 歌礼制药 -B | 1672.HK | 82.15 | 0.53 | -0.54 | 开发及商业化针对丙肝、HIV和乙肝的药物 | 红筹或VIE |

资料来源：Wind，各公司公告，中信建投证券研究发展部。

其次，科创板中新三板公司众多，我们根据上交所的上市要求筛选出相应的公司。

表 7-8 科创板新三板潜在标的

| 证券简称 | 证券代码 | 市值（亿元） | 2017年营收（亿元） | 2017年净利润（亿元） | 主营业务 | 公司类别 |
| --- | --- | --- | --- | --- | --- | --- |
| 君实生物 | 833330.OC | 216.21 | 0.54 | -3.20 | 创新单克隆抗体药物和其他治疗性蛋白药物的研发与产业化 | 创新药 |
| 仁会生物 | 830931.OC | 36.34 | 0.14 | -1.59 | 主要产品重组人胰高血糖素类多肽-1（7-36） | 创新药 |

续表

| 证券简称 | 证券代码 | 市值（亿元） | 2017年营收（亿元） | 2017年净利润（亿元） | 主营业务 | 公司类别 |
|---|---|---|---|---|---|---|
| ST泽生 | 871392.OC | 29.17 | -0.006 8 | -0.66 | 心血管、肿瘤和能量代谢三大治疗领域 | 创新药 |
| 诺泰生物 | 835572.OC | 22.57 | 2.30 | 0.46 | 多肽药物研发和生产 | 创新药 |
| 锦波生物 | 832982.OC | 13.09 | 1.02 | 0.34 | 专注于"功能性蛋白"开发，已有"抗HPV-JB蛋白"和"重组人源胶原蛋白Ⅲ型" | 创新药 |
| 合全药业 | 832159.OC | 198.92 | 21.87 | 4.94 | 药用化合物、化工原料的研发；药用化合物的批发和进出口等 | 医药外包 |

资料来源：Wind，公司公告，中信建投证券研究发展部。

根据科创板的科创概念和上市要求，我们分析主要潜在标的将集中于创新药、创新器械、医药外包、基因诊断四个细分领域。

表7-9 科创板潜在标的分类

| 方向 | 内涵 | 潜在公司 | A股对应 |
|---|---|---|---|
| 创新药 | 创新型小分子、大分子药物及细胞治疗药物研发 | 微芯生物、派格生物、泽璟医药、神州细胞工程、复旦张江等 | 恒瑞医药、贝达药业、康弘药业等 |
| 创新器械 | 创新型医疗设备、医疗器械等 | 天智航、启明医疗、安瀚科技等 | 迈瑞医疗、安图生物、万东医疗等 |
| 医药外包 | 临床前CRO、临床CRO、CMO/CDMO等 | 美迪西、诺斯格等 | 药明康德、泰格医药、凯莱英、昭衍新药等 |
| 基因诊断 | 伴随诊断、基因检测、基因数据分析等 | 燃石医学、诺禾致源、药明明码等 | 艾德生物、华大基因、贝瑞基因等 |

资料来源：公开资料整理，中信建投证券研究发展部。

## 二、从美股创新药估值看：成长期企业无法适用相对估值法

美股制药龙头公司与 Biotech 公司估值差异较大，无法统一用相对估值法解释。因此，我们从案例的角度来观察创新药公司的估值。美股制药龙头公司：P/E、P/S 等指标差异不大，可用比较估值法（Comparables valuation）、经典 DCF、rNPV（Risk Adjusted Net Present Value）等方法估值。Biotech 公司往往处于研发投入阶段，一般不产生收入，且财务上处于亏损状态，难以使用比较估值法估值，一般采用经典 DCF 或 rNPV 估值。

表 7-10　美股制药龙头公司与 Biotech 公司估值

| 制药龙头公司估值 | | | | | | | | | | | | | |
|---|---|---|---|---|---|---|---|---|---|---|---|---|---|
| 公司名称 | 货币 | 股价 | 市值（亿美元） | EPS 2017 | EPS 2018 | EPS 2019E | PE 2017 | PE 2018 | PE 2019E | ROE | PB | PS | 2017—2019E EPS CAGR |
| 诺华制药 | USD | 93.99 | 2 181 | 3.40 | 4.11 | 5.31 | 26 | 16 | 18 | 16.50 | 2.76 | 4.10 | 24.97% |
| 强生 | USD | 136.18 | 3 626 | 6.39 | 6.75 | 8.59 | 22 | 19 | 16 | 25.51 | 6.07 | 4.44 | 15.94% |
| 辉瑞制药 | USD | 42.99 | 2 387 | 2.06 | 2.26 | 2.89 | 18 | 19 | 15 | 16.51 | 3.88 | 4.45 | 18.44% |
| 罗氏 | USD | 34.22 | 2 335 | 14.19 | 17.10 | 18.64 | 24 | 20 | 15 | 36.60 | 8.47 | 3.92 | 14.61% |
| 默克制药 | USD | 81.15 | 2 095 | 3.86 | 4.40 | 4.68 | 15 | 17 | 17 | 20.16 | 7.88 | 4.95 | 10.11% |
| 雅培 | USD | 79.00 | 1 388 | 1.58 | 1.79 | 3.21 | 36 | 40 | 25 | 7.55 | 4.54 | 4.54 | 42.54% |
| 礼来 | USD | 126.99 | 1 233 | 3.75 | 5.13 | 5.66 | 23 | 23 | 22 | 28.63 | 13.01 | 5.02 | 22.85% |
| 百时美施贵宝 | USD | 46.64 | 761 | 3.11 | 4.02 | 4.17 | 20 | 13 | 11 | 19.50 | 5.43 | 3.38 | 15.79% |
| 安进 | USD | 195.41 | 1 216 | 11.37 | 12.95 | 14.12 | 15 | 15 | 14 | 44.48 | 9.84 | 5.12 | 11.44% |
| 吉列德 | USD | 67.54 | 861 | 7.91 | 5.29 | 6.62 | 9 | 12 | 10 | 25.98 | 4.05 | 3.89 | -8.52% |
| 赛诺菲 | USD | 88.14 | 1 093 | 4.76 | 4.48 | 6.46 | 24 | 22 | 14 | 7.54 | 1.68 | 2.73 | 16.50% |
| 阿斯利康 | USD | 40.70 | 1 051 | 3.26 | 2.00 | 3.53 | 29 | 44 | 23 | 13.36 | 8.27 | 4.76 | 4.06% |
| 平均值 | | | | | | | 22 | 22 | 17 | 21.86 | 6.32 | 4.28 | |
| Biotech 公司估值 | | | | | | | | | | | | | |
| Loxo Oncology | USD | 234.66 | 72.17 | -3.88 | -2.53 | -3.87 | -60 | -93 | -61 | NA | NA | NA | 0.13% |
| Acceleron Pharma | USD | 46.29 | 24.25 | -2.68 | -2.59 | -2.11 | -18 | -18 | -22 | -3.62 | 7.43 | 173 | 11.27% |
| Mirati Therapeutics | USD | 73.44 | 25.90 | -2.78 | -2.35 | -3.98 | -26 | -31 | -18 | -57.1 | 11.85 | 200 | -19.65% |
| Editas Medicine | USD | 27.48 | 13.42 | -2.98 | -2.33 | -2.78 | -9 | -12 | -10 | -49.50 | 5.67 | 42 | 3.41% |
| Puma | USD | 35.46 | 13.65 | -7.85 | -2.99 | -1.86 | -5 | -12 | -19 | -259 | 39.62 | 5.44 | 51.32% |
| Guardant Health | USD | 70.00 | 60.15 | NA | -2.80 | -1.51 | NA | -25 | -46 | -20.2 | 12.44 | 66.4 | NA |
| 平均值 | | | | | | | -24 | -32 | -17 | -84.5 | 15.40 | 97.31 | |

资料来源：Bloomberg，中信建投证券研究发展部。

现金流贴现（DCF）（决定型） → 风险调整净现值（决定型） → 风险调整净现值（概率型）

**图 7-23　Biotech 公司 DCF 估值模型演化**

资料来源：BIOSTRAT Biotech Consulting，中信建投证券研究发展部。

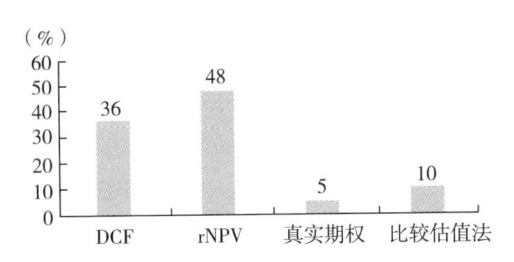

（%）
- DCF: 36
- rNPV: 48
- 真实期权: 5
- 比较估值法: 10

**图 7-24　Biotech 公司主要估值方法及使用比例**

资料来源：BIOSTRAT Biotech Consulting，中信建投证券研究发展部。

## 三、中美创新药估值体系差异概览

**表 7-11　中美创新药估值体系差异概览**

| 中美可能面临的估值体系差异 | |
| --- | --- |
| 适应证发病人数及增长率 | 人种差异/流行病调查差异 |
| 治疗渗透率 | 治疗习惯、患者支付能力、医保覆盖、企业商业化能力 |
| 年实际治疗时间 | 治疗习惯、无疾病进展生存期人种差异 |
| 新药不同阶段获批概率 | 美国 First-in-Class 药物较多，中国以 Me-too 和 Fast-follow 为主 |
| 定价 | 美国根据药物经济学模型市场化定价，孤儿药定价高 |
| 销售达峰时间 | 美国即时纳入医保，中国需要考虑医保调整周期和招标挂网等 |
| 药品生命周期 | 专利到期时间，渠道壁垒 |
| 研发开支 | 临床费用差异 |
| 稳态下净利率 | 与销售费用、研发投入相关 |
| 折现率 | 当前美国无风险收益率较低 |

资料来源：中信建投证券研究发展部。

表 7-12　中美创新药估值差异影响因素

| | 中国 | 美国 |
|---|---|---|
| 适应证发病人数及增长率 | 肺癌、胃癌、肝癌、食管癌发病率较高 | 皮肤癌、前列腺癌发病率较高 |
| 治疗渗透率 | 自付费用较高的药品渗透率低于美国 | 商保覆盖全面，治疗渗透率高 |
| 年实际治疗时间 | 因药品及疾病种类而差异 | 因药品及疾病种类而差异 |
| 新药不同阶段获批概率 | 中国目前创新药以 Me-too 和 Fast-follow 为主，成功率高 | 美国 First-in-Class 药物较多，有大量成功率数据统计 |
| 定价 | 中国创新药定价约为 20 万元/年 | 美国根据药物经济学模型市场化定价，孤儿药定价高 |
| 销售达峰时间 | 中国非即时纳入医保，达峰时间比美国长，预计在 6~7 年 | 达峰时间一般在 5~6 年 |
| 药品生命周期 | 全新分子实体较少，专利到期后仍有渠道优势，生命周期或更长 | 上市到专利到期时间约为 13.5 年 |
| 研发开支 | 临床成本较低，综合研发成本为美国 50%~70% | 临床成本较高 |
| 稳态下净利率 | 与销售费用、研发投入相关，中美差异不大 | 与销售费用、研发投入相关，中美差异不大 |
| 折现率 | 3.50% | 2.50% |

资料来源：中信建投证券研究发展部。

我们认为，中美创新药估值体系差异主要来自以下方面：发病率、增长率、渗透率、年治疗时间、研发成功率、定价、药品生命周期、研发开支、稳态下净利率、折现率等。中国创新药估值需要根据国情特点进行调整，我国在适应证发病人数及增长率、治疗渗透率、年实际治疗时间、获批概率、定价、达峰时间、药品生命周期和折现率等方面均与美国存有差异。

# 第八章

# 科创板新股申购策略

本章针对科创板的新股申购策略进行了详细的分析,包括不同基金规模及不同上市涨幅下公募投资者单个账户创业板网下配售收益率、三类投资者网下配售收益率测算以及不同融资规模下 A 类投资者科创板打新收益率的测算模型。最后,本章选取工业富联作为案例,从发行推进、网下询价、战略配售等方面进行阐述,并假设其采取科创板规则进行发行,最终测算得出其网上、网下、战略配售的比例及三类投资者的配售比例。

## 第一节 新股申购收益率分析

### 一、A 股、港股与美股新股上市情况对比

从 A 股、港股与美股市场历年来新股上市首日涨幅分布来看,仅 A 股市场新股存在明显收益,而港股与美股市场收益率不显著。由于港股与美股市场实行注册制,定价充分市场化,且交易制度实行"T+0"与不设涨跌停,新股买卖限制少,因此打新不存在超额收益且破发率高达

三成，打新策略缺乏持续有效盈利的基础。

**图 8-1 港股新股涨跌幅与破发率**

资料来源：中信建投证券研究发展部。

**图 8-2 美股新股涨跌幅与破发率**

资料来源：中信建投证券研究发展部。

## 二、创业板开板初期打新测算

创业板开板初期打新测算基本情况如下。

**融资规模。**本次测算选取 2009 年 10 月 30 日至 2010 年 8 月 31 日为收益率测算区间，即以创业板开板后第一年为例，经过数据统计，创业板全年融资规模为 899.73 亿元。

**筹码分配。**经过统计，2009 年 10 月 30 日至 2010 年 08 月 31 日每月创业板 IPO 上市企业网下配售比例均为 20%，不考虑战略配售带来的筹码分配影响；经过测算，全年 A 类投资者配售比例在 25%~39% 之间。

**新股涨幅情况。**创业板推出各方酝酿时间长，初始市场热情高涨，也由此发现测算区间全年内科创板开板后标的首月/初始两个月的最大涨幅较为可观，但是该指标随时间后移呈现下降趋势。整体而言，创业板首批上市企业股票（共 28 只）初始最大涨幅区间在 100%~200%，首日平均涨幅高达 106%，区间余下批次股票大多数对应涨幅在 80% 或以下，新股上市全年市值涨幅加权均值为 35.64%。

根据 2009 年 10 月 30 日至 2010 年 08 月 31 日创业板打新市场基本情况，我们在测算过程中采用的创业板全年融资规模数据为 899.7 亿元，网下配售比例为 20%，公募基金配售比例取中值为 32%。

基于不同公募基金的融资规模和我们在上文中提到的中签率以及全年涨跌幅区间，得出下面的创业板打新公募基金收益率测算结果。

表 8-1　不同基金规模、不同上市涨幅下公募投资者单个账户创业板网下配售收益率

| 开板涨幅 | 公募基金账户规模（亿元） | | |
|---|---|---|---|
| | 1 | 2 | 5 |
| 40.0% | 26.35% | 12.68% | 6.07% |
| 60.0% | 38.03% | 19.01% | 7.61% |
| 80.0% | 50.70% | 26.35% | 10.14% |
| 100.0% | 64.38% | 31.69% | 12.68% |
| 120.0% | 76.06% | 38.03% | 16.21% |

资料来源：中信建投证券研究发展部。

## 三、2018 年网下配售收益率测算

A/B 类收益率大幅缩水，同比下滑近 10 个百分点：2018 年上半年三类投资者的收益情况略优于下半年，下半年 9 月份开始，收益率有所提升。以 1.2 亿账户规模测算出的 A/B 类账户的年收益率均超过 4%，分别

为 5.98% 和 5.13%，相较于 2017 年度收益率下降了近 10 个百分点。

表 8-2　2018 年三类投资者的收益情况

| 月份 \ 月度收益率 | A类 |  |  |  | B类 |  |  |  |
|---|---|---|---|---|---|---|---|---|
|  | 1.2 | 2 | 3 | 5 | 1.2 | 2 | 3 | 5 |
| 2018 年 1 月 | 0.17% | 0.10% | 0.07% | 0.04% | 0.11% | 0.07% | 0.05% | 0.03% |
| 2018 年 2 月 | 0.28% | 0.20% | 0.16% | 0.09% | 0.24% | 0.17% | 0.14% | 0.08% |
| 2018 年 3 月 | 0.30% | 0.18% | 0.12% | 0.07% | 0.29% | 0.17% | 0.11% | 0.07% |
| 2018 年 4 月 | 0.41% | 0.27% | 0.18% | 0.11% | 0.32% | 0.22% | 0.15% | 0.09% |
| 2018 年 5 月 | 0.72% | 0.43% | 0.29% | 0.17% | 0.69% | 0.41% | 0.28% | 0.17% |
| 2018 年 6 月 | 0.92% | 0.79% | 0.71% | 0.62% | 0.43% | 0.32% | 0.26% | 0.18% |
| 2018 年 7 月 | 0.65% | 0.41% | 0.28% | 0.17% | 0.62% | 0.39% | 0.27% | 0.16% |
| 2018 年 8 月 | 0.18% | 0.11% | 0.07% | 0.04% | 0.16% | 0.10% | 0.06% | 0.04% |
| 2018 年 9 月 | 0.53% | 0.34% | 0.23% | 0.14% | 0.51% | 0.32% | 0.22% | 0.13% |
| 2018 年 10 月 | 0.31% | 0.19% | 0.13% | 0.08% | 0.29% | 0.17% | 0.12% | 0.07% |
| 2018 年 11 月 | 0.37% | 0.27% | 0.19% | 0.12% | 0.37% | 0.26% | 0.19% | 0.12% |
| 2018 年 12 月 | 0.12% | 0.07% | 0.05% | 0.03% | 0.11% | 0.07% | 0.04% | 0.03% |
| 2018 年 | 5.98% | 4.36% | 2.47% | 1.68% | 5.13% | 2.67% | 1.87% | 1.15% |

资料来源：中信建投证券研究发展部。

## 四、科创板打新收益测算

**公式**。科创板打新增厚收益率 =A 类获配部分收益 / 打新基金资产规模 = 网下配售比例 × A 类分配占比 /A 类申购投资者数量 ×【新股涨幅 ×（1- 锁定比例）+ 锁定比例 × 锁定部分收益率】*（1- 佣金率）/ 打新基金资产规模。

**融资规模**。若每月发行 10~20 家，每家发行规模 10 亿，预计 2019 年科创板发行规模在 500 亿 ~1000 亿，测算取均值 750 亿。

**中签情况。**（1）假设战略配售比例为5%~30%，剩余部分回拨后网下配售比例在39%~76%；（2）安排不低于网下发行股票数量的70%向6类机构投资者倾斜，则A类投资者获配份额预计在27.3%~53.2%；（3）参考2018年新股A、B、C三类投资者数量情况,假设网下投资者数量3 000家,符合科创板分类标准的A类1 250家, B类50家, C类1 250家。当前A股市场的存量网下投资者为5 000~6 000家,但其中一半属于高净值个人投资者,不满足科创板网下配售资格要求。

**新股涨幅。**考虑到科创板发行定价更加市场化,以及首日即可融券的制度安排,我们预计科创板新股上市后涨幅会相对理性。由于创业板开板阶段没有首日涨跌停限制,也没有23倍发行指导,与目前科创板发行定价规则相似度较高,我们对新股涨幅重点参照创业板上市初期情况。创业板开板前100家发行首日最高涨幅为85%,我们假设科创板2019年上市的新股平均涨幅不低于80%。

**锁定情况。**假设锁定的10%股份被锁定6个月后马上卖出,该部分收益率应做情景假设。由于采用摇号抽签方式,因此不排除有部分投资者在多个项目中被锁定,锁定项目占总参与项目锁定比例为X%,同样需要情景测算。

**其他假设。**假设A类投资者顶格参与网下配售,底仓规模为2亿元,所有A类投资者获配股数相同,同时新股上市首日冲高即卖出。假设经纪佣金费率为0.08%与0.5%的平均值0.29%,该部分交易成本会摊薄打新策略收益。

利用以上假设,我们对A类投资者科创板打新收益进行敏感性测算。假设资产规模为2亿元,锁定比例为10%,锁定部分收益率为0,科创板新股涨幅在20%~140%,融资规模在250亿~1250亿,对应收益率为0.67%~23.37%,中性预期为8.01%（见表8-3）。假设融资规模为750亿,新股涨幅为80%,锁定比例从0%至40%,锁定部分收益率为-40%~40%,

科创板打新策略增厚收益率为3.9%~8.9%,中性预期为7.1%(见表8-4、表8-5)。从敏感性测算可知,打新收益率主要对新股发行规模与新股涨幅更敏感,投资者应充分考虑科创板开板时市场情况,审慎报价、科学参与。

**表8-3　不同融资规模下A类投资者科创板打新收益率**

| 类别<br>融资规模<br>（亿元） | 涨幅<br>20% | A类法人投资者 | | | |
|---|---|---|---|---|---|
| | | 50% | 80% | 110% | 140% |
| 250 | 0.7% | 1.8% | 2.9% | 4.0% | 5.1% |
| 500 | 1.4% | 3.6% | 5.8% | 7.9% | 10.1% |
| 750 | 2.2% | 5.4% | 8.7% | 11.9% | 15.2% |
| 1 000 | 2.9% | 7.2% | 11.6% | 15.9% | 20.2% |
| 1 250 | 3.6% | 9.0% | 14.4% | 19.9% | 25.3% |

注:假设锁定比例为10%,锁定部分收益率为0,资产规模2亿。
资料来源:Wind,中信建投证券研究发展部。

**表8-4　不同融资规模下A类投资者科创板打新收益率**

| 类别<br>锁定部分收益率 | 锁定比例<br>0 | A类法人投资者 | | | |
|---|---|---|---|---|---|
| | | 10% | 20% | 30% | 40% |
| −40% | 9.6% | 8.3% | 6.9% | 5.6% | 4.2% |
| −20% | 9.6% | 8.5% | 7.3% | 6.2% | 5.0% |
| 0 | 9.6% | 8.7% | 7.7% | 6.7% | 5.8% |
| 20% | 9.6% | 8.9% | 8.1% | 7.3% | 6.5% |
| 40% | 9.6% | 9.1% | 8.5% | 7.9% | 7.3% |

注:假设融资规模为750亿,新股涨幅80%,资产规模2亿。
资料来源:Wind,中信建投证券研究发展部。

表8-5　不同融资规模下A类投资者科创板打新收益率

| 类别<br>基金资产规模 \ 新股涨幅 | 20% | 50% | 80% | 110% | 140% |
| --- | --- | --- | --- | --- | --- |
| 0.6 | 7.2% | 20.1% | 32.1% | 44.1% | 56.2% |
| 1 | 4.3% | 12.0% | 19.3% | 26.5% | 33.7% |
| 2 | 2.2% | 6.0% | 9.6% | 13.2% | 16.9% |
| 3 | 1.4% | 4.0% | 6.4% | 8.8% | 11.2% |
| 5 | 0.9% | 2.4% | 3.9% | 5.3% | 6.7% |

注：假设融资规模为750亿，新股涨幅80%，有10%被锁定。

资料来源：Wind，中信建投证券研究发展部。

## 第二节　工业富联IPO案例分析

### 一、发行概况

工业富联是现存A股上市中，最接近科创板IPO的案例。2018年5月23日，富士康工业互联网股份有限公司（工业富联，601138.SH）披露《首次公开发行A股股票发行安排及初步询价公告》，IPO拟募资总额约271.2亿元。本次公开发行19.695亿股，占发行后总股本的10%；发行价格为每股13.77元，市盈率17.09倍，全部为新股发行，无老股转让。在发行方式上，战略配售、网下配售与网上发行并用，战略配售在四年后重现资本市场。

### 二、工业富联发行推进过程

在过会后两个月左右开始询价，在询价过程中战略配售投资者初步遴选结果出炉。从时间线推进看，2018年3月8日过会。2018年4月底5月初，工业富联启动了战略配售机构的遴选以及线下询价路演，比如5月15日郭台铭率团队拜访博时基金总经理并进行路演。2018年5月21日，媒体披露工业富联初步完成战略配售投资者遴选工作。2018年5月24日，网上打新并公布战略配售名单。

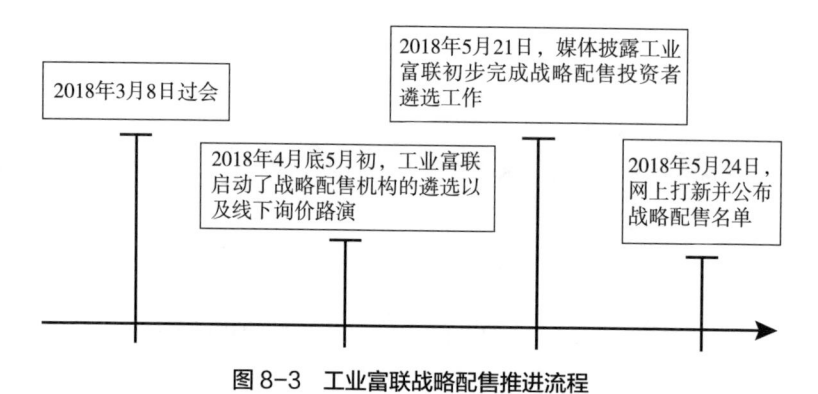

**图8-3 工业富联战略配售推进流程**

资料来源：中信建投证券研究发展部。

## 三、网下询价过程

工业富联经过初步询价确定发行价格区间为13.84元/股至14.05元/股，2018年5月17日至5月18日，初步询价共有2 347家网下投资者管理的3 321个配售对象参与。剔除无效报价后，参与初步询价的投资者为2 312家，配售对象为3 284个，本次发行有效报价申购总量为5 428.111亿股，整体申购倍数为562.43倍。全部参与初步询价的配售对象报价中位数为14.04元/股，加权平均值为14.42元/股。低于发行价13.77元/股的全部被剔除，有效报价下限为13.84元/股。剔除报价中最高的10%，有效报价上限为14.05元/股，有效申报区间为13.84元/股至14.05元/股。

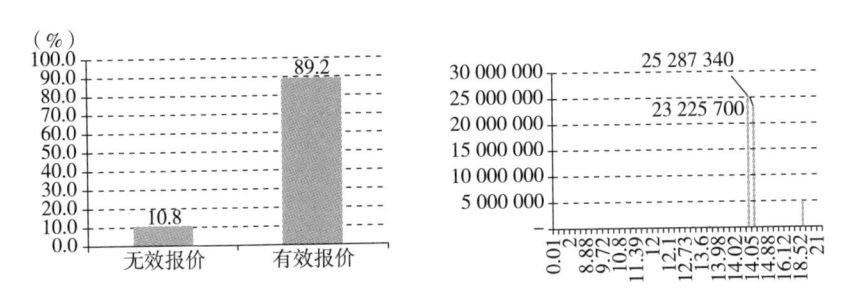

图 8-4　按申购量计算的有效申购占比（左）及所有报价分布情况（右）

资料来源：Wind，中信建投证券研究发展部。

0.7% 不符合资格的报价被剔除，10.1% 的高价被剔除，不少主流的公募基金产品报价为 14.05 元 / 股，与有效价格一致，但是被当作高价剔除，申报量为 437 500 万股，占比为 0.8%（按价格从高到低、数量从小到大、时间从近到远的顺序剔除）。（1）券商首先剔除申购价格高于 14.05 元 / 股的订单；（2）拟申报价格为 14.05 元 / 股，且申购数量小于或等于 10 500 万股的被剔除；（3）拟申报价格为 14.05 元 / 股且申购数量等于 12 000 万股的申报中，申购时间晚于 2018 年 5 月 17 日 09:54:34 的订单被剔除。

工业富联和中金公司将通过网下初步询价直接确定发行价格，网下不再进行累计投标询价。报价中位数低于平均值，机构报价偏低，最终发行价为 13.77 元 / 股。

表 8-6　最终报价情况

| 分类 | 报价（元 / 股） |
| --- | --- |
| 网下配售全部投资者加权平均 | 14.42 |
| 六类投资者报价加权平均 | 14.03 |
| 证券投资基金报价加权平均 | 13.77 |
| 公募基金报价加权平均 | 13.75 |
| 网下配售投资者全部报价中位数 | 14.04 |

续表

| 分类 | 报价（元/股） |
|---|---|
| 六类投资者报价中位数 | 14.04 |
| 证券投资基金报价中位数 | 14.04 |
| 公募基金报价中位数 | 14.04 |

资料来源：Wind，中信建投证券研究发展部。

## 四、战略配售结果

本次发行最终战略配售数量为5.908亿股，约占发行总数量的30%。其中，上海国投协力发展股权投资基金获配7 254.9万股，中央汇金获配5 809.7万股，中国铁路投资有限公司获配4 357.2万股，中国国有企业结构调整基金获配3 409.4万股，锁定期在12至18个月不等。BAT（百度、阿里巴巴和腾讯）等资本市场活跃的互联网巨头也跟进投资，三家均获配2 178.6万股，锁定期均为36个月。我们特别查询了上海国投协力发展股权投资基金的股东信息，Wind数据显示其股东包括全国社会保障基金理事会、国投创新投资管理有限公司和国家开发投资集团有限公司。

表8-7 工业富联战略配售投资者名单

| 序号 | 单位 | 获配股数（万） | 锁定条件 |
|---|---|---|---|
| 1 | 上海国投协力发展股权投资基金合伙企业（有限合伙） | 7 254.9 | 50%锁定12个月，50%锁定18个月 |
| 2 | 中央汇金资产管理有限责任公司 | 5 809.7 | 50%锁定12个月，50%锁定18个月 |
| 3 | 中国铁路投资有限公司 | 4 357.2 | 50%锁定12个月，50%锁定18个月 |
| 4 | 中国国有企业结构调整基金股份有限公司 | 3 409.4 | 50%锁定12个月，50%锁定18个月 |
| 5 | 中国人寿保险股份有限公司 | 3409.4 | 50%锁定12个月，50%锁定18个月 |

续表

| 序号 | 单位 | 获配股数（万） | 锁定条件 |
|---|---|---|---|
| 6 | 新华资产管理股份有限公司 | 3 409.4 | 50%锁定12个月，50%锁定18个月 |
| 7 | 深圳市招商局科技投资有限公司 | 2 643.4 | 50%锁定12个月，50%锁定18个月 |
| 8 | 中车资本控股有限公司 | 2 643.4 | 50%锁定12个月，50%锁定18个月 |
| 9 | 幸福人寿保险股份有限公司 | 2 178.6 | 50%锁定12个月，50%锁定18个月 |
| 10 | 华融汇通资产管理有限公司 | 2 178.6 | 50%锁定12个月，50%锁定18个月 |
| 11 | 国投智能科技有限公司 | 2 178.6 | 50%锁定12个月，50%锁定18个月 |
| 12 | 一汽财务有限公司 | 2 178.6 | 50%锁定12个月，50%锁定18个月 |
| 13 | 鞍钢集团资本控股有限公司 | 2 178.6 | 50%锁定12个月，50%锁定18个月 |
| 14 | 中移创新产业基金（深圳）合伙企业（有限合伙）3 | 2 178.6 | 50%锁定12个月，50%锁定18个月 |
| 15 | 东方明珠新媒体股份有限公司 | 2 178.6 | 36个月 |
| 16 | 同方金融控股（深圳）有限公司 | 2 178.6 | 36个月 |
| 17 | 阿里巴巴（中国）网络技术有限公司 | 2 178.6 | 36个月 |
| 18 | 深圳市腾讯信息技术有限公司 | 2 178.6 | 36个月 |
| 19 | 百度在线网络技术（北京）有限公司 | 2 178.6 | 36个月 |
| 20 | 义乌和谐锦弘股权投资合伙企业（有限合伙）4 | 2 178.6 | 48个月 |
|  | 总计 | 59 080 |  |

资料来源：工业富联公司公告，中信建投证券研究发展部。

## 五、网下配售与网上发行结果

网上有效申购倍数达到711倍，认购超预期触发回拨机制。2018年

5月30日，工业富联发布《首次公开发行A股股票发行结果公告》。本次工业富联新股发行中，初始战略配售发行数量为5.908亿股，约占发行总数量的30%，最终战略配售数量与初始战略配售数量的差额根据回拨机制的原则进行回拨。按照工业富联的网上发行回拨机制相关条款，此次网上发行申购倍数已经超过了150倍，属于回拨条款里向网上回拨最高的一档。按照回拨机制，一部分原定网下发行的新股调到网上申购。回拨机制启动前，网下初始发行数量为9.651亿股，约占扣除初始战略配售数量后发行数量的70%；网上初始发行数量为4.136亿股，约占扣除初始战略配售数量后发行数量的30%。回拨机制启动后，网下无锁定期部分最终发行股票数量为1.12亿股，网下有锁定期部分最终发行股票数量为2.61亿股，网上发行最终发行股票数量为10.061亿股，网上发行最终发行股票数量与网下无锁定期部分最终发行股票数量的比例约为9 : 1。

表8-8　网上发行回拨机制

| 申购倍数 | 科创板回拨比例 | 原有回拨比例 |
| --- | --- | --- |
| 50倍以下 | 不回拨 | 不回拨 |
| 50~100倍 | 本次发行数量的5% | 本次发行数量的20% |
| 100~150倍 | 本次发行数量的10%；回拨后无限售期的网下发行数量不超过本次公开发行股票数量的80% | 本次发行数量的40% |
| 150倍以上 |  | 回拨后无锁定期网下配售比例不超过本次公开发行数量的10% |

资料来源：公开资料整理，中信建投证券研究发展部。

表8-9　工业富联回拨前后情况

| | 回拨前 | | 回拨后 | |
| --- | --- | --- | --- | --- |
| | 数量（亿股） | 占比 | 数量（亿股） | 占比 |
| 战略配售 | 5.908 | 30% | 5.908 | 30% |
| 网下配售 | 9.651 | 49% | 3.727 | 19% |

续表

|  | 回拨前 |  | 回拨后 |  |
|---|---|---|---|---|
|  | 数量（亿股） | 占比 | 数量（亿股） | 占比 |
| 网上打新 | 4.136 | 21% | 10.061 | 51% |
| 合计 | 19.695 | 100% | 19.695 | 100% |

资料来源：Wind，中信建投证券研究发展部。

约 43.2% 股份具有锁定期，可流通股份数量占比仅 56.8%。在战略投资者获配的股票中，50% 的股份锁定期为 12 个月，另外 50% 的股份锁定期为 18 个月。其中，为体现与公司的战略合作意向，部分投资者可自愿延长其全部股份的锁定期至不低于 36 个月。网下发行中的 70% 将锁定 1 年，参与网下申购的投资者无权选择是否锁定，必须认可该条件。该措施既维护上市后二级市场的稳定，保护中小投资者的利益，同时又引导投资者真正进行价值投资，认同公司的投资价值。据计算，在回拨机制启动后，战略配售锁定 5.908 亿股，网下配售锁定约 2.608 亿股，合计锁定股份数为 8.516 亿股，占总发行股份数的 43.2%，而回拨机制启动前这一数字据计算可达到 64.3%。网上申购股份数量为 10.061 亿股，网下配售中仅 1.118 亿股可流通，两者累计 11.179 亿股，以工业富联总股本 196.95 亿股计算，可流通股份数量占比仅 5.68%。

表 8-10　工业富联各类型股份占比情况

| 锁定与否 | 发行方式 | 数量（亿股） | 占比 | 说明 |
|---|---|---|---|---|
| 锁定 | 战略配售 | 5.908 | 30.0% | 50% 锁定 12 个月，50% 锁定 18 个月，部分自愿延长锁定不低于 36 个月 |
|  | 网下配售 | 2.608 | 13.2% | 锁定 12 个月 |
|  | 合计 | 8.516 | 43.2% | —— |

续表

| 锁定与否 | 发行方式 | 数量（亿股） | 占比 | 说明 |
|---|---|---|---|---|
| 非锁定 | 网下配售 | 1.118 | 5.7% | —— |
|  | 网上打新 | 10.061 | 51.1% | —— |
|  | 合计 | 11.179 | 56.8% | —— |

资料来源：Wind，中信建投证券研究发展部。

## 六、申购与配售情况

网上发行初步中签率为0.14%，网上初步有效申购倍数为711.06倍。回拨机制启动后，网上发行最终中签率为0.34%，是2016年以来新股中签率第三高。战略配售部分，上海国投力发展股权投资基金合伙企业（有限合伙）获配股数最多，为7 254.9万股；其次是中央汇金资产管理有限责任公司，获配5 809.7万股；第三名是中国铁路投资有限公司，获配4 357.2万股。20家进入战略配售名的知名企业中，国资企业占比过半，BAT互联网三巨头均在列。网下配售部分中，1 984家网下投资者管理的2 794个有效报价配售对象中，有14家网下投资者管理的14个有效报价配售对象未参与网下申购。其余1 970家投资者管理的2 780个有效报价配售对象均按照《发行公告》的要求参与了网下申购。根据网下配售对象分类不同，不同账户网下配售数量与比例也不同。

表8-11 工业富联网下申购情况

| 配售对象分类 | 有效申购股数（亿股） | 占网下有效申购总量比例 | 获配数量（股） | 占网下最终发行数量比例 | 配售比例 |
|---|---|---|---|---|---|
| F类 | 113.527 | 5.91% | 190 042 987 | 51.00% | 1.670% |
| I类 | 522.051 | 10.83% | 40 988 774 | 11.00% | 0.079% |
| A类 | 120.814 | 25.06% | 46 378 488 | 12.45% | 0.038% |
| B类 | 2 976.517 | 61.75% | 95 218 774 | 25.55% | 0.032% |

资料来源：工业富联公司公告，中信建投证券研究发展部。

## 七、网上发行与网下配售中签及收益

工业富联上市以后，连续三天涨停后开板，在第五个交易日跌停。从分布来看，开板当天换手率高达56.64%，而第五个交易日跌停中换手率高达31.11%，前五个交易日合计换手率为89.37%。在第五个交易日，即出现第一个下跌的交易日，网上打新与网下配售的份额基本完全卖出。连续四天上涨，新股跌停前涨幅为87%。

表8-12　工业富联连续5个交易日涨跌幅和换手情况

| 日期 | 2018-06-08 | 2018-06-11 | 2018-06-12 | 2018-06-13 | 2018-06-14 |
|---|---|---|---|---|---|
| 日涨跌幅（%） | 44.01 | 9.98 | 10.00 | 7.21 | -9.45 |
| 换手率（%） | 0.15 | 0.17 | 1.30 | 56.64 | 31.11 |

资料来源：Wind，中信建投证券研究发展部。

基于上述情况，我们合理假设新股配售在第四个交易日卖出，收益率为87%。工业富联融资额为271.20亿元，参照创业板开板首年融资额899.73亿元，我们假设全年可容纳3.32次类似工业富联的IPO项目，以此为依据测算打新年化收益率。结合不同投资者配售比例，我们测算不同投资者对应网下配售与网上发行收益率如下。

表8-13　工业富联收益测算

| 配售方式 | 分类 | 说明 | 中签率 | 本次打新收益率 | 测算年化收益率 |
|---|---|---|---|---|---|
| 网上打新 | —— | —— | 0.34% | 0.30% | 1.0% |
| 网下配售 | F类 | 公募、社保与养老金 | 1.67% | 1.45% | 4.8% |
| 网下配售 | I类 | 企业年金与险资 | 0.08% | 0.07% | 0.2% |
| 网下配售 | A类 | 不属于F类和I类 | 0.04% | 0.03% | 0.1% |
| 网下配售 | B类 | 个人投资者 | 0.03% | 0.03% | 0.1% |

资料来源：WInd，中信建投证券研究发展部。

## 八、假设测算 —— 工业富联采取科创板规则发行结果

工业富联的案例极为特殊，可用于类比科创板的配售情况（含30%战略配售，且首发规模在1亿股以上）：战略配售不受影响。按照科创板要求，且考虑回拨后，网下配售约49%，网上打新约21%，实际情况是网下配售19%，网上打新51%，故由于网下配售总额增大，配售比例为原来的258%。

A类投资者在工业富联实际案例中占比达53%，超过科创板要求，故采用科创板规则对于工业富联的A类投资者的配售比例无影响。B类投资者占比11%，且全部为机构投资者，故采用科创板规则对于工业富联的B类投资者的配售比例无影响。C类投资者占比37%，但包含大量个人投资者，根据科创板规则应予以剔除。故个人投资者对于工业富联配售的影响在于网下总配售比例和C类配售比例。

工业富联网下配售股数37 146.67万股，其中C类配售14 043.49万股，个人网下配售股数9 535.37万股，剔除个人后工业富联网下配售股数27 611.3万股，剔除个人后C类配售股数4 508.12万股，网下配售股数为原来的74.33%，C类配售股数为原来的32.10%。已知工业富联的配售比例为0.08%，则科创板制度下该比例为0.28%；C类投资者原配售比例为0.04%，则科创板制度下该比例为0.32%。

表8-14 工业富联采取科创板规则发行结果

|  | 科创板回拨后 | A股回拨后 |
| --- | --- | --- |
| 战略 | 30% | 30% |
| 网上 | 21% | 51% |
| 网下 | 49% | 19% |

续表

| 其中 | 科创板回拨后<br>占总发行量比 | A股回拨后<br>占网下比 |
|---|---|---|
| A | 10% | 53% |
| B | 2% | 11% |
| C | 7% | 37% |

资料来源：中信建投证券研究发展部。

## 第三节　华兴源创中签分析

### 一、华兴源创网下中签率估算

发行人和保荐机构协商确定本次公开发行新股的数量为4 010万股，初始战略配售预计发行数量为200.5万股，占比5%。而本次发行最终战略配售数量为164.88万股，占比4.11%。按照回拨原则，首先进行最终战略配售数量与初始战略配售数量的差额部分回拨至网下操作，则网上网下回拨机制启动前，网下发行数量调整为3 083.22万股。

按照回拨机制要求，在网上申购倍数不同的情况下，将产生不回拨、回拨5%与回拨10%的三种情况。我们以此可以计算三种情况下，最终网下发行数量分别为3 083.22万、2 890.96万和2 698.71万股。

表8-15　华兴源创网下实际发行数量

| 网下发行量<br>（单位：万股） | 假设配售比例 | 不回拨 | 回拨5% | 回拨10% |
|---|---|---|---|---|
| 全部 | 100% | 3 083.22 | 2 890.96 | 2 698.71 |
| A | 50% | 1 541.61 | 1 445.48 | 1 349.35 |
| B | 26% | 801.64 | 751.65 | 701.66 |
| C | 24% | 739.97 | 693.83 | 647.69 |

资料来源：华兴源创公司公告，中信建投证券研究发展部整理。

根据初步询价结果，按照价格、拟申购数和时间的优先级原则，剔除无效报价申报总量 1 023 060 股的报价，占比约为 10.01%。下限以发行价 24.26 元 / 股确定，则实际有效申购数量 755 130 万股，故而在三种回拨情况下，网下中签率分别为 0.41%、0.38% 和 0.36%。

在各类机构投资者内部，配售比例应满足：RA ≥ RB ≥ RC RA 为公募产品、社保基金、养老基金、企业年金基金以及保险资金，RB 为合格境外机构投资者（QFII），RC 除上述投资者以外的其他投资者，并优先安排不低于回拨后网下发行股票数量的 50% 向 A 类投资者进行配售，不低于回拨后网下发行股票数量的 70% 向 A 类、B 类投资者配售。

这里我们假设 A 类投资者的配售比例为回拨后网下的 50%，以此作为 A 类投资者中签率的最保守估计。假设 B 类投资者、C 类投资者的配售比例分别是 26%、24%，以在 A 类投资者最悲观假设成立之情况下，刚好满足 B 类、C 类投资者的要求。

初步询价情况是报价 24.26 元~26.81 元的投资者为有效报价提供者。其中，A 类配售账户拟申购 583 290 万股，B 类配售账户拟申购 2 400 万股，C 类配售账户拟申购 172 440 万股。最终，三种情况下（不回拨、回拨 5%、回拨 10%），A 类的中签率分别是 0.26%、0.25% 和 0.23%，B 类为 33.40%、31.32% 和 29.24%，C 类为 0.43%、0.40% 和 0.38%。我们认为这仅仅是 A 类的最保守估计，A 类的实际中签率大概率还要高于估算值。此外，对于 B 类的合格境外机构投资者，由于参与账户数极少，故而其中签率较高。

表 8-16　各类投资者中签率情况

| 网下配售对象 | 拟申购数（万股） | 假设配售比例 | 中签率（不回拨） | 中签率（回拨 5%） | 中签率（回拨 10%） |
| --- | --- | --- | --- | --- | --- |
| 全部 | 758130 | 100% | 0.41% | 0.38% | 0.36% |
| A | 583290 | 50% | 0.26% | 0.25% | 0.23% |

续表

| 网下配售对象 | 拟申购数（万股） | 假设配售比例 | 中签率（不回拨） | 中签率（回拨5%） | 中签率（回拨10%） |
|---|---|---|---|---|---|
| B | 2400 | 26% | 33.40% | 31.32% | 29.24% |
| C | 172440 | 24% | 0.43% | 0.40% | 0.38% |

资料来源：华兴源创公司公告，中信建投证券研究发展部整理。

## 二、华兴源创初步询价情况分析

### （一）账户持仓市值

本次除了近5%的保荐机构跟投外，华兴源创没有进行其他战略配售，而封闭运作的战略配售基金此次通过网下打新的方式，参与申购华兴源创。在对没有战略配售进入条件的新股申购时，科创主题封闭运作基金、封闭运作战略配售基金会通过网下方式参与，其对应适用的持仓市值要求为1 000万，低于其他投资者6 000万的要求。

### （二）QFII的中签率明显高于其他投资者

QFII单独作为B类投资者，执行不低于C类投资者的配售比例要求。而本身参与网下的QFII较少，且面临着比A类和C类更为宽松的竞争环境。但我们认为A类不低于回拨后网下发行50%的要求很可能是一个底线，有较大概率A类的配售比例会再向上提升，使得B、C类的配售比例相应下降，从而B、C类中签率降低。

### （三）发行价在区间中值偏上，投标价75分位左右为宜

据彭博社消息，华泰证券对华兴源创每股价格参考区间在21.17~26.81元，区间中值为23.995元/股，而实际发行价为24.26元/股，比区间中值略高。

初步询价情况是报价 24.26~26.81 元的投资者为有效报价提供者。从出价情况来看，26.81 元的价位出价最多，其次是 26.26 元，而主要有效报价集中在 24.75~26.81 元之间，26.81 元基本与 26.82 元的报价报告上限重叠。

而我们观察到重点参考价——剔除最高报价部分后公募产品、社保基金、养老基金、企业年金基金、保险资金和 QFII 报价的中位数为 25.66 元/股、平均数为 25.36 元/股，与投价报告给出的价格区间的 75 分位非常接近（25.41 元/股），故而我们认为选取 75 分位是一个可以参考的报价方式。

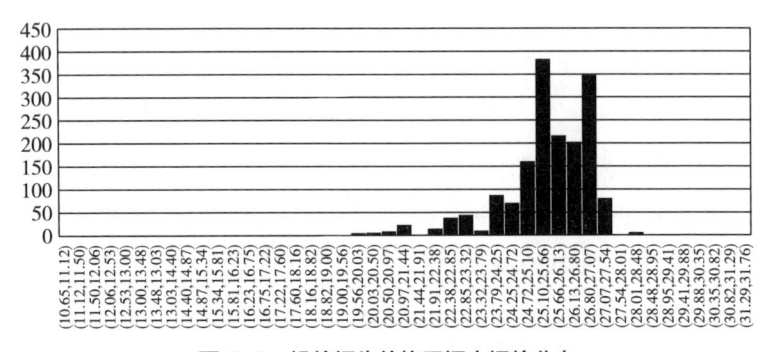

图 8-5 投价报告价格区间内报价分布

资料来源：Wind，中信建投证券研究发展部整理

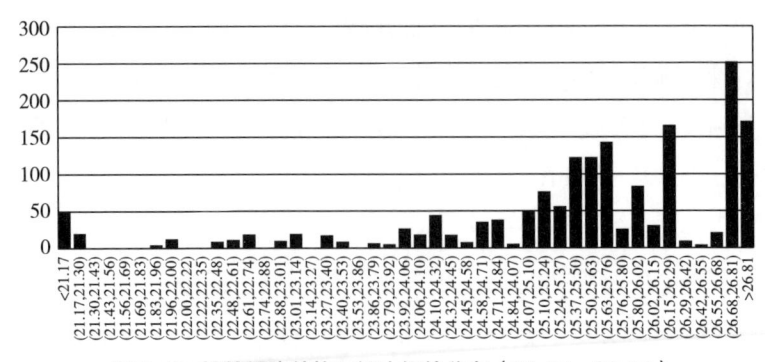

图 8-6 投价报告价格区间内报价分布（21.17—26.81）

资料来源：Wind，中信建投证券研究发展部整理。

表 8-17 有效报价中位数与平均数情况（剔除最高报价后）

| 中位数 | 价格（元） | 加权平均数 | 价格（元） |
| --- | --- | --- | --- |
| 网下投资者全部报价中位数 | 25.5600 | 网下投资者全部报价加权平均数 | 25.2587 |
| 公募产品、社保基金、养老基金报价中位数 | 25.6000 | 公募产品、社保基金、养老基金报价加权平均数 | 25.3358 |
| 公募产品、社保基金、养老基金、企业年金基金、保险资金和 QFII 报价中位数 | 25.6600 | 公募产品、社保基金、养老基金、企业年金基金、保险资金和 QFII 报价加权平均数 | 25.3620 |
| 证券公司报价中位数 | 25.1500 | 证券公司报价加权平均数 | 24.9878 |
| 基金管理公司报价中位数 | 25.6000 | 基金管理公司报价加权平均数 | 25.3814 |
| 信托公司报价中位数 | 23.3000 | 信托公司报价加权平均数 | 23.4455 |
| 财务公司报价中位数 | 25.7000 | 财务公司报价加权平均数 | 25.6975 |
| 保险公司报价中位数 | 25.6600 | 保险公司报价加权平均数 | 25.2454 |
| QFII 报价中位数 | 25.9000 | QFII 报价加权平均数 | 25.9000 |

资料来源：Wind，中信建投证券研究发展部整理。

## 第四节　科创板首批报价中签分析

2018 年 6 月 30 日晚，148 家网下投资者管理的 1 285 个有效报价配售对象全部按要求在网下申购华兴源创，有效申购 75.813 亿股。其中，A、B、C 三类投资者配售数量分别为 2 185.93 万股、10.52 万股和 502.21 万股，获配数量占网下发行总量的比例分别为 81%、0.39% 和 18.61%。网下认购三类投资者配售比例基本相当，A、B、C 三类投资者配售比例为 0.358 2%、0.350 8% 和 0.346 4%。

按照此前的自律倡议，网下配售股票数量中安排不低于 70% 优先向社保基金、公募基金、养老基金、企业年金和合格境外机构投资者等 6 类中长期投资者配售，留给 C 类投资者的份额数较少，市场预期 C 类中签率偏低。从华兴源创案例看，留给 C 类的份额占比仅为 18.61%，但 C 类账户数仅为 351，远低于市场预期的 1 000 家的水平。C 类投资者，特别是私募基金参与数不高，这是 C 类中签率远高预期的主要原因。预计后续随着私募基金参与度上升，C 类网下配售中签率会逐步下行。敏感性测算显示，若 C 类参与人数突破 1000 家，对应的中签率会下降到千分之一的水平。

表 8-18　科创板过会企业网下配售企业账户数量

|  | 华兴源创 | 天准科技 | 睿创微纳 |
| --- | --- | --- | --- |
| A 类账户数 | 1 389 | 1 466 | 1 539 |
| 公募基金参与账户数 | 919 | 891 | 1174 |
| B 类账户数 | 4 | 4 | 4 |
| C 类账户数 | 351 | 363 | 361 |
| 私募账户数 | 90 | 138 | 150 |

资料来源：Wind，中信建投证券研究发展部整理。

睿创微纳和天准科技的发行价格分别为 20.00 元 / 股和 25.50 元 / 股，根据每股收益按照 2018 年度经审计的扣非归母净利润除以本次发行后总股本计算，对应市盈率分别为 79.09 倍和 57.48 倍。剔除高价后认购量六成到八成的投资者都认可这个价格。因此，从报价看，还是围绕了投资价值报告的"锚"，报价实际上非常集中。睿创微纳投价报告建议区间 16.03 元 / 股 ~24.04 元 / 股，天准科技则建议 20.77 元 / 股 ~28.14 元 / 股。睿创微纳和天准科技对应发行价分别为 20.00 元 / 股与 25.50 元 / 股，相应处于投价报告区间的 50.4% 与 64.1%，维持中枢偏上的报价建议。

表 8-19　报价剔除情况

|  | 华兴源创 | 天准科技 | 睿创微纳 |
|---|---|---|---|
| 低价剔除 | 16.7% | 25.2% | 6.3% |
| 高价剔除 | 9.7% | 9.5% | 10.7% |
| 入围比例 | 73.6% | 65.4% | 83.0% |

资料来源：Wind，中信建投证券研究发展部。

天准科技对应的 2018 年扣非前市盈率 52.26 倍，高于行业市盈率 31.26 倍，高于 4 家可比公司精测电子、机器人、赛腾股份、先导智能的平均静态市盈率 49.68 倍。睿创微纳对应的 2018 年扣非前市盈率 71.10 倍，高于行业市盈率 30.58 倍，低于对标高德红外与大立科技的平均静态市盈率 126.71 倍。目前 3 家科创板过会企业发行价格全部突破以往 23 倍市盈率发行价的限制，体现出科创板估值定价正日益走向市场化。最近观察到，科创板对标公司自 2019 年 6 月以来涨幅显著。我们复盘 2009 年 10 月创业板上市前后表现，发现创业板开板后近 1 年时间内，中小板指与中证 500 的表现显著好于上证综指和沪深 300。随着科创板渐行渐近，受益于经济转型和政策支持的通信、电子和计算机等行业在产出水平和利率水平下降的过程中最为有利。在行业配置层面，我们仍然维持"成长、券商＞消费＞金融地产＞周期"的顺序。

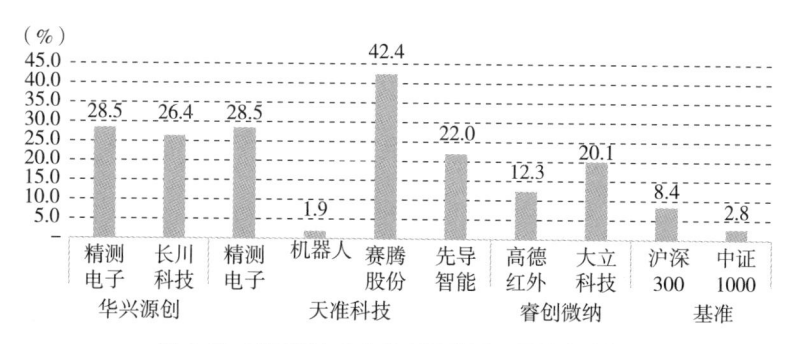

图 8-7　科创板上市企业对标公司 6 月以来涨幅

资料来源：万德数据库，中信建投证券研究发展部。

第四篇

# 科创板优秀企业案例

# 第九章

# 科创板首批优秀企业案例

## 第一节 天准科技：以机器视觉技术为核心的领先设备制造商

### 一、天准科技实际控制人为徐一华，合计持有 82.85% 的表决权

公司实际控制人为徐一华。徐一华通过青一投资、天准合智控制了天准科技 82.85% 的表决权。

### 二、业务分析：以机器视觉技术为核心，多点开花，业务快速发展

天准科技以机器视觉技术为核心，主要产品为工业视觉设备，包括精密测量仪器、智能检测装备、智能制造系统、无人物流车等。产品功能涉及尺寸与缺陷检测、自动化生产装配、智能仓储物流等工业领域多个环节，应用于消费电子、汽车、制药、食品包装和印刷等多个行业。

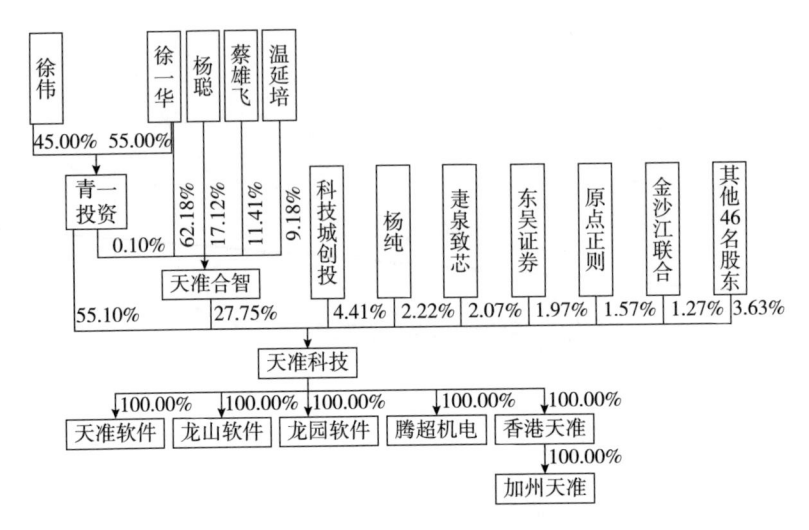

**图 9-1 天准科技公司股权结构**

资料来源：招股说明书，中信建投证券研究发展部。

**表 9-1 公司主要产品**

| 主要产品 | 主要用途介绍 |
| --- | --- |
| 精密测量仪器 | 精密测量仪器是机器视觉技术在工业检测场景中的落地应用，是一种对工业零部件进行高精度尺寸检测的专业设备，可广泛应用于制造业各分支领域 |
| 智能检测装备 | 智能检测装备将机器视觉技术落地应用于工业流水线上的在线检测场景中，实现对工业零部件和产品的实时在线尺寸与缺陷检测 |
| 智能制造系统 | 智能制造系统是一系列用于工业组装生产的成套装备和解决方案，采用以机器视觉等先进技术实现机器人引导、自动识别、在线检测、数据追溯等智能化功能 |
| 无人物流车 | 无人物流车是一种应用于室外和室内场景中的无人驾驶车辆，为企业客户和终端消费者提供无人化的货物运输、电商订单配送等服务，实现机器视觉技术在物流领域的落地 |

资料来源：招股说明书，中信建投证券研究发展部。

表 9-2　天准科技主要应用领域

| 主要行业 | 用量 | 用途 |
| --- | --- | --- |
| 消费电子 | iPhone生产全过程需要70套以上系统 | 高精度制造和质量检测：晶圆切割、3C表面检测、触摸屏制造、AOI光学检测、PCB印刷电路、电子封装、丝网印刷、SMT表面贴装、SPI锡膏检测、半导体对位和识别等 |
| 汽车 | 一条生产线需要十几套系统 | 几乎所有系统和部件的制造流程均可受益：车身装配检测、面板印刷质量检测、字符检测、零件尺寸的精密检测、工业零部件表面缺陷检测、自由曲面检测、间隙检测等 |
| 制药 | 一条装配流水线至少使用5套系统 | 主要是质量的检测：药瓶封装缺陷检测、胶囊封装质量检测、生产日期打码检测、药片颜色识别、分拣等 |
| 食品与包装 | 各细分环节使用量差异 | 高速检测：外观封装检测、食品封装缺漏检测、外观和内部质量检测、分拣与色选 |
| 印刷 | 一条高端生产线使用约6套系统 | 印刷质量检测、印刷字符检测、条码识别、色差检测 |

资料来源：招股说明书，中信建投证券研究发展部。

天准科技公司精密测量仪器通过机器视觉算法识别获取的图像，从而实现非接触精密检测，最高检测精度为0.3微米，达到国际先进水平，同时，公司在算法、精密驱动控制器、光学成像组件等方面具备核心技术，该业务84%的收入为柱式结构。公司精密测量仪器通过先进视觉传感器和精密驱控技术自动获取被测件高解析度图像，再以先进的机器视觉算法对其进行智能匹配、识别、分析，实现智能化的非接触精密检测。目前，公司精密仪器中的底层机器视觉算法、视觉检测软件平台、专用精密驱动控制器、精密光学成像组件核心部件均为自主研发设计。

公司智能检测装备可应用于锂电池、3D曲面玻璃、3C结构件和光伏硅片等领域。目前，公司在检测精度、速度、准确率等方面已达到国际先进水平。公司智能检测装备利用多种先进视觉传感器，结合精密驱控技术，获取被测件的图像及3D信息，通过机器视觉算法进行图像综合分析、特征提取、模式识别，替代人眼实现尺寸及缺陷的智能检测，消除人为因素导致的产品质量波动。公司智能检测装备包括锂电池、3D 曲面玻璃、3C 结构件、光伏硅片等。公司智能检测装备收入主要应用于消费电子行业，智能检测装备业务 87.52% 的收入来源于消费电子行业。

公司智能制造系统可应用于消费电子、汽车制造等领域。公司智能制造系统通过机器视觉算法、先进视觉传感器、机器人控制技术以及物联网技术实现柔性化生产和制程追溯，并通过工业数据平台对制造现场数据进行管理、分析和挖掘，实现设备总体效率的不断提升，公司智能制造系统 91% 的收入来源于汽车行业。

表 9-3　天准科技公司主要业务部分产品

|  | 型号 | 图示 | 简介 |
| --- | --- | --- | --- |
| 精密测量仪器 | VMU 系列 |  | VMU 系列影像测量仪集中了天准科技在机器视觉算法、数据处理分析算法、精密驱控技术和精密机械设计等多个领域的科研成果，是天准的高端产品系列，主要适用于对精度、稳定性及效率有高要求的行业和客户，如计量科研院所和高端精密制造企业 |
|  | VMG 系列 |  | VMG 系列是为大尺寸检测而设计的精密测量仪器，适用于 PCB、LCD、钣金、航空航天等行业的大尺寸零部件检测。仪器采用移动桥式结构，通过高性能精密驱控技术保障了机台的检测精度、检测效率和稳定性 |
| 智能检测装备 | 锂电池在线检测装备 |  | 锂电池在线检测装备采用多传感器融合技术，对锂电池的二维及三维几何尺寸、印刷字符、二维码印刷质量等进行检测。本装备使用视觉、激光、接触式等多类传感器采集被测件数据，通过多传感器融合标定技术，将不同传感器获取的数据融合到相同的数据空间，再通过机器视觉算法分析处理，实现对被测件的检测和分类 |

续表

| 型号 | | 图示 | 简介 |
|---|---|---|---|
| 智能检测装备 | 3D曲面玻璃检测装备 | | 3D曲面玻璃检测装备使用一系列点激光、线激光及白光共焦等高端视觉传感器对3D玻璃进行尺寸和缺陷检测。本装备采用高精度的五轴联动系统，跟踪3D曲面玻璃的曲面轮廓，进行精确的表面扫描，实现对关键曲面轮廓度的准确检测，并通过深度学习算法实现对表面脏污、划痕等缺陷的综合检测 |
| 智能制造系统 | 手机中板组装自动化解决方案 | | 手机中板组装自动化解决方案实现对手机中板的全自动化组装和检测，由多个操作单元组成综合流水线。方案包含热熔、激光雕刻、精密点胶贴合、辅料贴附、加压保持、尺寸检测、平面度及段差检测等多种功能。各操作单元工艺参数及检测数据实时上传工业数据平台，确保全流程制程数据可追溯。通过治具替换和参数配置，可实现多种型号产品的柔性生产 |
| | 机油泵组装自动化检测方案 | | 机油泵组装自动化解决方案实现对机油泵类产品的全自动化组装和检测。方案包括各类高精度组装模块，具备注油、锁螺丝、激光打标、伺服压装、泄漏测试、尺寸检测、涡流探伤等功能，并利用工业数据平台对每个工序进行跟踪，实现全流程可追溯，可满足多种机油泵的柔性自动化高效组装和品控要求 |

资料来源：招股说明书，中信建投证券研究发展部。

智能检测装备为公司第一大业务，收入占比达71%，同时毛利率较高，为50.75%。2018年，公司智能检测装备收入3.59亿元，收入占比约为71.32%，毛利率为50.75%；精密测量仪器1.12亿元，收入占比为22.21%，毛利率为49.59%；智能制造系统0.31亿元，占比6.16%，毛利率为31.43%。

2017—2018年智能检测装备毛利率下降，主要原因是公司拓展了玻璃部件及智能终端外观结构检测装备，新产品相对于锂电池检测装备毛利率偏低，因此使得智能检测装备整体毛利率下降。精密测量仪器业务中，由于VMQ系列产品具有一定定制化特性，毛利率存在一定波动。智能制造系统毛利率下滑的主要原因是高毛利率的消费电子业务占比下降、低毛利率的汽车智造系统业务占比提升所致。

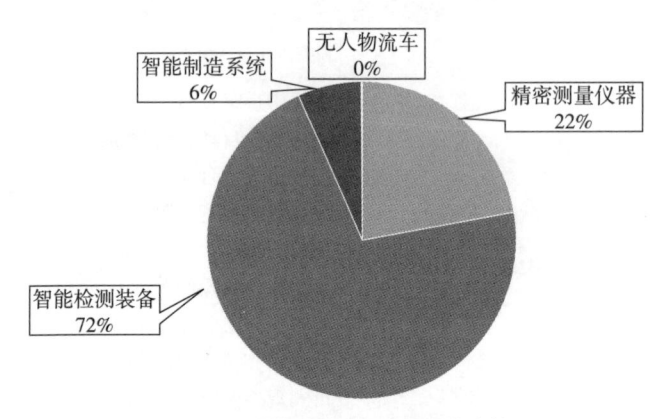

图9-2 天准科技公司主要业务占比

资料来源：招股说明书，中信建投证券研究发展部。

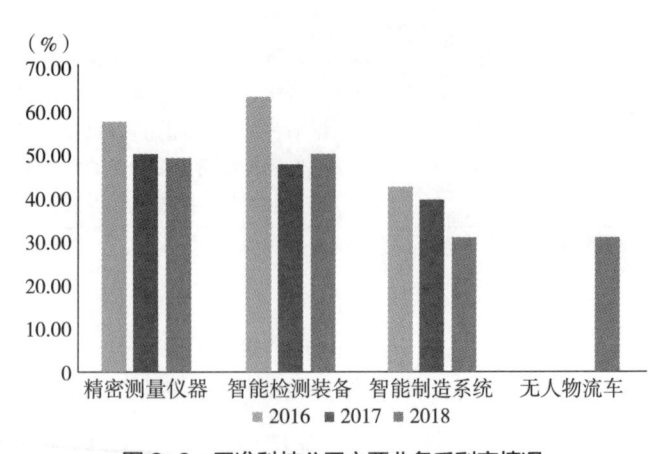

图9-3 天准科技公司主要业务毛利率情况

资料来源：招股说明书，中信建投证券研究发展部。

天准科技公司产品的市场占有率稳步提高。2016—2018年，公司在中国机器视觉行业的市场占有率依次为2.61%、3.99%和4.89%。市场占有率不断提高，显示出较强的行业竞争力。

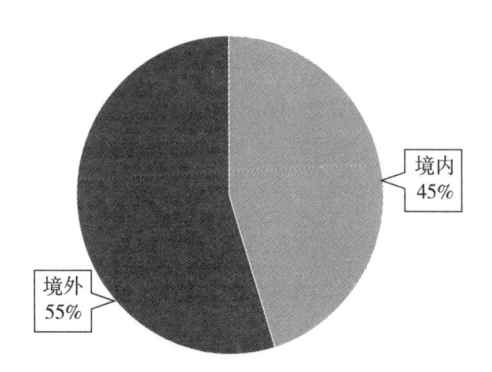

**图9-4 天准科技公司境内外业务占比**

资料来源：招股说明书，中信建投证券研究发展部。

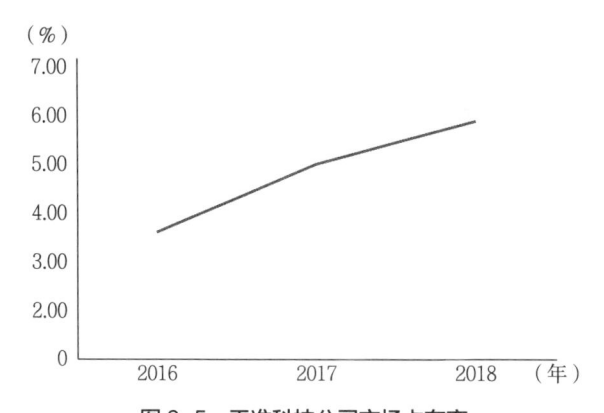

**图9-5 天准科技公司市场占有率**

资料来源：招股说明书，中信建投证券研究发展部。

苹果公司为该公司第一大客户。该公司产品广泛应用于众多的工业领域，客户群体包括消费电子（手机、平板电脑、笔记本电脑、可穿戴设备等）、汽车制造、光伏半导体、仓储与物流业等行业知名企业，以及为天准科技公司开拓市场的经销商。

表9-4 天准科技公司主要客户

| 年份 | 序号 | 单位名称 | 销售额（万元） | 占主营业务收入的比重（%） |
|---|---|---|---|---|
| 2018 | 1 | 苹果公司 | 14 492.79 | 28.51 |
| | 2 | 绿点科技（无锡）有限公司 | 8 529.06 | 16.78 |
| | | 绿点科技（深圳）有限公司 | 173.28 | 0.34 |
| | | 日新（天津）塑胶有限公司 | 2 016.67 | 3.97 |
| | | 小计 | 10 719.01 | 21.09 |
| | 3 | 惠州市德赛电池有限公司 | 4 691.98 | 9.23 |
| | 4 | 东莞市天准金镝贸易有限公司 | 3 289.61 | 6.47 |
| | | 徐州慧淳贸易中心 | 721.88 | 1.42 |
| 2018 | 4 | 小计 | 4 011.49 | 7.89 |
| | 5 | 欣旺达电子股份有限公司 | 1 808.14 | 3.56 |
| | | 合计 | 35 723.41 | 70.28 |
| 2017 | 1 | 苹果公司 | 9 402.54 | 29.46 |
| | 2 | 欣旺达电子股份有限公司 | 3 760.10 | 11.78 |
| | 3 | 东莞市天准金镝贸易有限公司 | 3 185.12 | 9.98 |
| | 4 | 惠州市德赛电池有限公司 | 3 120.18 | 9.77 |
| | 5 | 世特科汽车工程产品（常州）有限公司 | 2 625.90 | 8.23 |
| | | 合计 | 22 093.85 | 69.22 |
| 2016 | 1 | 三星电子越南太原公司 | 1 879.16 | 10.39 |
| | | 三星电子公司 | 96.54 | 0.53 |
| | | 天津三星视界有限公司 | 396.06 | 2.19 |
| | | 小计 | 2 371.76 | 13.11 |
| | 2 | 宁德新能源科技有限公司 | 1 321.98 | 7.31 |
| | | 东莞新能源科技有限公司 | 350.64 | 1.94 |
| | | 东莞新能德科技有限公司 | 228.90 | 1.27 |
| | | 小计 | 1 901.51 | 10.52 |

续表

| 年份 | 序号 | 单位名称 | 销售额（万元） | 占主营业务收入的比重（%） |
|---|---|---|---|---|
| 2016 | 3 | 福建省石狮市通达电器有限公司 | 1 765.73 | 9.76 |
|  | 4 | 东莞市天准金镝贸易有限公司 | 1 474.76 | 8.15 |
|  | 5 | 新世电子（常熟）有限公司 | 1 331.28 | 7.36 |
|  |  | 华普电子（常熟）有限公司 | 137.64 | 0.76 |
|  |  | 小计 | 1 468.92 | 8.12 |
|  |  | 合计 | 8 982.68 | 49.67 |

资料来源：招股说明书，中信建投证券研究发展部。

按照工时计算，2016—2018 年天准科技公司产能利用率均高于 100%。2018 年天准科技公司精密测量仪器和智能检测装备产量为 1 444 台，销量为 1 336 台。2016—2018 年产销率均保持在 92% 以上。

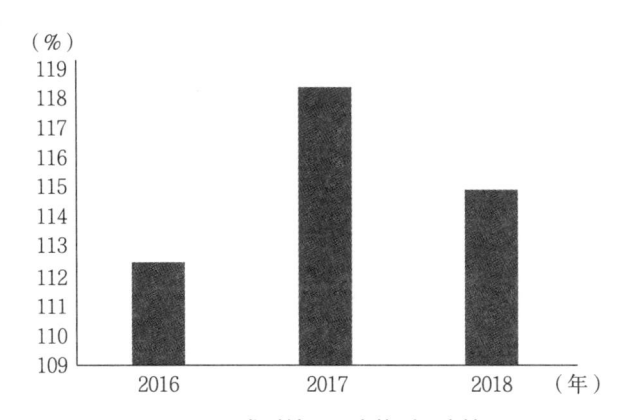

图 9-6　天准科技公司产能利用率情况

资料来源：招股说明书，中信建投证券研究发展部。

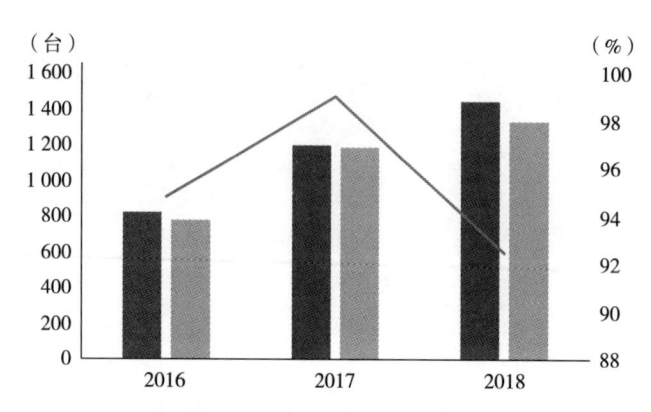

图 9-7　天准科技公司精密测量仪器和智能检测装备产量、销量及变动情况

资料来源：招股说明书，中信建投证券研究发展部。

## 三、经营数据分析：研发高投入，营收快速增长

天准科技公司近年来营收快速增长。公司 2018 年收入为 5.08 亿元，同比增长 59.24%，2017—2018 年复合增速为 67.53%；2018 年归母净利润为 0.94 亿元，同比增长 83.16%，2017—2018 年复合增速为 71.39%。

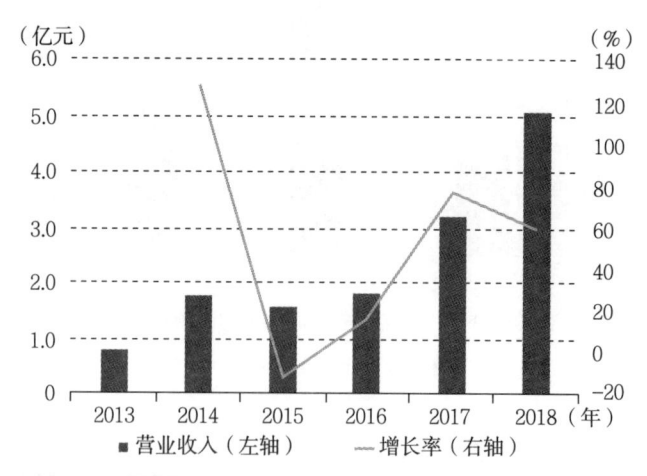

图 9-8　天准科技公司营收及增速情况

资料来源：招股说明书，中信建投证券研究发展部。

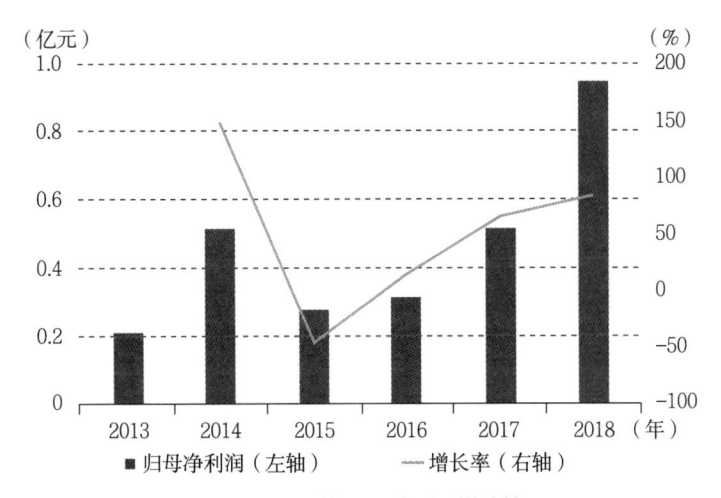

**图 9-9　天准科技公司净利及增速情况**

资料来源：招股说明书，中信建投证券研究发展部。

天准科技公司近年来毛利率维持在 48% 以上。天准科技公司 2016—2018 年毛利率分别为 58.0%、48.0%、49.2%，毛利率下滑的主要原因是各业务低毛利率产品占比提升。随着公司收入规模的快速增长，公司期间费用率不断下滑。

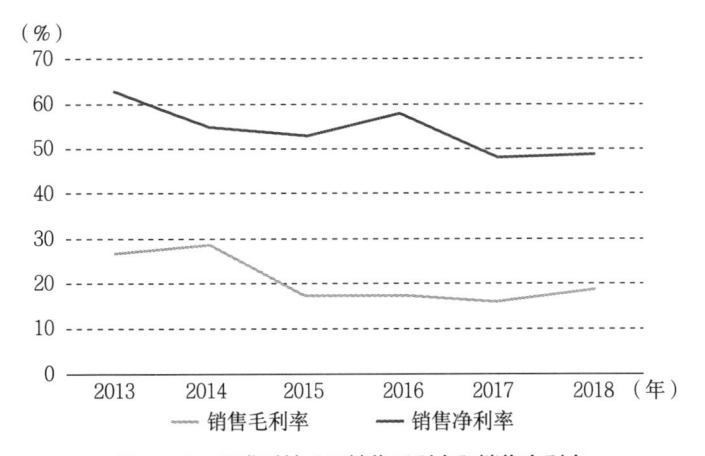

**图 9-10　天准科技公司销售毛利率和销售净利率**

资料来源：招股说明书，中信建投证券研究发展部。

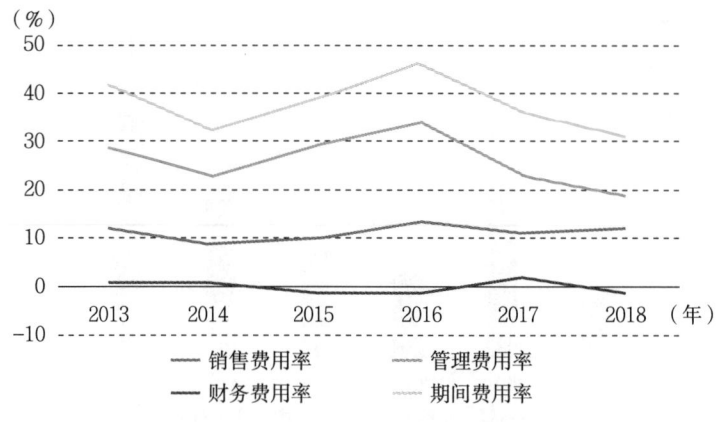

图 9-11　天准科技公司三费费用率

资料来源：招股说明书，中信建投证券研究发展部。

天准科技公司研发维持较高投入。2018年，公司技术及研发人员总数达526人，占公司员工总数的66.67%。2016—2018年公司研发费用占营业收入比例分别为26.22%、18.66%和15.66%，公司研发费用维持较高投入水平。

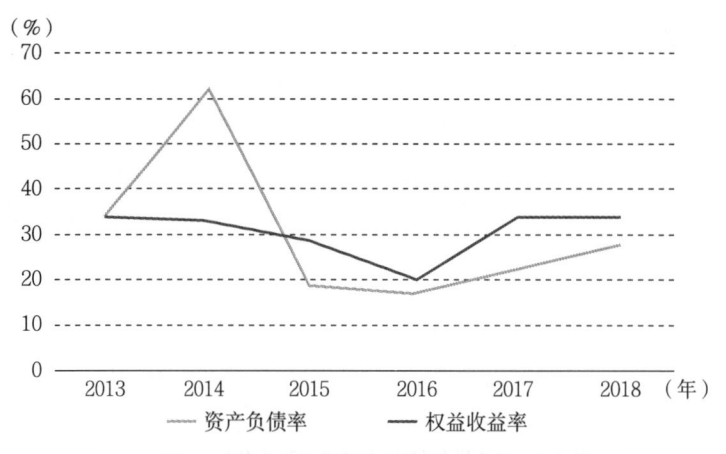

图 9-12　天准科技公司资产负债率与权益收益率情况

资料来源：招股说明书，中信建投证券研究发展部。

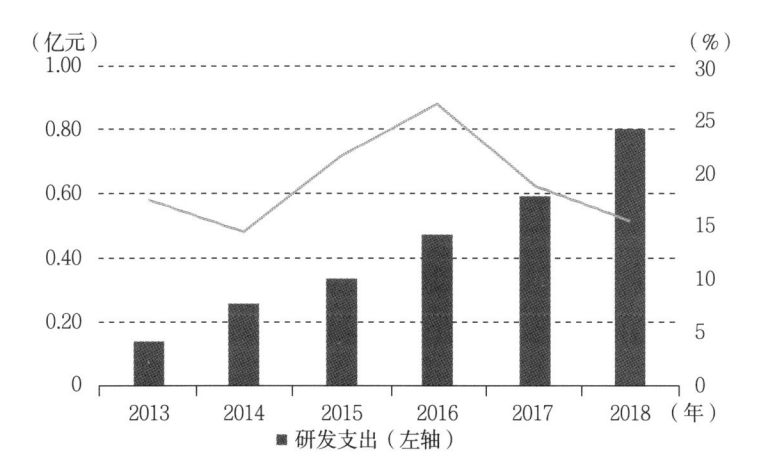

图 9-13　天准科技公司研发支出及其所占收入比重

资料来源：招股说明书，中信建投证券研究发展部。

## 四、公司募投项目

天准科技公司拟发行不超过 4 840 万股，占发行后总股本的比例不低于 25%。本次募集资金将重点投向机器视觉智能制造装备以及研发基地建设、升级等领域。

表 9-5　天准科技公司募投项目

| 序号 | 募集资金投资项目 | 募投项目投资总额（万元） | 募集资金投资额（万元） |
| --- | --- | --- | --- |
| 1 | 机器视觉与智能制造装备建设项目 | 47 500.00 | 47 500.00 |
| 2 | 研发基地建设项目 | 27 500.00 | 27 500.00 |
| 3 | 研发中心升级项目 | 25 000.00 | 25 000.00 |
| 合计 |  | 100 000.00 | 100 000.00 |

资料来源：招股说明书，中信建投证券研究发展部。

## 五、相关上市公司对比

对标上市公司包括康耐视、基恩士、海克斯康。

表9-6 天准科技对标上市公司情况

| | 市值 | 2018年营业收入 | 2018年归母净利润 | 2018年销售毛利率 | 2018年销售净利率 |
|---|---|---|---|---|---|
| 天准科技 | | 5.08 | 0.94 | 49.17% | 18.59% |
| 康耐视 | 628.2 | 54.19 | 14.74 | 74.45% | 27.19% |
| 基恩士 | 5 086 | 317.32 | 126.84 | 82.13% | 39.97% |
| 海克斯康（2017） | 2 514 | 261.04 | 50.47 | 61.51% | 19.54% |

资料来源：Wind，中信建投证券研究发展部。

注：单位汇率分别为康耐视1美元=6.723 3元人民币；基恩士1日元=0.060 2元人民币；海克斯康1欧元=7.570 8元人民币。

# 第二节 睿创微纳：掌握核心技术，红外产业领军者之一

## 一、红外产业领军者之一，业绩快速增长

### （一）专注非制冷红外热成像领域，海康威视为第一大客户

睿创微纳公司专注于非制冷红外热成像领域，主要产品包括非制冷红外热成像MEMS芯片、探测器、机芯、热像仪及光电系统。非制冷红外热成像MEMS芯片是探测器的核心组件，探测器能够将光信号转变为微弱的电信号，机芯由红外探测器及带有公司自主算法的图像处理电路组成，图像处理电路对探测器输出的微弱电信号进行电信号处理以及数

字化采样，在图像处理后，最终将目标物体温度分布图转化为视频图像。机芯与光学系统、电池、外壳等结构件整合形成整机。

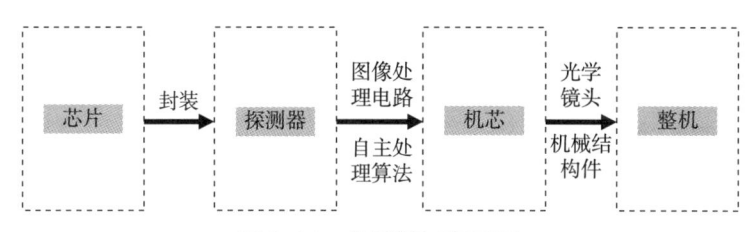

芯片 →封装→ 探测器 →图像处理电路 自主处理算法→ 机芯 →光学镜头 机械结构件→ 整机

**图 9-14　睿创微纳公司产品**

资料来源：招股说明书，中信建投证券研究发展部。

睿创微纳公司控股股东、实际控制人为马宏，合计持有约 18% 的股份。公司第二大股东为公司董事李维诚，持有 12.17% 的股份。

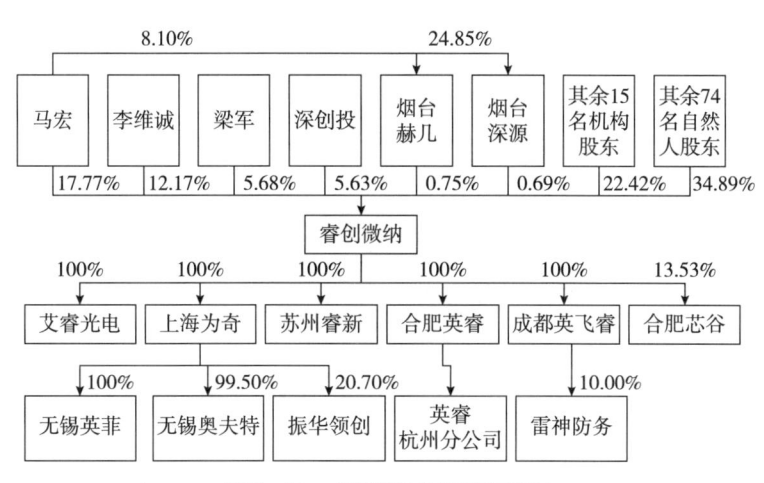

**图 9-15　睿创微纳公司股权结构**

资料来源：招股说明书，中信建投证券研究发展部。

睿创微纳公司主要客户为军品整机或系统厂商以及民用安防监控设备企业，军用业务收入占比约为 30%，民用收入占比为 70%，公司 2018 年第一大客户为安防龙头海康威视。公司的红外机芯主要客户为军品整机或系统厂商，整机主要客户为国内外户外用品销售公司。

表 9-7 睿创微纳公司 2018 年主要客户

| 序号 | 客户名称 | 销售额（万元） | 占营业收入比例（%） |
| --- | --- | --- | --- |
| 1 | 杭州海康威视科技有限公司 | 8 477.11 | 22.07 |
| 2 | K0009 | 6 482.59 | 16.88 |
| 3 | LIEMKE GmbH&CO. | 4 758.88 | 12.39 |
| 4 | K0001 | 4 347.44 | 11.16 |
| 5 | 深圳市朗高特科技发展有限公司 | 1 817.32 | 4.73 |
|  | 合计 | 25 883.34 | 67.39 |

资料来源：招股说明书，中信建投证券研究发展部。

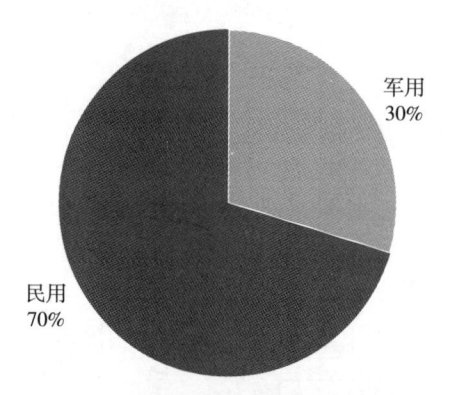

图 9-16 睿创微纳公司军民业务比例

资料来源：招股说明书，中信建投证券研究发展部。

（二）业绩快速增长，研发保持高投入

睿创微纳公司 2018 年收入为 3.84 亿元，同比增长 146.66%；归母净利润为 1.25 亿元，同比增长 94.51%。受益于公司高性能红外焦平面探测器技术的突破，公司军品型号逐步定型放量、民品获得安防龙头订单，这使得公司收入快速增长。

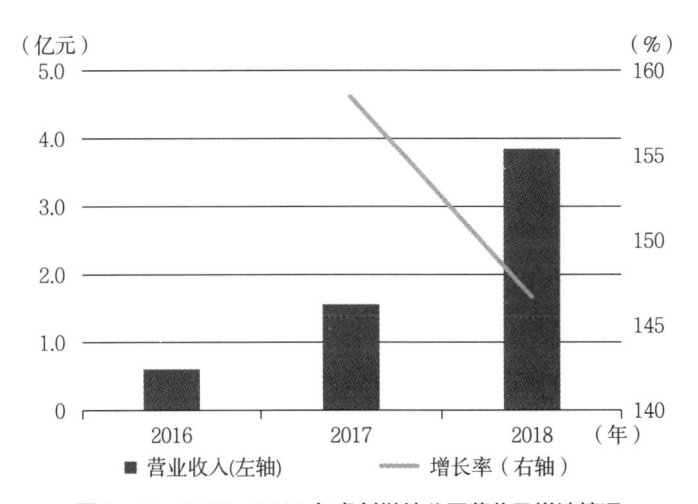

**图9-17　2016—2018年睿创微纳公司营收及增速情况**

资料来源：Wind，中信建投证券研究发展部。

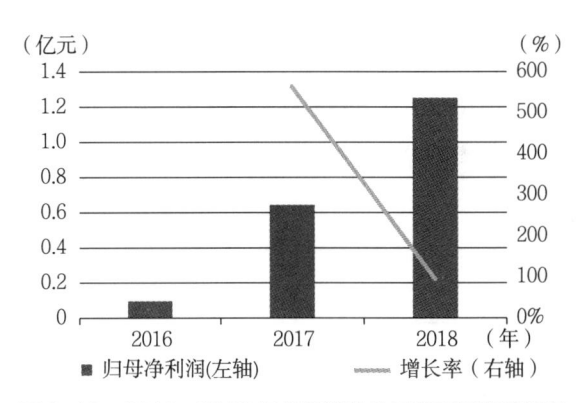

**图9-18　2016—2018年睿创微纳公司净利及增速情况**

资料来源：Wind，中信建投证券研究发展部。

睿创微纳公司2018年销售毛利率为60.07%，销售净利率为32.59%。2018年公司销售毛利率有所下滑，一方面是由于成熟型号产品售价下降，另一方面是毛利率较低的整机产品收入占比快速提升所致。随着公司收入规模快速增长，规模效应使得公司管理费用率大幅下滑。

睿创微纳公司十分重视技术发展，一直保持较高的研发投入水平，研发投入占营收比例一直在 15% 以上。

探测器、整机和机芯是睿创微纳公司三大收入来源，探测器和机芯毛利率相对较高，在 70% 左右，整机毛利率相对较低，约为 30%。2018 年整机业务快速增长，受整机毛利率相对较小的影响，睿创微纳公司 2018 年毛利率有所下滑。

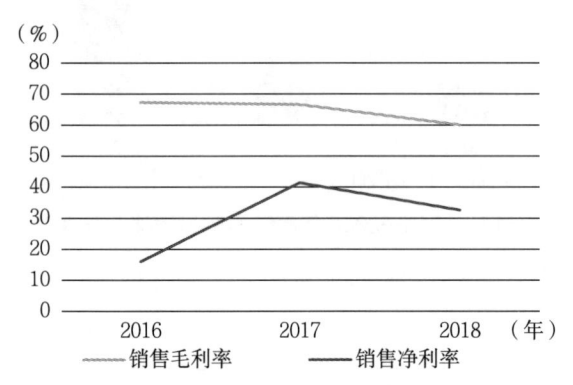

**图 9-19　2016—2018 年睿创微纳公司销售毛利率和销售净利率**

资料来源：Wind，中信建投证券研究发展部。

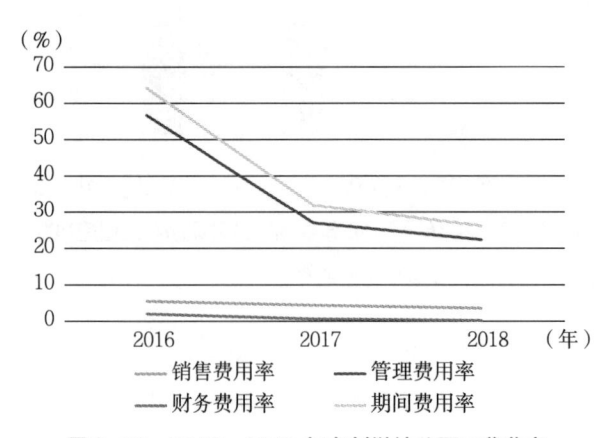

**图 9-20　2016—2018 年睿创微纳公司三费费率**

资料来源：Wind，中信建投证券研究发展部。

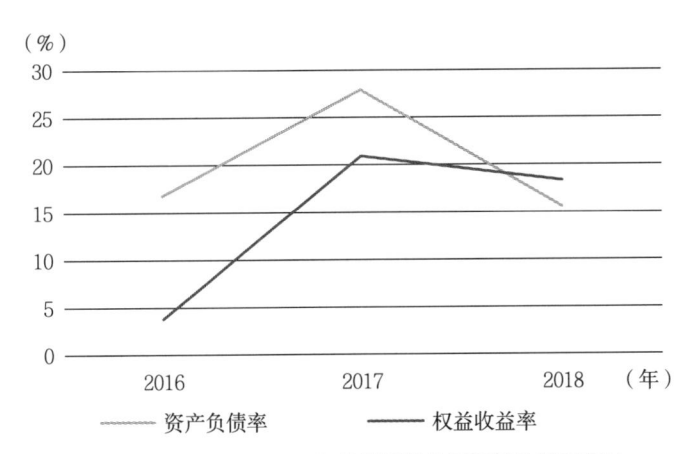

图9-21 2016—2018年睿创微纳公司权益收益率情况

资料来源：Wind，中信建投证券研究发展部。

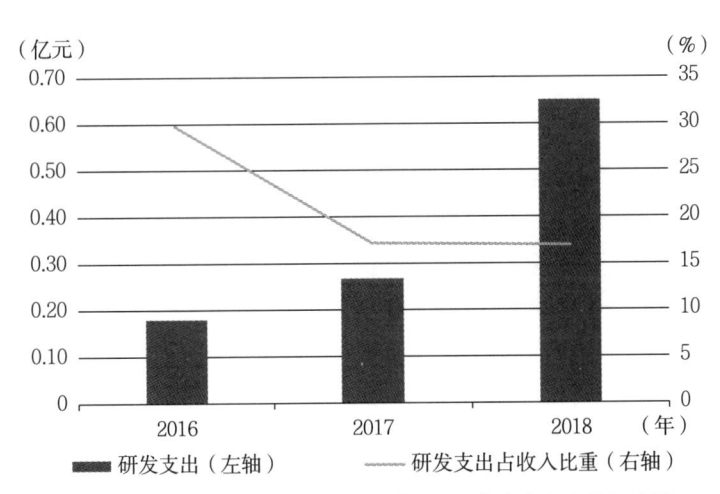

图9-22 2013—2018年睿创微纳公司研发支出和占收入比重

资料来源：Wind，中信建投证券研究发展部。

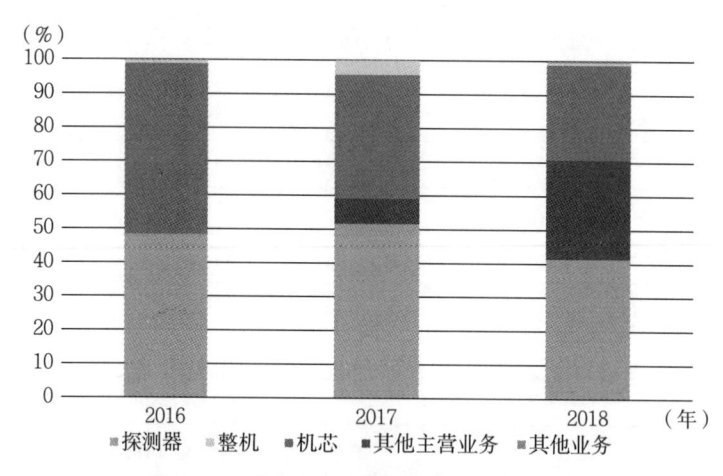

图 9-23 睿创微纳公司各业务营收占比情况

资料来源：公司公告，中信建投证券研究发展部。

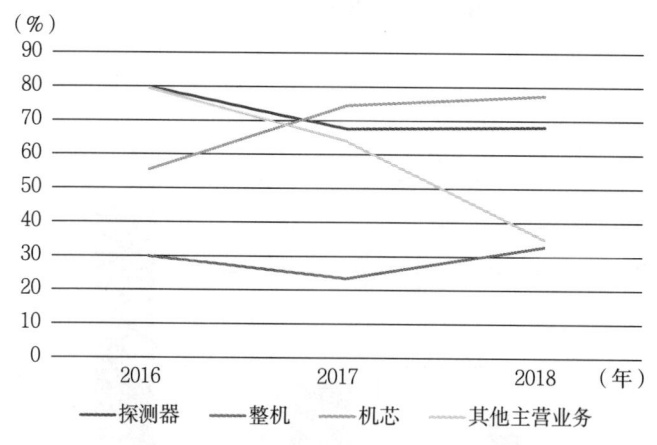

图 9-24 睿创微纳公司各业务毛利率情况

资料来源：公司公告，中信建投证券研究发展部。

## 二、掌握核心技术，募投项目进一步扩大产能

（一）睿创微纳具备核心芯片设计和生产能力，封装技术达到世界先进水平

红外探测器生产的技术难点包括三方面：CMOS 读出电路、MEMS

传感器设计生产以及封装技术。目前市场上大部分红外探测器都是焦平面阵列,其特点是由 M×N 个热敏单元(即像元)排成阵列,每个热敏单元在结构上主要由 CMOS 读出电路及 MEMS 传感器两部分组成,上层的 MEMS 传感器通常使用氧化钒或多晶硅等热敏材料制成,用于吸收红外辐射能量并将温度变化转换成电阻的变化,CMOS 读出电路将微小的电阻变化以电信号的方式输出。CMOS 读出电路和 MEMS 传感器为多层结构,精密复杂,其设计和生产难度很高,是红外探测器的核心步骤,睿创微纳现已具备相关集成电路、传感器的设计技术和生产能力。

封装技术方面的难度最大,而睿创微纳已实现晶圆级封装。由于红外探测器接收的红外辐射能量变化细微,为了保证成像效果,需要将探测器置于真空环境下工作。目前行业内封装技术可以分为金属管壳、陶瓷管壳及晶圆级封装三类。其中晶圆级封装难度最大,但其集成度相对其他更高,可提高批量生产的效率并能将封装成本从千元量级降至百元量级,有利于进一步降低产品价格,降低使用门槛,扩大市场容量。2016 年菲力尔的晶圆级封装产品已经在批量供货,2017 年高德红外、艾睿光电(公司全资子公司)均已实现晶圆级封装。

表 9-8 睿创微纳红外探测器的封装方式以及特点

| 封装方式 | 特点 |
| --- | --- |
| 金属管壳封装 | 最早开始采用的封装技术已非常成熟,但由于采用了金属管壳、TEC 和吸气剂等成本较高的部件,所以其成本一直居高不下 |
| 陶瓷管壳封装 | 这种封装形式得益于无 TEC 技术的发展,可显著减小封装后探测器的体积和重量,且从原材料成本和制造成本上都比传统的金属管壳封装低,适合大批量生产 |
| 晶圆级封装 | 晶圆级封装是刚刚进入实用阶段的封装技术。该技术需要制造与探测器晶圆相对应的另一片硅窗晶圆,将红外探测器芯片与硅窗精确对准,在真空腔体内将两片晶圆焊接在一起,最后再裂片成为一个个晶圆级红外探测器。晶圆级封装技术的集成度更高,工艺步骤更简单,更适合大批量和低成本生产 |

资料来源:冯涛,《非制冷红外焦平面探测器技术发展与市场动态》,中信建投证券研究发展部。

睿创微纳公司是国内为数不多的具备红外探测器自主研发能力并实现量产的公司之一。公司的12微米1 280×1 024产品为国内首款百万级像素数字输出红外MEMS芯片，其12微米640×512探测器和17微米384×288探测器均实现数字输出、陶瓷封装和晶圆级封装。

表9-9 睿创微纳公司核心技术

| 核心技术 | 核心技术内容简述 | 技术来源 | 主业应用情况 | 成熟程度 |
|---|---|---|---|---|
| 低噪声、低功耗、高密度数模混合信号集成电路设计 | 为适应成像机芯高度集成化的研发需求，在低噪声、低功耗及复杂模数混合信号处理方面大胆创新。核心器件的敏感电源噪声做到μV级，功耗持续优化，做到行业领先水平 | 自主开发 | 应用于所有探测器 | 量产阶段 |
| 非制冷红外传感器焦平面阵列敏感材料制备 | 非制冷微测辐射热计敏感材料制备技术，直接决定微测辐射热计性能指标，通过调节制备工艺、参数实现高电阻温度系数、高均匀微测辐射热计敏感材料制备 | 自主开发 | 应用于所有探测器 | 量产阶段 |
| 非制冷红外焦平面阵列设计、制备 | 改进MEMS设计和制备工艺，通过优化传感器设计实现高填充因子焦平面阵列的制备，从而提高了探测器的探测性能，满足高性能探测器的使用需求 | 自主开发 | 应用于所有探测器 | 量产阶段 |
| 基于红外图像的直方图均衡算法设计与实现 | 改善红外原始图像的视觉效果，增强图像的整体或局部特性，将原始图像变得清晰或强调某些敏感目标特征，扩大图像中不同物体特征之间的差别，抑制背景噪声，改善图像质量，加强图像判读和识别效果 | 自主研发 | 普遍应用于机芯 | 量产阶段 |

资料来源：招股说明书，中信建投证券研究发展部。

(二) 产能利用率较高，募投项目进一步扩大产能

睿创微纳公司2018年主要产品产能利用率均在90%以上，属较高水平。

表 9-10　睿创微纳公司主要产品产能利用情况

| 产品 | 指标 | 2018 年度 | 2017 年度 | 2016 年度 |
|---|---|---|---|---|
| 探测器 | 产能 | 80 000 | 44 500 | 11 500 |
| | 产量 | 74 995 | 36 763 | 11 860 |
| | 产能利用率 | 93.74% | 82.61% | 103.13% |
| 机芯 | 产能 | 35 000 | 4 500 | 1 500 |
| | 产量 | 31 732 | 4 077 | 1 333 |
| | 产能利用率 | 90.66% | 90.60% | 88.87% |
| 整机 | 产能 | 20 000 | 2 000 | 100 |
| | 产量 | 19 343 | 1 915 | 88 |
| | 产能利用率 | 96.72% | 95.75% | 88.00% |

资料来源：招股说明书，中信建投证券研究发展部。

睿创微纳公司拟募集资金4.5亿元，用于非制冷红外焦平面芯片扩建、红外热成像终端生产和研究院建设项目。其中芯片扩建的产能达36万只/年，预计两年内投产；红外热成像终端项目建成后每年可生产7 000台（套）热成像仪，预计三年内建成投产。

表 9-11　睿创微纳公司募投项目情况

| 序号 | 项目名称 | 项目总投资额 | 募集资金投资额 |
|---|---|---|---|
| 1 | 非制冷红外焦平面芯片技术改造及扩建项目 | 25 000 | 25 000 |
| 2 | 红外热成像终端应用产品开发及产业化项目 | 12 000 | 12 000 |
| 3 | 睿创研究院建设项目 | 8 000 | 8 000 |
| 合计 | | 45 000 | 45 000 |

资料来源：招股说明书，中信建投证券研究发展部。

## 三、可比公司情况

对标可比公司包括高德红外、大立科技等。

表 9-12 睿创微纳可比公司各项指标对比

| | 市值（亿元） | 2018年营业收入（亿元） | 2018年归母净利润（亿元） | 2018年销售毛利率 | 2018年销售净利率 | P/E（2018） | P/E（2019） |
|---|---|---|---|---|---|---|---|
| 睿创微纳 | —— | 3.84 | 1.25 | 60.07% | 32.59% | | |
| 高德红外 | 177.41 | 10.84 | 1.32 | 42.13% | 12.19% | 134 | 72 |
| 大立科技 | 40.59 | 4.30 | 0.53 | —— | —— | 78 | 58 |

资料来源：Wind，中信建投证券研究发展部。

表 9-13 睿创微纳对标可比公司技术实力对比

| 项目 | 高德红外 | 大立科技 | 睿创微纳 |
|---|---|---|---|
| 专利等知识产权情况 | 截至2017年年末，拥有151项专利权（其中发明专利61项、实用新型专利66项、外观设计专利24项），63项著作权，6项集成电路布图专有权 | 截至2017年年末，已取得发明专利19项，实用新型4项，外观专利4项 | 截至2018年年末，已获授权专利共计87项（其中发明专利41项、实用新型专利24项、外观设计专利22项），14项集成电路布图设计权，37项软件著作权 |
| 研发人员数量 | 截至2017年年末，拥有研发人员725人，占员工总数比例为26.23% | 截至2017年年末，拥有研发人员227人，占员工总数比例为16.95% | 截至2018年年末，公司拥有研发人员221人，占员工总数比例为37.39% |
| 最高性能非制冷探测器产品情况 | 阵列规模640×512、像元尺寸12微米、NETD≤40mK、功耗<350mW | 阵列规模1 280×1 024、像元尺寸15微米、NETD≤60mK、帧频≤60Hz、功耗650mW | 阵列规模1 280×1 024、像元尺寸12微米、NETD<50mK、帧频30Hz、功耗<350mW |
| 制冷探测器 | 有 | 无 | 无 |
| 最高封装技术 | 晶圆级 | —— | 晶圆级 |

资料来源：招股说明书，中信建投证券研究发展部

# 第三节　微芯生物：
# 原创新分子实体药物创新企业

## 一、创新制药企业，致力于原创新药研发

上市公司持股情况：鲁先平本人及通过多个主体合计持有及控制公司31.8633%的股份，无上市公司持股。

其他相关上市公司：2018年国药控股股份有限公司为公司主要第一大客户，贡献了34.84%的收入，其实际控制人为中国医药集团有限公司。

对标可比公司：恒瑞医药、贝达药业、康弘药业、歌礼制药、百济神州、华领医药、信达生物、君实生物、基石药业。微芯生物毛利率居于可比公司中等偏上水平，总资产和净资产规模处于可比公司中等偏下水平，这是由于微芯生物融资渠道有限、股权融资规模金额较小。除恒瑞医药、贝达药业、康弘药业在A股上市以外，其余6家企业均在境外上市，因此这6家公司在毛利率、销售费用等财务比率方面与该公司无法对比，综上，选取了恒瑞医药、贝达药业、康弘药业3家公司与该公司进行比较。

表9-14　微芯生物对标可比公司各项指标对比

| | 主营业务产品 | 市值（亿元） | 2018年毛利率（%） | 2018年销售费用率（%） | 2018年管理费用率（%） | 2018年研发费用率（%） |
|---|---|---|---|---|---|---|
| 贝达药业 | 抗肿瘤药 | 180.29 | 95.47 | 42.48 | 20.05 | 20.05 |
| 恒瑞医药 | 抗肿瘤药 | 2 893.55 | 86.60 | 37.11 | 9.34 | 15.33 |
| 康弘药业 | 中成药 | 342.96 | 92.42 | 52.05 | 7.98 | 6.94 |
| 微芯生物 | 西达本胺 | —— | 96.27 | 34.62 | 19.71 | 28.51 |

资料来源：Wind，中信建投证券研究发展部。

## 二、致力于研发原创新药，拥有全球首个获批口服 HDAC 抑制剂

微芯生物是一家致力于研发与生产原创新分子实体药物的国家级高新技术企业。

| 时间 | 主要事件（左） | 主要事件（右） |
|---|---|---|
| 2001 | 成功构建国际领先的基于化学基因组学的集成式药物发现与早期评价平台 | 公司成立 |
| 2002 | 首次发现西达本胺这一亚型选择性组蛋白去乙酰酶抑制剂 | |
| 2004 | 首次发现西格列他钠这一过氧化物酶体增殖物激活受体全激动剂 | 首次向CFDA递交糖尿病治疗药物西格列他钠的临床试验申请 |
| 2005 | 向DFDA递交抗肿瘤西达本胺的临床试验申请 | |
| 2006 | | 将西达本胺美国、欧盟及日本等国家海外专利权和商业化权利许可给沪亚生物（美国公司） |
| 2007 | 完成西格列他钠临床Ⅱa期实验并达到治疗概念验证目的 | |
| 2008 | 首次发现西奥罗尼这一蛋白激酶抑制剂和组蛋白去乙酰化酶抑制剂的萘酰胺衍生物 | 在中国完成西达本胺Ⅰ期临床试验并显示其令人振奋的药效和安全性 |
| 2009 | 展开西达本胺进入以上市为目的的罕见病肿瘤用药临床试验研究 | |
| 2010 | | 获得西达本胺用于非小细胞肺癌、乳腺癌及前列腺癌实体瘤Ⅱ/Ⅲ期临床试验批件 |
| 2012 | 获得西格列他钠注册性Ⅲ期临床试验批件 | |
| 2013 | 公司递交西奥罗尼用于治疗肿瘤的临床试验申请 | |
| 2014 | 西达本胺获得CFDA批准上市，标志着中国第一个用于治疗罕见病的药物进入产业化和商业化阶段 | 完成西达本胺Ⅱ期临床试验，并在中国首次以Ⅱ期临床试验结果向CFDA递交以复发或难治外周T细胞淋巴瘤为适应症的新药证书（NDA）和上市许可（MAA）进行快速审批的申请；获得西奥罗尼Ⅰ期临床试验批件；将西达本胺中国台湾地区的专利许可华上生技 |
| 2015 | | 西达本胺生产基地通过GMP认证，并上市销售；西达本胺联合依西美坦治疗激素受体阳性晚期乳腺癌Ⅲ期临床试验启动 |
| 2016 | 西格列他钠临床Ⅲ期试验完成入组 | |
| 2017 | | 西达本胺被纳入国家医疗名录 |
| 2018 | 获得西奥罗尼Ⅱ/Ⅲ期临床试验批件；完成西达本胺应用于乳腺癌Ⅲ期临床试验并申请新适应症上市；完成西格列他钠Ⅲ期临床试验 | |

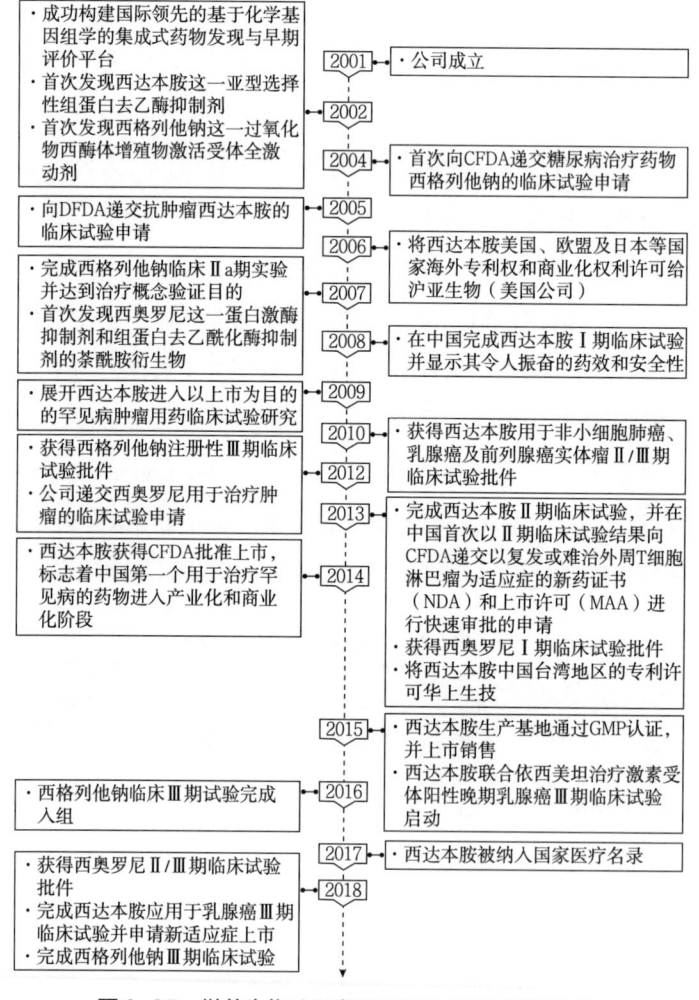

**图 9-25　微芯生物公司发展历程及主要里程碑事件**

资料来源：公司公告，中信建投证券研究发展部。

微芯生物的前身是成立于 2001 年的微芯有限公司，2016 年 6 月该公司股权转让，2016 年 7 月海德睿远、海德睿达和鲁先平增资，2018 年 10 月招银系基金、倚锋投资增资。2019 年 3 月，微芯生物申报科创板上市并获得上交所受理。

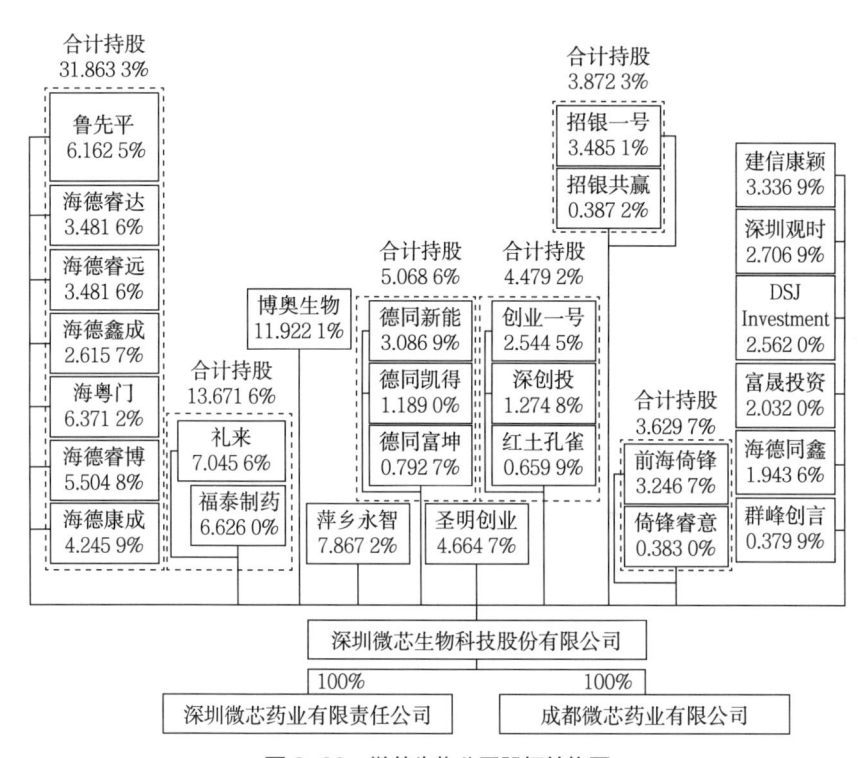

图 9-26 微芯生物公司股权结构图

资料来源：公司公告，中信建投证券研究发展部。

微芯生物专注于原创新分子药物研发，首个原创新药西达本胺凭借临床 II 期数据加速审评，在 2014 年获批上市用于外周 T 细胞淋巴瘤（PTCL），它也因此成为全球首个获批口服 HDAC（组蛋白去乙酰化酶）抑制剂，HDAC 抑制剂通过抑制组蛋白去乙酰化酶实现增加染色质组蛋白的乙酰化水平，进而引发染色质重塑，产生针对肿瘤发生的多条信号传导通路的基因表达改变，从而抑制肿瘤发生。目前，西达本胺在研适应证包括三阴乳腺癌、非小细胞肺癌和弥漫大 B 细胞淋巴瘤。

微芯生物控股股东及实际控制人为其创始人、董事长、总经理、首席科学官鲁先平。微芯生物股权结构较为分散，共有 28 位股东，这和微芯生物成立至今历经多次增资、股权转让、间接持股转为直接持股等有关。鲁先平直接持有公司 6.162 5% 的股份，通过多个主体合计持有及控制公司 31.863 3% 的股份。微芯生物下设有 2 家子公司，无参股公司，深圳微芯药业为西达本胺及西达本胺片的受托生产企业，成都微芯仍处于建设期，未来拟从事西格列他钠和西奥罗尼等原料药与制剂的生产与销售。

## 三、经营业绩表现良好，原创新分子实体药物领域竞争力强劲

微芯生物近年来营业收入逐年增加，符合科创板上市第一项标准，三年复合增速为 34.53%。2017 年度营业收入达到 1.1 亿元，同比增长 28.45%，2017 年度净利润较 2016 年度增加 2050.62 万元，同比增长 379.80%。2018 年全年营业收入达到 1.476 9 亿元，同比增长 33.65%，实现净利润 0.312 8 亿元，同比增长 20.73%，这主要源自西达本胺上市销售以来业务规模与销售收入的持续增长。微芯生物 2018 年一级市场估值 50 亿~60 亿元。

表 9-15 微芯生物主要财务指标列示

| 项目 | 2016 年 | 2017 年 | 2018 年 |
| --- | --- | --- | --- |
| 营业收入（百万元） | 85.36 | 110.50 | 147.69 |
| 增长率 | —— | 28.45% | 33.65% |
| 归母净利润（百万元） | 5.40 | 25.91 | 31.28 |
| 增长率 | —— | 379.80% | 20.73% |
| 扣非归母净利润（百万元） | 5.02 | 11.3 | 18.97 |

续表

| 项目 | 2016年 | 2017年 | 2018年 |
|---|---|---|---|
| 增长率 | —— | 125.10% | 67.88% |
| 毛利率 | 97.46% | 95.24% | 96.27% |
| 净利率 | 6.33% | 23.45% | 21.18% |
| 销售费用率 | 28.59% | 28.95% | 34.62% |
| 财务费用率 | -0.13% | 3.09% | -2.07% |
| 管理费用率 | 27.77% | 18.80% | 19.71% |
| 资产负债率 | 45.86% | 31.13% | 33.25% |
| 研发费用率 | 33.99% | 31.87% | 28.51% |
| 应收账款周转率（次） | 16.62 | 6.44 | 3.94 |
| 存货周转率（次） | 0.79 | 0.81 | 0.63 |

资料来源：Wind，中信建投证券研究发展部。

微芯生物毛利率连年居高，源于高壁垒原创新药的研发和商业化。微芯生物2016—2018年整体毛利率居于95%以上，主要原因有：(1)微芯生物专注于原创新药的研发，超过90%的毛利润来源于西达本胺销售以及西达本胺相关技术授权许可，这些为微芯生物提供了稳定的利润来源，随着西达本胺片药品可及性的增加，新适应证的拓展以及第二个原创新药格列他钠的上市销售，微芯生物未来的盈利有强有力的保障；(2)经销商仅负责向终端医院、药店配送公司产品，其他学术推广、产品特点、最新基础理论、临床疗效研究成果以及安全信息均由微芯生物专业团队负责。

销售费用率偏低，管理费用率走高，研发费用率远高于同行。微芯生物销售费用占营收比相较于同行偏低，2018年占营收比为34.62%，为0.51亿元，主要源于微芯生物主要产品国家1类新药西达本胺片，由于微芯生物产品西达本胺的首个适应证是外周T细胞淋巴瘤，属罕见病范畴，市场推广费用较低。管理费用率高于同行占营收比27.77%，为0.29

亿，主要为微芯生物管理费用中职工薪酬和中介费占比较高。微芯生物研发费用率远高于同行，2018年1—9月为28.51%，主要因为：（1）微芯生物作为创新药研发企业，以创新药为核心竞争力，高度重视研发投入，目前有多项在研项目处于临床前研究阶段以及临床早期研究阶段；（2）微芯生物主要产品西达本胺2015年上市销售，时间较短，市场处于开拓期，且其首个适应证为罕见病，同行业公司存在多个在售药品品种，因而报告期内公司收入相对同行较低。

资产负债率整体处于较低水平，整体偿债能力良好。2018年微芯生物资产负债率为33.25%，偿债风险较小，但与同行相比，资产负债率高于其他同行上市公司，主要原因系微芯生物融资渠道较为单一，主要依靠股权融资和银行贷款，其银行借款余额相对较高，且公司取得政府补助，有较大金额计入递延收益，导致非流动性负债相对较高。报告期内随着公司销售规模的扩大，应收账款逐年增加，如果未来公司应收账款增长速度过快或主要客户付款政策发生变化，微芯生物经营业绩会受到一定的不利影响。

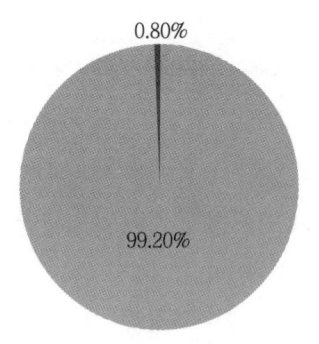

**图9-27 2018年微芯生物主营业务收入分类占比**

资料来源：公司公告，中信建投证券研究发展部。

西达本胺是微芯生物主要收入来源，占公司总收入的99%以上。

2018年微芯生物主营业务西达本胺相关收入1.465亿元，占比达到99.20%，微芯生物营收途径呈现出高度集中化。

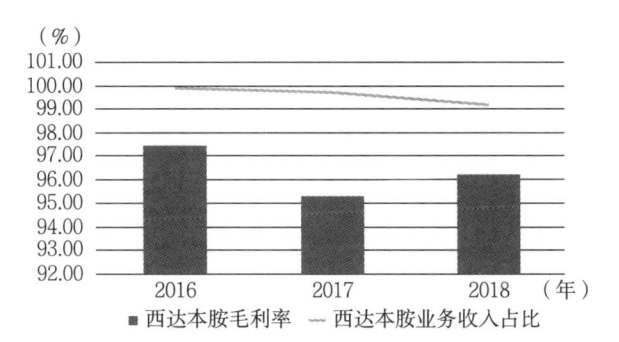

**图9-28　微芯生物主要产品收入占比及毛利率**

资料来源：公司公告，中信建投证券研究发展部。

2018年微芯生物公司93.48%的营业收入来自国内，国外收入主要来自美国。国内方面，华南地区是微芯生物公司主要的销售目的地，占据了微芯生物31.78%的营业收入。国药控股股份有限公司占据了34.48%的销售份额，成为公司最大的客户。

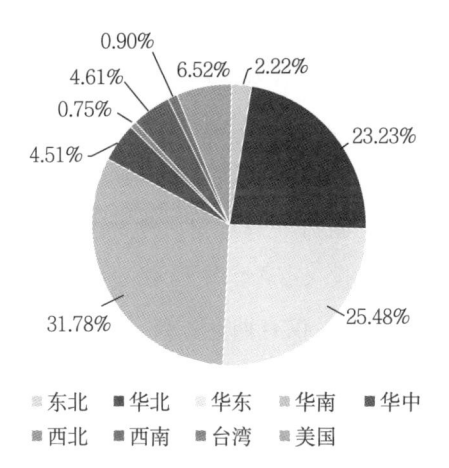

**图9-29　2018年微芯生物主营业务收入地区构成**

资料来源：公司公告，中信建投证券研究发展部。

图 9-30　微芯生物主要客户销售占比

资料来源：公司公告，中信建投证券研究发展部。

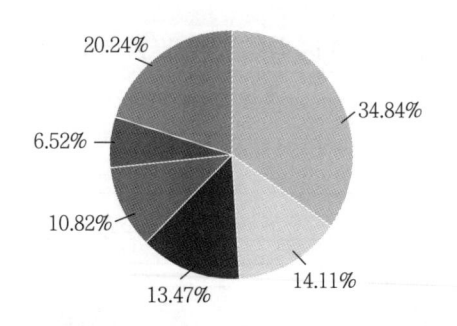

## 四、重视研发投入，多产品同时推进

微芯生物目前拥有中国、美国、日本、欧洲等国和地区 20 项已授权专利，其中西达本胺化合物于 2017 年获得国家知识产权局和世界知识产权组织颁发的"中国专利金奖"。目前微芯生物西达本胺已成功上市，此外微芯生物仍有多项研究项目在开发进行中，主要集中于发现与开发新分子实体且机制新颖的原创新药，包括已上市销售的西达本胺、已完成Ⅲ期临床试验的 PPAR 全激动剂、已开展多个适应证Ⅱ期临床实验的国家 1 类创新药西奥罗尼，此外还有多个新分子实体候选药物，可以预计未来公司将有更多新产品投入市场。

微芯生物目前上市产品仅有西达本胺。微芯生物西达本胺为全球首个亚型选择性 HDAC 抑制剂，全球首个获批治疗外周 T 细胞淋巴瘤（PTCL）的口服药，填补了我国治疗 T 细胞淋巴瘤靶向药物的空白，得到了广大医生、专家和患者的认可，已广泛应用于外周 T 细胞淋巴瘤的临床治疗，为中国外周 T 细胞淋巴患者的二线首选药物。

PTCL作为一种罕见病，我国年新发患者数约为1.3万~1.6万人，传统化疗方案中位数生存期仅5.8个月。西达本胺临床试验数据显示，试验组患者中位数总生存期高达21.4个月，同类可比HDAC抑制剂贝利司他（注射剂）、罗米地辛（注射剂）的中位数总生存期分别为7.9个月、11.3个月。

除此之外，西达本胺的新适应证及境外权益亦值得期待。三阴乳腺癌适应证已申报上市，非小细胞肺癌适应证处于临床Ⅲ期，弥漫大B细胞淋巴瘤处于临床Ⅱ期。2006年10月，微芯生物将美国、日本、欧盟的权益通过"许可费+里程碑收入+收益分成"的技术授权许可方式授权给美国沪亚生物。2013年9月，微芯生物将中国台湾地区权益授权给华上生技。

表9-16　西达本胺境外合作临床进展

| 国家/地区 | 适应证 | 目前进展 | 开发方式 |
| --- | --- | --- | --- |
| 美国 | 联合PD-1用于肺癌、黑色素瘤、肾癌 | 完成临床Ⅱ期 | 沪亚生物授权许可 |
| 日本 | 外周T细胞淋巴瘤（PTCL）、成人T细胞白血病 | 2016年获孤儿药认定，预期2019年申报上市 | 沪亚和日本卫材再授权，微芯按照20%收取后续收益 |
| 中国台湾地区 | 外周T细胞淋巴瘤（PTCL） | 上市申请中 | 华上生技授权许可 |
| | 乳腺癌 | 临床Ⅲ期 | |

资料来源：公司公告，中信建投证券研究发展部。

微芯生物作为创新型生物医药研发企业，在研发能力和创新药产品管线方面处于行业领先地位，微芯生物目前已上市和在研的8个药物均为机制新颖的新分子实体，且全部属于自主研发，遵循药物研发规律。总体来看，微芯生物研发的产品原创性较强，全部为化学1类新药和新分子实体，该公司具备完整的创新药开发能力，未来有希望推出更多原创新药品种。

表 9-17 微芯生物研发项目及研究进展

| 项目名称 | 已取得的进展 |
| --- | --- |
| 西达本胺 | 2014年已上市，并申请乳腺癌适应证新药，同时开展其他适应证临床试验 |
| 西格列他钠 | Ⅱ型糖尿病Ⅲ期临床试验，非酒精性脂肪肝临床前研究 |
| 西奥罗尼 | 卵巢癌、小细胞肺癌、肝癌、非霍奇金淋巴瘤Ⅱ期临床试验 |
| CS12192 | 临床前研究 |
| CS17919 | 临床前研究 |
| CS24123 | 临床前研究 |
| CS17938 | 临床前研究 |
| CS27186 | 临床前研究 |

资料来源：公司公告，中信建投证券研究发展部。

微芯生物近三年研发费用率维持在30%左右，2018年研发费用在0.42亿元左右，为新产品的研发提供足够的资金支持。微芯生物研发费用率远高于同行，同时，微芯生物的员工薪酬近年也出现明显提高的趋势，员工薪酬占总收入比重较大的主要原因为公司作为研发型企业，对管理人员的综合能力要求较高，因此对其支付的薪酬较高，目的在于为创新药的研发打造一流团队。

图 9-31 微芯生物近年研发费用及增长率

资料来源：公司公告，中信建投证券研究发展部。

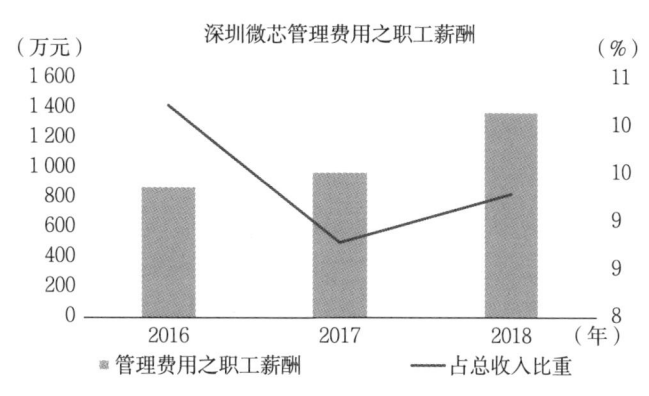

图 9-32 微芯生物职工薪酬及占总收入比重

资料来源：公司公告，中信建投证券研究发展部。

## 五、募投项目：创新研发，助力临床和国际化

微芯生物为原创新分子实体药物创新企业，专注于肿瘤、代谢疾病和免疫性疾病。公司计划发行股票不超过 5 000 万股，募集资金不超过 8.04 亿元，用于创新药物研发、创新药物生产、营销网络建设、偿还银行贷款和补充流动资金项目。

微芯生物专注于原创新分子实体药物研发。公司自成立以来通过自主开发"基于化学基因组学的集成式药物发现及早期评价平台"的核心技术，成功发现与开发了西达本胺片、西格列他钠与西奥罗尼等一系列新分子实体。目前上市销售的西达本胺片市场竞争力强劲，并成功进行海外授权许可，后续有望进一步拓展海外市场。公司目前有多产品在研，未来成功上市后将为公司业绩带来新的增长点。本次微芯生物申请在科创板上市募资，募集资金将致力于为患者提供可承受的、临床亟需的创新机制药物的主营业务，投向科技创新领域。

表9-18 微芯生物科创板募投项目

| 项目名称 | 总投资（万元） | 拟用本次募集资金投入金额（万元） |
|---|---|---|
| 创新药研发中心和区域总部项目 | 30 000 | 18 000 |
| 创新药生产基地项目 | 37 000 | 10 000 |
| 营销网络建设项目 | 10 015 | 10 000 |
| 偿还银行贷款项目 | 9 350 | 9 350 |

资料来源：公司公告，中信建投证券研究发展部。

## 第四节 国盾量子：量子通信产业化的拓荒者与领先者

### 一、公司致力于量子通信技术产业化，系行业核心技术领先者

科大国盾量子技术股份有限公司是我国首家从事量子通信技术产业化的企业。公司成立于2009年5月，发起于中国科学技术大学，专注于量子通信领域。公司以成体系的量子通信领域核心技术与先进的ICT及信息安全技术相融合，凝聚产业力量，构建产业生态，在电信基础设施、大数据、专网与云服务等方面，为各行业、组织和个人提供富有竞争力的量子安全产品和解决方案，是量子通信产业化的开拓者、实践者和引领者。

表9-19 国盾量子公司发展历程大事记

| 时间 | 事件 |
|---|---|
| 2009年5月 | 公司正式成立，从产业"无人区"起步 |
| 2011年7月 | 李克强总理视察公司自主研发的量子保密通信电话 |
| 2012年2月 | 与中科大、新华社联合构建"金融信息量子通信验证网" |

续表

| 时间 | 事件 |
| --- | --- |
| 2014年11月 | 与美国Battelle、瑞士ID Quantique共同发起创立国际量子安全防护工作组QSSWG |
| 2015年10月 | 与阿里巴巴联合发布云量子加密通信产品,全球范围内首次将量子通信技术与云服务结合 |
| 2016年4月 | 习近平总书记查看公司实用化量子通信创新成果 |
| 2016年12月 | 国盾产品在国家量子保密通信"京沪干线"全线部署完毕 |
| 2017年6月 | 为中国通信标准化协会量子通信与信息技术开展标准研究和制定 |

资料来源：公司官网，中信建投证券研究发展部。

根据《上海证券交易所科创板股票发行上市审核规则》，国盾量子公司选择上市审核规则规定的第二套上市标准，即预计市值不低于人民币15亿元，最近一年营业收入不低于人民币2亿元，且最近三年累计研发投入占最近三年累计营业收入的比例不低于15%。国盾量子公司2018年营业收入2.65亿元，最近三年累计研发投入占收比28.73%。

（一）量子通信介绍

提到量子通信，我们首先需要了解什么是"量子"。"量子"是不可再分割的、最小的能量单位。所有的微观粒子，包括分子、原子、电子、光子，都是量子的一种表现形态。实际上，世界是由微观粒子组成的。在微观世界里，有共同来源的两个量子之间存在着"纠缠"关系，无论两者相距多远，只要其中一个量子状态发生变化，另一个量子就会立即"感应"到，并做出相应变化，这被称为"量子纠缠"。

所谓"量子通信"，就是基于"量子纠缠"原理进行信息传递的一种新型通信方式，是经典信息论和量子力学相结合的交叉学科。量子通信最早由美国科学家C.H.贝内特（C.H.Bennett）于1993年提出。量子通信按所传输的信息是经典信息还是量子信息分为两类：一是量子隐形传态，即利用"量子纠缠"效应直接传输量子信息；二是量子密钥分发（QKD），也称量子保密通信，即利用量子态的不可克隆特性来生产量子密码，通过给经典信息加密来解决通信过程中存在的安全问题。

表 9-20　量子通信分类

| 量子通信分类 | 定义 |
| --- | --- |
| 量子隐形传态 | 利用"量子纠缠"效应直接传输量子信息 |
| 量子密钥分发 | 利用量子态的不可克隆特性来生产量子密码，通过给经典信息加密来解决通信过程中可能存在的安全问题 |

资料来源：中国科普博览，中信建投证券研究发展部。

目前，量子密钥分发技术已经基本成熟，正在走向产业化应用阶段。例如我国建设多年的量子通信网络都是基于量子密钥分发技术来实现的。

量子不可克隆、不可分割，因此量子通信是迄今为止唯一被严格证明绝对安全的通信方式。

中国科技大学陈宇翱教授在 2015 年 9 月的《追梦量子世界》演讲中提到，我们当前传统的世界里，最安全的一个信息传递方式就是通过光缆，因为它把所有光的能力都限制在光纤里面，外面得不到能量，所以大家认为这个传输是安全的，如果把光缆沉到几千米的海底，那就更安全了。但是随着科技的发展，现在已经有这么一个装置，只要把光缆往这个装置上盘一盘，就能够让它泄露出来一部分，通过这么一份很小的能量，就可以对光缆进行完全的探测，光缆里传递的信号完全就是透明的了。而量子通信将可以解决通信安全问题。因为量子不可克隆，且存在量子纠缠效应，所以只要信息的传递不超过光速，时间不可反演，比如我们回不到过去，那么量子通信的方式就是无条件安全的。建立量子保密通信的终极目标就是建立覆盖全国、甚至全球的广域量子保密通讯网络。

总体来看，量子通信具有以下三大特点。

一是量子不可克隆。量子力学中，对任意一个未知的量子态进行复制都是不可实现的。

二是量子不可分割。量子是不可再分割的、最小的能量单位。

三是一次一密，完全随机。其工作原理在于把信息编码在一个呈量子态的物体上，比如一个光子。然后按照随机数密钥确定的规律，改变光子的状态。只有正确地按照加密的反顺序改变光子状态,才能解密信息。因为只有传输者和接收者知道用来加密的量子随机密钥，并且这个密钥只使用一次，所以通信过程是完美保密的。

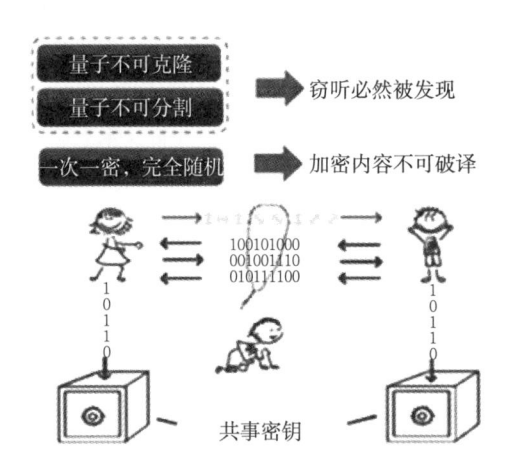

图 9-33　量子通信是原理上无条件安全的通信方式

资料来源：科技传媒，中信建投证券研究发展部。

（二）公司股权结构

国盾量子公司股权结构较为分散，无控股股东。第一大股东为科大控股,持股18.00%。前五大股东的持股比例分别为18.00%、11.01%、7.60%、6.60%、5.67%。目前，国盾量子公司法人股东科大控股与自然人股东彭承志、程大涛、柳志伟、于晓风、费革胜、冯辉为一致行动人，系公司

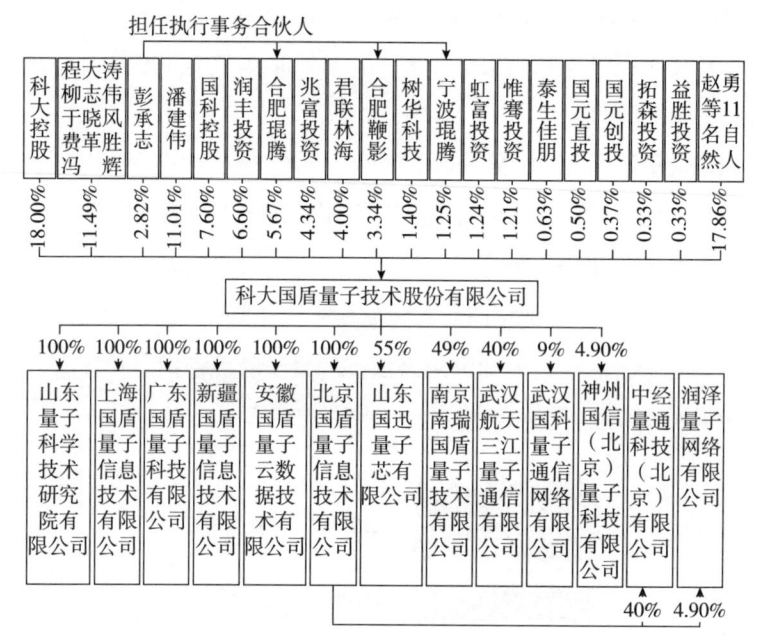

实际控制人,且最近两年内未发生变更。

图 9-34 国盾量子公司股权结构图

资料来源:公司招股说明书,中信建投证券研究发展部。

### (三)公司核心技术突出

国盾量子公司在量子通信领域技术储备雄厚。国盾量子公司技术起源于中国科学技术大学合肥微尺度物质科学家国家研究中心的量子信息研究团队,该团队在量子信息领域取得了一系列有国际影响力的研究成果,获得了2015年国家自然科学奖一等奖、美国科学促进会(AAAS)"2018年度克利夫兰奖"等多个奖项。公司拥有国内外169项量子技术相关专利以及多项领先的非专利技术。当前,公司核心技术的研发围绕量子密钥分发技术以及基于量子密钥分发的密码应用技术开展。量子密钥分发是最先实用化的量子信息技术,是量子通信的重要方向。

表 9-21　国盾量子公司部分产品的核心技术

| 技术名称 | 技术特征 | 成熟阶段 | 相关产品应用 |
| --- | --- | --- | --- |
| 量子密钥中继高效传输技术 | 提供量子密钥中继的方法，包括量子中继密钥触发、量子中继密钥传输、密钥对比确认、密钥存储等，可以有效提高量子密钥中继的效率、安全性等，为量子通信系统中的任意不相邻的节点间中继出对称密钥，提升网络的组网规模 | 持续优化 | 量子密钥管理机系列产品 |
| 兼容量子密钥的 IPSec 协议技术 | 在 IPSec 协议中扩展使用量子密钥，兼容原有 IPSec 协议机制，提高了会话密钥更新的频率，确保了现有 IPSec 协议的安全通信性能 | 成熟稳定 | 量子 VPN、量子加密路由器 |
| QKD 偏振编码调制技术 | 通过保偏偏振耦合器与非正交偏振态的旋转耦合器，不用额外调节偏振，可以进行准确、简便的量子密钥分发系统搭建，并且可以提高系统长期运行的稳定性 | 成熟稳定 | 偏振编码系列 |
| 量子安全服务平台技术 | 基于量子安全服务平台的量子密钥资源，向用户提供认证、加密等高安全解决方案，支持基于量子密钥芯片的移动应用 | 持续优化 | QSS 系列产品 |

资料来源：公司官网，中信建投证券研究发展部。

同时，国盾量子公司创始人及核心管理团队均有深厚的学术背景，在量子通信领域有着极深的研究造诣。公司创始人潘建伟先生为中国科学技术大学常务副校长、中国科学院院士。2019 年，潘建伟院士因为在量子密钥分发、光量子计算等领域的先驱性实验研究贡献，被美国光学学会（OSA）授予"2019 年度伍德奖"。

表 9-22　国盾量子公司部分核心高管简介

| 姓名 | 职位 | 主要经历 |
| --- | --- | --- |
| 彭承志 | 董事长 | 曾任清华大学物理系助理教授，量通有限公司董事长，中科院"量子科学实验卫星"（墨子号）科学应用系统总师和卫星系统副总师。现任中国科学技术大学微尺度物质科学国家研究中心研究员和博士生导师，国家自然科学基金委员会"杰青"，国家重点研发计划首席科学家，美国光学学会会士 |
| 赵勇 | 董事、总裁、总工程师 | 曾任国家 863 计划项目"光纤量子通信综合应用演示网络"主题牵头人，现任中国信息协会第六届常务理事、中国信息协会量子信息分会会长、中国青年科技工作者协会理事、中国通信标准化协会量子通信与信息技术特设任务组量子通信工作组组长、密码行业标准化技术委员会委员 |

资料来源：公司官网，中信建投证券研究发展部。

## 二、公司主打量子保密通信产品，解决方案应用广泛

（一）主营业务，产品结构介绍

国盾量子公司主要产品包括量子保密通信网络核心设备、量子安全应用产品、核心组件以及管理与控制软件四大门类，覆盖了量子通信软硬件、系统解决方案。

量子保密通信网络核心设备用于建立量子密钥分发链路，实现建链控制、链路汇接、链路切换、多链路共纤以及密钥多路由交换和管理等功能，形成远距离覆盖、多链路组网的能力，并为全网终端按需提供量子密钥。量子安全应用产品从量子通信网络获得量子密钥，为固网 / 移动终端、用户等提供加密传输、身份认证等服务。核心组件主要应用于 QKD 设备，也可应用于量子信息的其他领域，例如微弱光探测、随机数产生、量子力学实验演示等教学与科研仪器。管理与控制软件用于各种量子保密通信网络的网络 / 网元管理和控制。

## （二）公司已落地项目

国盾量子公司的软硬件产品已经应用于光纤量子保密通信网络和星地一体广域量子保密通信地面站的建设中。组网及量子安全应用方案应用于政务、金融、电力、国防等行业。

目前国盾量子公司已推出较多整套解决方案，包括移动办公解决方案、金融支付解决方案、网络电话解决方案以及物联网解决方案。落地项目包括量子保密通信"京沪干线"技术验证及应用示范项目、融合量子通信技术的合肥电子政务外网项目、阿里巴巴OTN量子安全加密系统项目、工商银行千公里网上银行京沪异地数据量子加密传输项目等。

## 三、公司业绩略有波动，体现行业特点

国盾量子公司2016—2018年主要财务指标如下表所示。

表9-23　2016-2018年国盾量子主要财务指标

| 项目 | 2016年 | 2017年 | 2018年 |
| --- | --- | --- | --- |
| 营业收入（百万元） | 227.15 | 283.66 | 264.67 |
| 增长率 | —— | 24.88% | -6.69% |
| 归母净利润（百万元） | 58.75 | 74.31 | 72.49 |
| 增长率 | —— | 26.49% | -2.45% |
| 扣非归母净利润（百万元） | 29.86 | 30.73 | 23.00 |
| 增长率 | —— | 2.91% | -25.15% |
| 毛利率 | 67.4% | 68.16% | 74.33% |
| 净利率 | 25.87% | 26.20% | 27.16% |
| 销售费用率 | 7.10% | 10.62% | 11.63% |
| 财务费用率 | -1.67% | -2.26% | -1.79% |
| 管理费用率 | 45.29% | 49.90% | 56.48% |
| 资产负债率 | 28.66% | 28.03% | 26.49% |
| 研发费用率 | 23.41% | 25.89% | 36.35% |

资料来源：公司招股说明书，中信建投证券研究发展部。

国盾量子公司近年营收有波动，系行业特点所致。公司 2017 年度营业收入达到 2.8366 亿元，同比增长 24.88%，2017 年度净利润较 2016 年度增加 1 556 万元，同比增长 26.49%，2018 年全年营业收入达到 2.6467 亿元，同比下滑 6.69%，实现净利润 0.7249 亿元，同比下滑 2.45%。公司业绩波动主要源自行业特性。我国量子通信行业目前处于推广期，公司产品目前致力于量子保密通信网络建设以及行业应用。由于用户对量

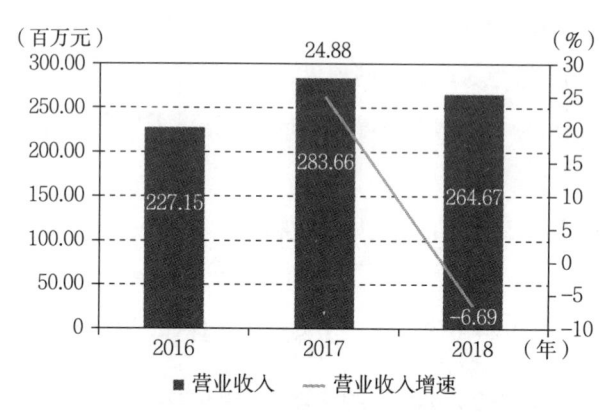

**图 9-35　国盾量子公司近三年营业收入及其增速**

资料来源：公司招股说明书，中信建投证券研究发展部。

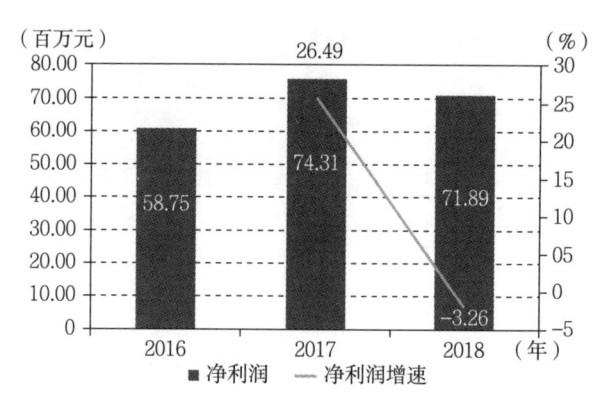

**图 9-36　国盾量子公司近三年归母净利润及其增速**

资料来源：公司招股说明书，中信建投证券研究发展部。

子保密通信网络的规划和需求不同，量子保密通信网络推进的时间和进度存在不确定性，造成对量子通信产品的采购需求呈现一定的波动。

国盾量子公司扣非前后业绩差异较大，主要是因为政府补助的影响。公司2018年扣非后归母净利润为0.23亿元，而扣非前归母净利润为0.7249亿元，差值为0.4949亿元，占扣非前归母净利润的比重达到68.27%。2016年和2017年这一比例分别为49.17%和58.64%。因为公司所从事的量子通信产业是国家战略新兴产业，得到国家大力支持，获得了国家和地方政府多项专项资金、科研经费。公司2016—2018年计入当期损益的政府补助分别为2 888.95万元、4 050.75万元和4 922.92万元。若未来政府补贴政策发生变化，将会对公司的利润水平产生一定的影响。

国盾量子公司研发投入持续较快增长。2016—2018年，公司累积研发投入金额为2.23亿元，占其累积营业收入的比重为28.73%，年复合增长率达到21.87%。其中，公司2018年研发费用在0.96亿元左右，较2017年增长31.00%，为公司的核心技术研发提供了较大的资金支持。

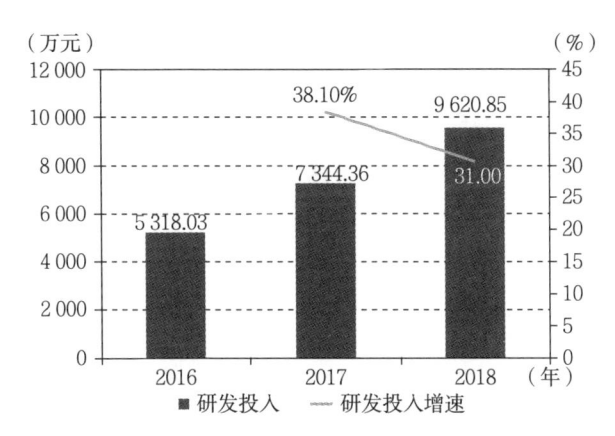

**图9-37　国盾量子公司近三年研发收入及其增速**

资料来源：公司招股说明书，中信建投证券研究发展部。

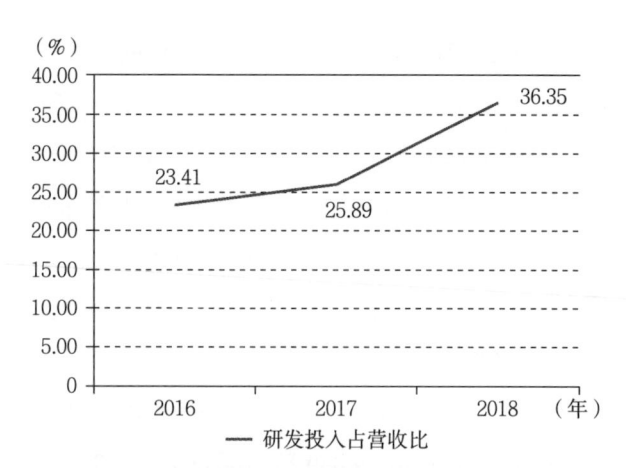

图 9-38　国盾量子公司近三年研发投入占营收比

资料来源：公司招股说明书，中信建投证券研究发展部。

国盾量子公司毛利率维持在较高水平且持续走高。一方面是因为，国盾量子公司是国内首家从事量子通信领域的公司，多来年市场占有率保持国内第一，议价能力强；另一方面是因为，国盾量子公司聚焦于提供量子通信产品，多年的技术积累以及客户相对固定，使得其营业成本下降，故毛利率水平较高。

量子保密通信产品是国盾量子公司的主要营收来源。2016—2018年，量子保密通信产品占公司总营收比重均在95%以上。而在量子保密通信产品中，QKD产品又是其主要营收来源，2016—2018年占量子通信保密产品收入的比例均在60%以上，但波动较大。

国盾量子公司客户集中度高。2016—2018年，国盾量子公司向前五大客户销售的点收入占营业收入的比例分别为82.87%、73.59%和80.75%，客户集中度高。2016—2018年，公司第一大客户为神州数码系统集成服务有限公司，公司对其销售收入占营业收入的比例分别为34.21%、21.14%和57.90%。由于量子通信行业仍处在产业化初期，参与企业较少，而神州数码系统集成服务有限公司是目前服务于量子保密通信网络建设方的主要系统集成商,故公司对其销售收入占总营收比重较高。

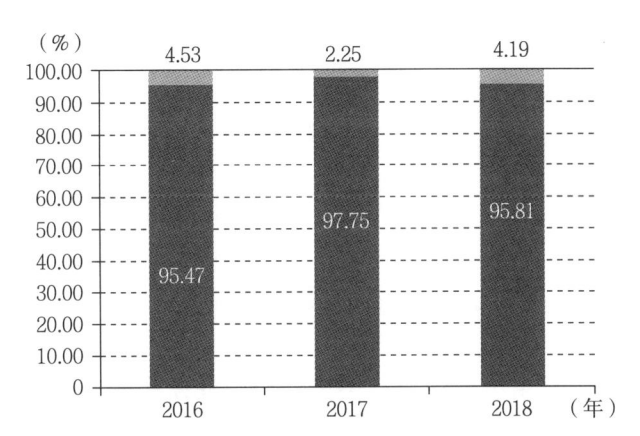

图 9-39　国盾量子公司近三年各产品线营收占比情况

资料来源:公司招股说明书,中信建投证券研究发展部。

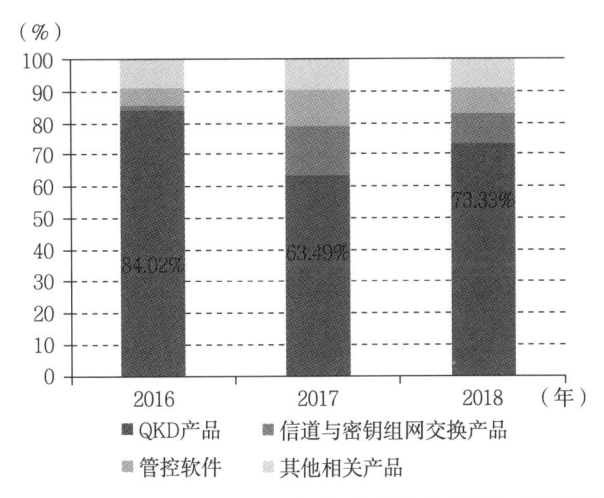

图 9-40　国盾量子公司近三年量子通信各产品销售占比情况

资料来源:公司招股说明书,中信建投证券研究发展部。

表9-24 国盾量子公司2018年对前五大客户销售情况

| 客户名称 | 金额（万元） | 占销售收入的比例（%） |
|---|---|---|
| 神州数码系统集成服务有限公司 | 15 325.28 | 57.90 |
| 国家信息通信国际创新园管理委员会 | 2 577.97 | 9.74 |
| 陕西国光科华信息科技有限公司 | 1 463.87 | 5.53 |
| 宿州市发展和改革委员会（物价局） | 1 011.66 | 3.82 |
| 国科量网 | 996.41 | 3.76 |
| 合计 | 21 375.20 | 80.75 |

资料来源：公司招股说明书，中信建投证券研究发展部。

## 四、量子通信安全优势明显，但仍处于产业化初期

### （一）量子通信正在走向产业化

量子保密通信技术自1984年提出以来，在20世纪末开始通过实验实现。2005年，诱骗态方案提出后，单量子光源不理想的瓶颈问题被克服，量子保密通信的安全距离大幅提升，实验技术自此开始了快速的发展，并逐步走向实用化、产业化。近十年来，量子保密通信的实验和工程技术不断突破，城域网技术逐渐成熟，美国、中国、欧洲、日本等地多个城域网建成。

量子通信应用场景广阔，保密通信是现阶段可行业务。量子通信近些年的应用主要集中在利用QKD链路加密的数据中心防护、量子随机数发生器，并且延伸到了政务、国防等特殊领域的安全应用。未来，随着QKD组网技术成熟，终端设备趋于小型化、移动化，量子通信还将扩展到电信网、企业网、个人与家庭、云存储等更广阔的应用领域。长远来看，随着量子卫星、量子中继、量子计算、量子传感等技术取得突破，通过量子通信网络将分布式的量子计算机和量子传感器连接，还将产生量子云计算、量子传感网等一系列全新的应用。

第九章 科创板首批优秀企业案例

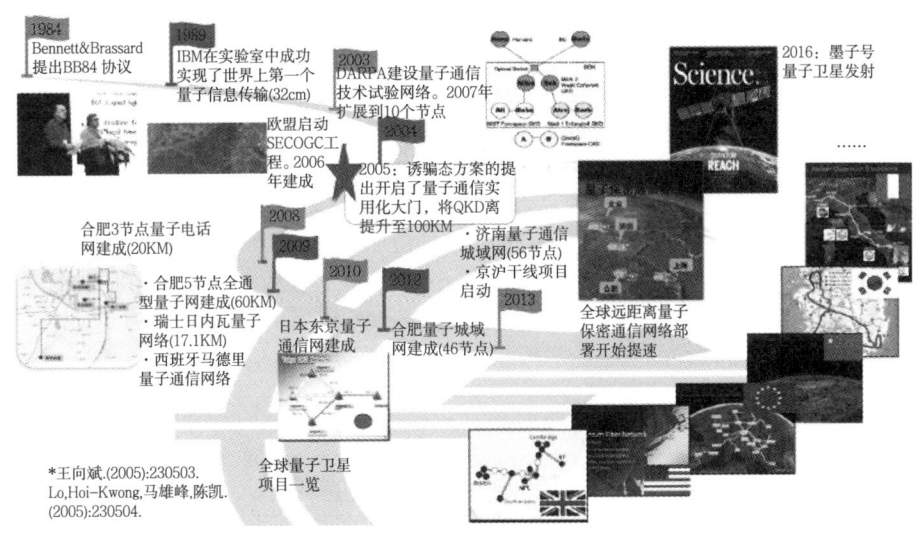

**图 9-41 量子保密通信发展重要节点**

资料来源：中国通信标准化协会，中信建投证券研究发展部。

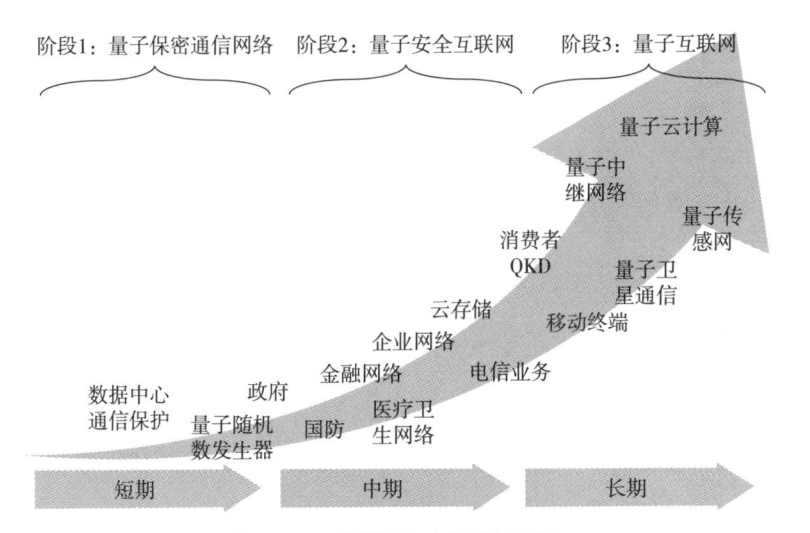

**图 9-42 量子通信应用发展展望**

资料来源：中国通信标准化协会，中信建投证券研究发展部。

根据 Garther 的数据，2016—2021 年全球信息安全市场预计将以 8.1%

的复合年增长率增长，到2021年将达到1 330.2亿美元。中国2017年网络安全产业规模约为31.7亿美元，增速为15.7%。预计到2020年，我国信息安全市场规模将达到68.41亿美元，2015—2020年的复合增长率将达到20.60%。其中，安全硬件、安全软件和安全服务的市场规模分别为14.52亿美元、5.57亿美元和6.72亿美元，占中国信息安全市场规模的比例分别为54.20%、20.80%、25.00%。2015—2020年安全硬件的市场规模

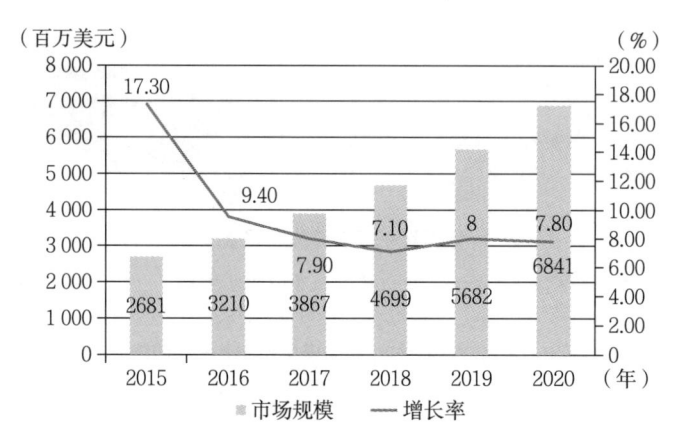

图9-43 全球信息安全产业规模（百万美元）

资料来源：Garther，中信建投证券研究发展部。

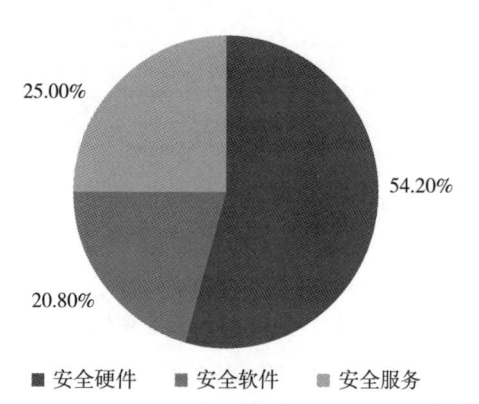

图9-44 2015年信息安全细分市场占市场总规模比

资料来源：中国产业信息网，中信建投证券研究发展部。

仍将占我国信息安全市场的主要部分。

(二)量子通信行业目前仍处于产业化初期

目前,量子保密通信行业仍处于产业化初期,存在一定的不确定性。在底层技术、产业链建设、市场生态培育方面都面临着一些挑战。

底层技术方面。量子保密通信的核心——量子密钥分发技术处理的是单量子级别的微观物理对象,高量子效率的单光子探测、高精度的物理信号处理、高信噪比的信息调制、保持和提取等底层技术的突破在较大程度上依赖于新材料、新工艺、新方法的研究和微纳加工集成领域的支撑,有较高的技术难度和不确定性,还面临着高投入、高风险、国际技术竞争和技术限禁等不利局面。

产业链建设方面。量子保密通信作为新兴尖端技术,其形成产业、发展壮大所需要的产学研支撑目前还不够均衡、力量不够饱满,工业界参与量子保密通信底层核心技术研究的力量不足;掌握产品研发核心技术的企业数量较少,供应能力有限;部分核心元器件的国产供应还不全面、选择较少甚至处于空白状态;产品和应用缺少全面、体系化的解决方案,应用领域的联合研究和基础设施的建设才刚刚起步,产业链存在明显薄弱环节。

市场生态培育方面。一方面,目前量子保密通信技术仍然具有一定的"神秘感",有安全需求的行业用户对于应用量子保密通信的方法和保障程度还缺少充分认识;另一方面,行业标准、资质、测评、认证等体系目前基本处于空白状态,亟待建设。

总体来说,量子保密通信的市场生态还处于比较脆弱的幼苗阶段。类似于计算机、互联网等行业的发展初期,量子保密通信需要时间来通过应用、推广、认证、监管以形成市场互动,推动产业不断升级。

## 五、募投介绍与估值分析

### (一) 募投介绍

国盾量子公司计划发行股票不超过 2 000 万股,占发行后总股本的 25%。公司募资拟投向"量子通信网络设备项目"与"研发中心建设项目",这两个募投项目拟需要募集资金约 3.04 亿元(不代表最终的募资额)。招股说明书明确,若发行的实际募集资金净额超过上述项目拟投入募集资金总额,超过部分将用于与公司主营业务相关的营运资金,重点投向:一、前沿技术研发,包括高性能 QKD 技术、实用化星地量子通信系统研究、新型 QKD 协议关键技术研究、量子通信芯片化技术等;二、城域网建设租赁业务,投向此业务有望推动公司增强盈利能力。

表 9-25 国盾量子公司科创板募投项目

| 序号 | 项目名称 | 投资总额(万元) | 拟使用募集资金金额(万元) |
|---|---|---|---|
| 1 | 量子通信网络设备项目 | 25 674.17 | 25 674.17 |
| 2 | 研发中心建设项目 | 4 689.06 | 4 689.06 |
| 合计 | | 30 363.23 | 30 363.23 |

资料来源:公司招股说明书,中信建投证券研究发展部。

国盾量子募集资金所投资的"量子通信网络设备项目"主要用于生产远距离 QKD 产品、高速时间相位 QKD 产品、城域 QKD 集控站产品、接入端桌面式 QKD 产品等。如果募投成功,将加强公司的科技创新能力,充实技术储备,保持并扩大公司技术和产品领先优势,为国盾量子公司业务开展提供技术支持。

## （二）估值分析

国盾量子公司本次 IPO 选择了第二套上市标准，即预计市值不低于人民币 15 亿元，最近一年营业收入不低于人民币 2 亿元，且最近三年累计研发投入占最近三年累计营业收入的比例不低于 15%。

我们认为，国盾量子公司属于量子通信设备制造商，目前没有可直接对标的上市公司，但从业务属性上可以对标两类公司：一类是通信网络设备商，如中兴通信、烽火通信、光迅科技、紫光股份等；另外一类是公司在招股说明书中选择的密码产品提供商，如卫士通、飞天诚信、中孚信息、格尔软件等。

在具体估值中，我们建议基于国盾量子公司的产业化前景、国家战略、技术壁垒以及行业竞争地位，适当给予估值溢价，但也需要注意目前公司的非经常性利润（政府补贴）较高带来的影响。

# 第五节　中微公司：科创半导体设备龙头

## 一、半导体设备科创龙头

成立 15 年，专注半导体设备。中微公司于 2004 年成立，主要从事半导体设备的研发、生产和销售，包括半导体集成电路制造、先进封装、LED 生产、MEMS 制造等设备。公司设备具有较强的市场竞争力，正是由于中微公司开发出与美国设备公司具有同等质量和相当数量的等离子体刻蚀设备并实现量产，美国商务部在 2015 年宣布解除了对我国等离子体刻蚀设备多年的出口管制，是保证国内半导体供应链安全的中坚力量。

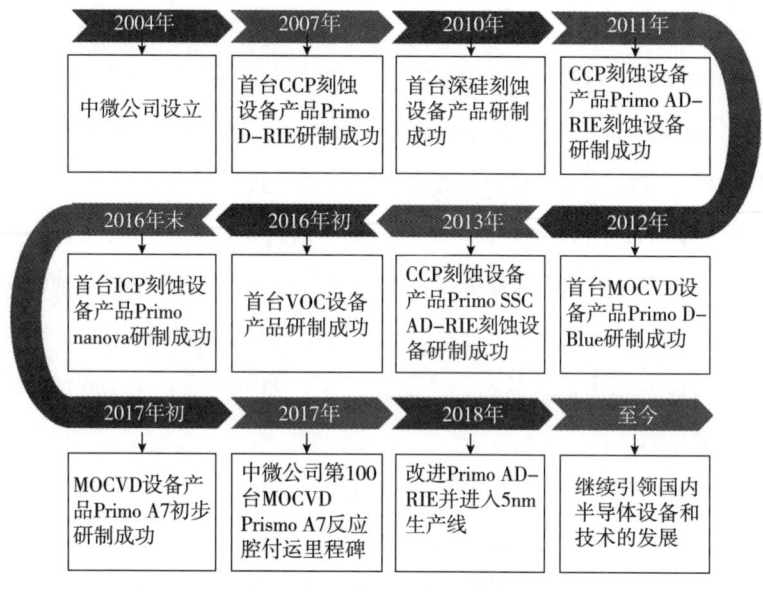

图 9-45 中微公司发展历程

资料来源：招股说明书，中信建投证券研究发展部。

以刻蚀设备和 MOCVD 为主，产品已广泛应用于国际一线客户。从 2004 年成立开始，中微公司专注于集成电路设备的研发和制造，主要包括等离子刻蚀设备、MOCVD 等。首先，等离子体刻蚀设备已被广泛应用于国际一线客户，覆盖 65nm—14nm、7nm、5nm 集成电路加工制造及先进封装；其次，中微公司 2010 年开始研发 MOCVD，已经开发了三代 MOCVD 设备，主要用于蓝绿光 LED 和功率器件等的生产加工，2017 年公司 MOCVD 设备出货量已经超过 100 台，在行业领先的客户生产线上投入量产。2018 年，中微公司在美国领先的半导体产业咨询公司 VLSI Research 对全球半导体设备公司的"客户满意度"调查和评比中，综合评分排名为全球第三；在单项设备评比中，其等离子体刻蚀设备名列第二，薄膜沉积设备名列第一，展现了中微公司产品全球领先的竞争力和市场认可度。

表 9-26　公司主要设备介绍

| | 型号 | 推出时间 | 特点 | 应用领域 |
|---|---|---|---|---|
| 电容性刻蚀设备 | Primo D-RIE | 2007 年 | 双反应台多反应腔主机系统，可灵活装置多达三个双反应台反应腔。每个反应腔都可以在单晶圆反应环境下同时加工两片晶圆。由于其较高的成本效率和卓越的芯片加工性能，成功获得客户认可并投入生产线 | 65nm-16nm 集成电路制造 |
| | Primo AD-RIE | 2011 年 | 应用了更多创新设计，包括采用了可切换的低频射频发生器、上电极气流分布以及下电极温度调控的优化设计。可灵活装置多达三个双反应台反应腔。该产品具备能够满足新一代芯片器件制造需求的先进性能 | 45nm-7nm 逻辑集成电路制造 |
| | Primo AD-RIE-e | 2017 年 | 在 Primo AD-RIE 的基础上改进了静电吸盘，达到四分区单独温控并有动态调温的功能 | 7nm 以下逻辑集成电路制造 |
| 电容性刻蚀设备 | Primo SSC AD-RIE | 2013 年 | 可支持六个完全独立可控的单反应台腔体，并具有高射频功率、高副产物排出速率，以达到高深宽比孔、槽的刻蚀要求 | 16nm 以下 2D 闪存芯片制造 |
| | Primo SSC HD-RIE | 2016 年 | 在 Primo SSC AD-RIE 的基础上，进一步优化刻蚀反应气体的气流分布、改进了下电极的设计，可以实现超高脉冲射频功率，以达到更高深宽比孔、槽的刻蚀要求 | 64nm 及以上 3D 闪存芯片制造 |
| 电感性刻蚀设备 | Primo TSV | 2010 年 | 深硅刻蚀设备，每台系统可配置多达三个双反应台的反应腔。该产品具备预热反应台、晶圆边缘保护环、低频射频脉冲等多种功能，为深硅刻蚀应用提供所需要的高技术、灵活性和生产能力 | 深硅刻蚀应用，包括先进封装、CMOS 图像传感器、MEMS、功率器件和等离子切割等 |

续表

| | 型号 | 推出时间 | 特点 | 应用领域 |
|---|---|---|---|---|
| 电感性刻蚀设备 | Primo nanova | 2016年 | 可配置多达六个刻蚀反应腔、两个可选的除胶反应腔。刻蚀反应腔采用了轴对称设计,具有高反应气体通量。电感耦合线圈采用了三维立体电感耦合线圈、轴对称腔体设计。反应腔内壁由高致密性、耐等离子体侵蚀材料构成,以实现良好的工艺重复性和生产率。设备采用了多区细分的高动态范围温控静电吸盘,以达到较高的刻蚀均匀性 | 14nm及以下的逻辑电路;19nm及以下存储器件和3D闪存芯片制造 |
| MOCVD | Prismo D-Blue | 2013年 | 可配置4个19英寸的反应腔,同时加工232片2英寸晶片或56片4英寸晶片,工艺能力还能延展到生长6英寸和8英寸外延晶片。每个反应腔都可独立控制 | 蓝绿光LED外延片及功率器件生产 |
| MOCVD | Prismo A7 | 2017年 | 可配置4个28英寸的反应腔,同时加工136片4英寸晶片或56片6英寸晶片,工艺能力还能延展到生长8英寸外延晶片。每个反应腔都可独立控制,双区喷淋头可实现更好的厚度和组分均匀性。该设备每个反应腔的产量是Prismo D-Blue的2倍以上 | 蓝绿光LED外延片生产 |
| 其他设备 | VOC设备 | 2016年 | 设备采用机电一体化、半导体等级的人机防护,具有独特的在线浓度监测功能,能远程实时管理和智能控制,并可根据客户的要求灵活配置不同处理规模的系统,提供给客户可靠、稳定、安全和节能的VOC净化解决方案 | 平板显示生产线等工业用的空气净化 |

资料来源:招股说明书,中信建投证券研究发展部。

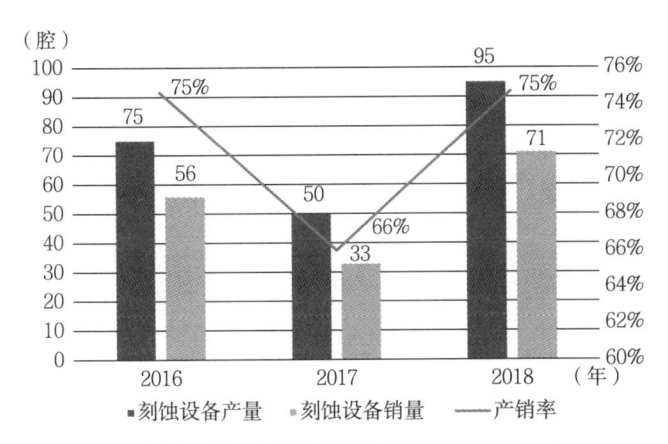

**图 9-46　中微公司刻蚀设备产销情况**

资料来源：招股说明书，中信建投证券研究发展部。

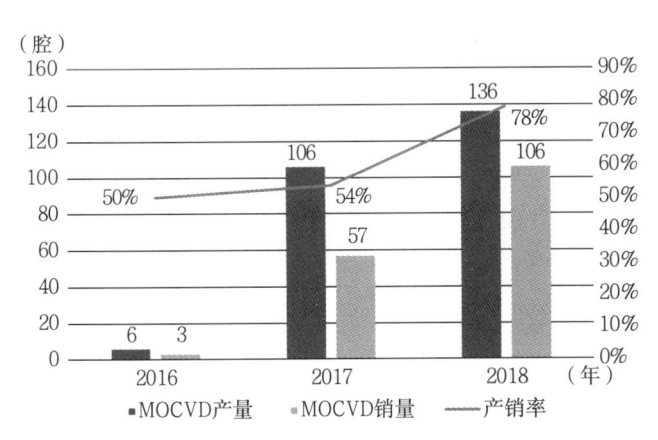

**图 9-47　公司 MOCVD 产销情况**

资料来源：招股说明书，中信建投证券研究发展部。

## 二、股权结构合理，国资和员工持股占主导地位

国资持股 45%，为实际第一大股东。截至 2019 年 3 月 15 日，中微公司国有股东共 4 名，分别为上海创投、巽鑫投资、国开创新和浦东新兴。上述 4 家国有股东在证券登记结算公司登记的证券账户将标注

233

"SS"标识。4家国有股东合计持有中微公司216 098 913股股份，占总股本的44.89%。其次，845名发行人在职、离职员工直接或间接合计持有发行人94 509 140股股份，占发行人股份总数的19.63%，包括员工通过境内员工持股平台（南昌智微、励微投资和芃徽投资）和境外员工持股平台（Bootes、Grenade和中微亚洲）的间接持股以及8名自然人的直接持股。此外，因历史原因和出于员工个人意愿，部分员工保留了其在中微开曼的期权，期权份额共1 645 800份，对应中微亚洲直接持有的发行人2 074 096股股份，占发行人股份总数的0.43%。

中微公司董事11人中，国资、团队和独董合计8人，超过董事总人数的2/3：上海创投和巽鑫投资为公司第一和第二大股东，持股比例分别为20%和19%，差距不大，公司无实际控制人。截至招股书发布日，公司共有董事11人，其中董事长、总经理尹志尧和副总经理陈志游为公司团队人员，沈伟国和朱民为国资背景董事，陈大同、陈世敏、孔伟和张卫为独立董事；公司团队、国资董事、独立董事合计8人，占董事总人数的2/3以上，创始团队具有较强话语权。

研发持续投入，营收高速增长

研发人员240人，占比37%。截至2018年末，中微公司共有研发和工程技术人员381名，占员工总数的58%。其中，中微公司的创始人、董事长及总经理尹志尧博士在半导体芯片和设备产业有35年行业经验，是国际等离子体刻蚀技术发展和产业化的重要推动者。尹志尧博士是89项美国专利和200多项其他海内外专利的主要发明人。2018年美国VLSI Research的全球评比中，中微公司董事长尹志尧博士与英特尔董事长、格罗方德CEO等一起被评为2018年国际半导体产业十大领军明星。中微公司的其他联合创始人、核心技术人员和重要的技术、工程人员，包括杜志游博士、倪图强博士、麦仕义博士、杨伟先生、李天笑先生等160

多位各专业领域的专家，其中很多是在国际半导体设备产业耕耘数十年，为行业发展做出杰出贡献的资深技术和管理专家。技术积淀深厚，稳定的研发团队是公司的核心所在，公司研发团队积淀深厚，有望持续引领行业。

研发持续投入，技术领先的必要条件。中微公司主营半导体设备的研发涉及等离子体物理、射频及微波学、结构化学、微观分子动力学、光谱及能谱学、真空机械传输等多种科学技术及工程领域学科知识的综合应用，具有产品技术升级快、研发投入大、研发周期长、研发风险高等特点。2016—2018年公司研发投入不断增加，从3.02亿元增加到4.04亿元，复合年均增长率为15.6%，是公司技术领先的必要条件。自公司设立至2019年2月末，公司申请了1 201项专利：发明专利1 038项，其中海外发明专利465项；已获授权专利951项，其中发明专利800项。公司在与国际半导体设备领先公司数轮的商业秘密和专利诉讼中均达成和解或胜诉，以事实结果证明了公司扎实的自主知识产权基础和应对国际复杂知识产权挑战的能力。

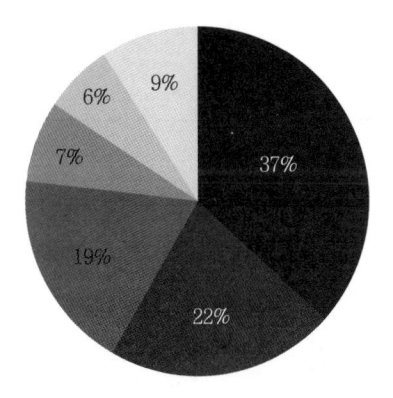

■研发人员 ■工程技术人员 ■管理人员 ■销售人员 ■生产人员 ■其他

**图9-48　中微公司研发人员占比37%**

资料来源：招股说明书，中信建投证券研究发展部。

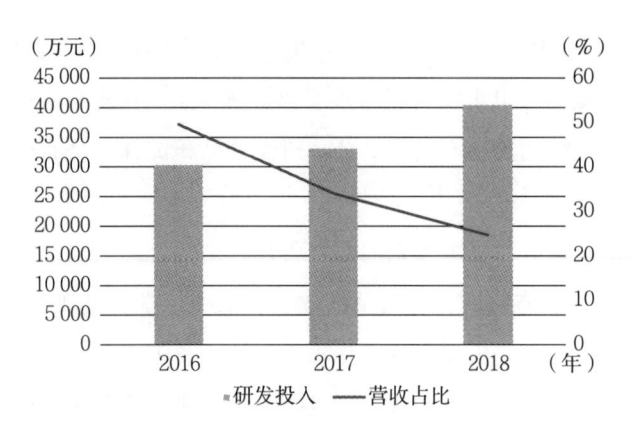

图 9-49 中微公司研发投入占比行业领先

资料来源：招股说明书，中信建投证券研究发展部。

营收高速增长，毛利率略有下滑。2016—2018 年中微公司营业收入高速增长，从 2016 年的 6.1 亿元增长到 2018 年的 16.4 亿元，复合年均增长率 64%；归母净利润从 2016 年的亏损 2.4 亿元，增长到 2018 年的盈利 9 087 万元，扭转了大幅亏损的局面。与此同时，公司的毛利率从 2016 年的 42.52% 下滑到 2018 年的 35.50%，近三年呈逐步下滑的趋势，我们认为这与中微公司经营战略有较大关系。

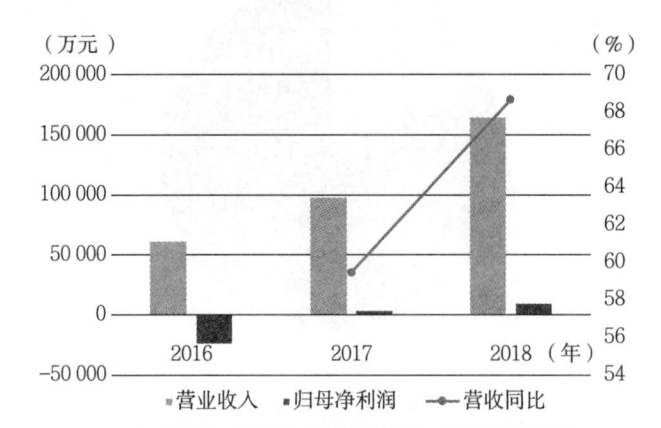

图 9-50 中微公司营收及其复合年均增长率

资料来源：招股说明书，中信建投证券研究发展部。

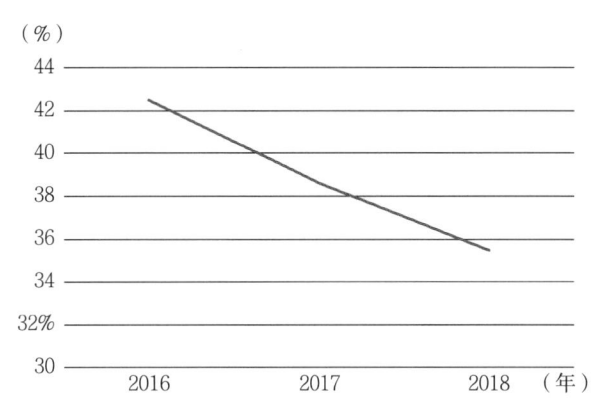

图 9-51　中微公司毛利率

资料来源：招股说明书，中信建投证券研究发展部。

销售与管理费用占比逐步降低，效率提升。2016—2018 年中微公司的管理费用和销售费用分别从 1.32 亿元、5 715 万元增长到 2.16 亿元和 1.31 亿元，费用绝对额增长较多，但是销售费用、管理费用营收占比分别从 2016 年的 21.7% 和 9.4% 下降到 2018 年的 13.2% 和 8.0%，反映出公司销售和管理效率不断提高。未来随着中微公司产品不断被市场接受，单品出货量不断增加，公司销售和管理费用率有望进一步下降。

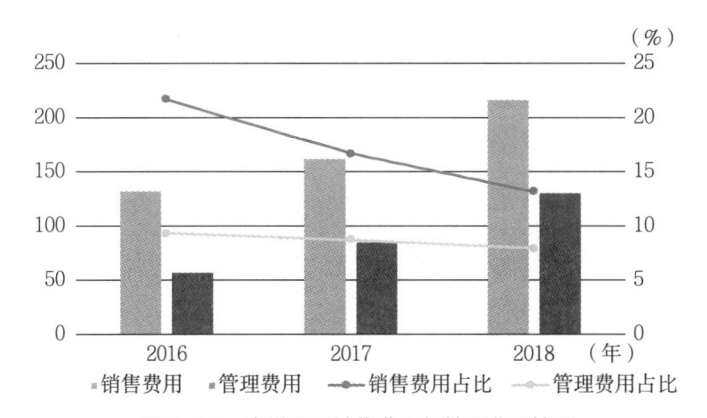

图 9-52　中微公司销售费用与管理费用情况

资料来源：招股说明书，中信建投证券研究发展部。

## 三、半导体设备为产业基础，成长空间巨大

### （一）半导体产业规模巨大，国产化率低

国内半导体需求快速上升，过去10年CAGR 11.8%。从历史上看，半导体行业遵循螺旋式上升规律，新科技推动行业屡获新生。进入21世纪以后，市场日趋成熟，随着PC、手机、液晶电视等消费类电子产品市场渗透率不断提高，行业增速逐步放缓。近年在以物联网、可穿戴设备、云计算、大数据、新能源、医疗电子和安防电子等为主的新兴应用领域强劲需求的带动下，全球半导体产业恢复增长。根据WSTS统计，2013—2018年，全球半导体市场规模从3 056亿美元迅速提升至4 688亿美元，年均复合增长率达到8.93%。国内IC市场从2008年的510亿美元增长到2018年的1 550亿美元，2010年CAGR 11.8%。

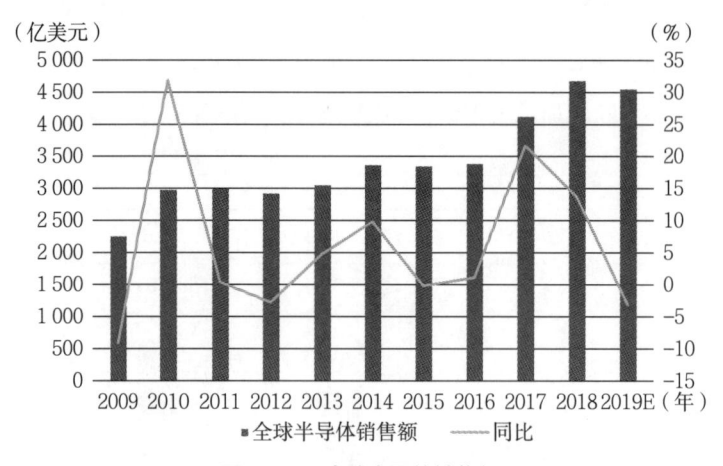

**图9-53 全球半导体销售额**

资料来源：WSTS，中信建投证券研究发展部。

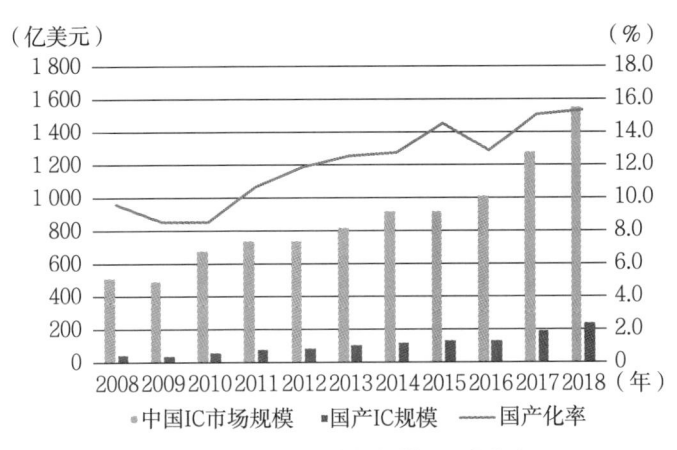

图9-54 国内IC市场规模及国产化率

资料来源：Ic Insight，中信建投证券研究发展部。

半导体为基石产业，自主可控要求强烈，根据国际货币基金组织测算，每1美元半导体芯片的产值可带动相关电子信息产业10美元产值，并带来100美元的GDP，这种价值链的放大效应奠定了半导体行业在国民经济中的重要地位。半导体与信息安全的发展进程息息相关，世界各国政府都将其视为国家的骨干产业。国内半导体自产率虽然逐年上升，但2018年也仅达到15%的水平，未来国产化替代空间广阔。

半导体设备为产业链基础，战略地位不言而喻。中微公司所处的半导体设备行业属于半导体产业链的上游核心环节之一，根据半导体行业内"一代设备，一代工艺，一代产品"的经验，半导体产品制造要超前电子系统开发新一代工艺，而半导体设备要超前半导体产品制造开发新一代产品。因此公司所处半导体设备行业是半导体芯片制造的基石，支撑了整个现代电子信息产业，是半导体行业的基础和核心。全球半导体设备市场目前主要由国外厂商主导，行业呈现高度垄断的竞争格局。根据VLSI Research的统计，2018年全球半导体设备系统及服务销售额为811

亿美元，其中前五大半导体设备制造厂商由于起步较早，凭借资金、技术、客户资源、品牌等方面的优势，占据了全球半导体设备市场 65% 的市场份额。我国目前半导体产线设备主要依赖进口，供应链安全外部风险较大，对自有设备诉求强烈。

  半导体设备短期受贸易战、去库存压制，不改上期向上趋势。2013 年以来，随着全球半导体行业整体景气度的提升，半导体设备市场也呈增长趋势。根据 SEMI 的统计，全球半导体设备销售额从 2013 年约 318 亿美元增长至 2018 年预估 621 亿美元，年均复合增长率约为 14.33%，高于同期全球半导体器件市场规模的增速。2018 年三季度以来受贸易战、去库存影响，全球半导体销售额呈现较大压力，第四季度全球半导体销售额月度增速同比大幅度下降，并从 12 月开始出现同比下滑，并持续 2 个月。北美半导体设备销售额自 2018 年 11 月开始已经连续 3 月同比下滑。我们认为本次半导体景气度下行主要是受两方面原因影响：一是 4G 向 5G 过渡时期，短期设备更新换代需求受到压制，二是受贸易战等影响的风险偏好下降。两方面均属于短期因素，未来随着 5G、AI、物联网等应用的爆发，行业必将恢复增长，行业长期向上趋势值得看好。

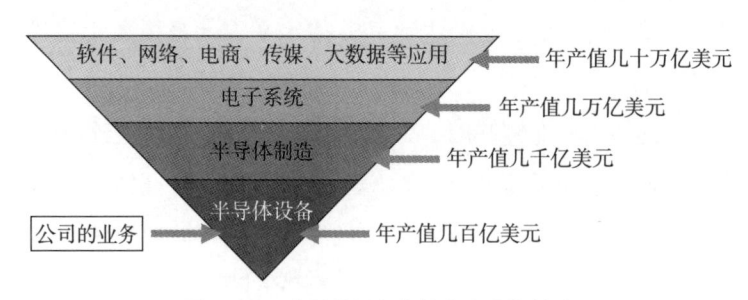

图 9-55　半导体设备为信息产业的基础

资料来源：招股说明书，中信建投证券研究发展部。

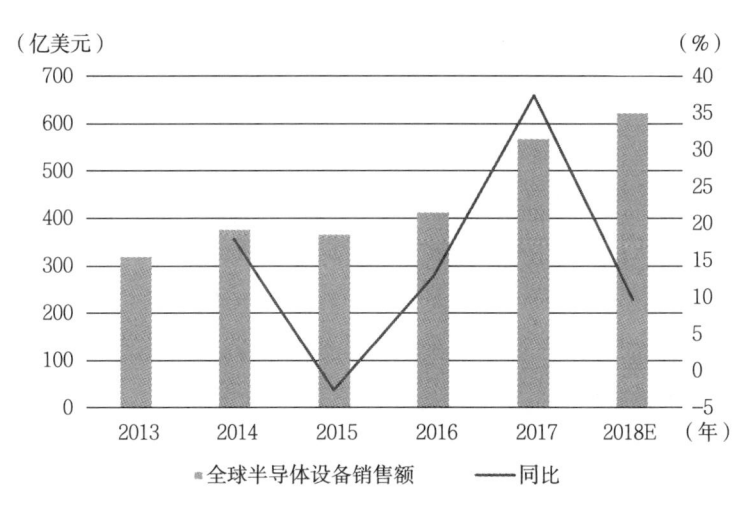

图9-56 全球半导体设备销售额

资料来源：SEMI，中信建投证券研究发展部。

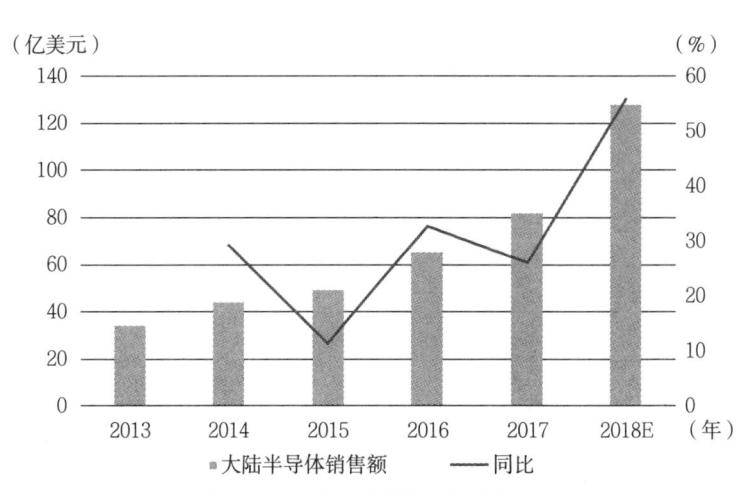

图9-57 我国半导体设备销售额

资料来源：SEMI，中信建投证券研究发展部。

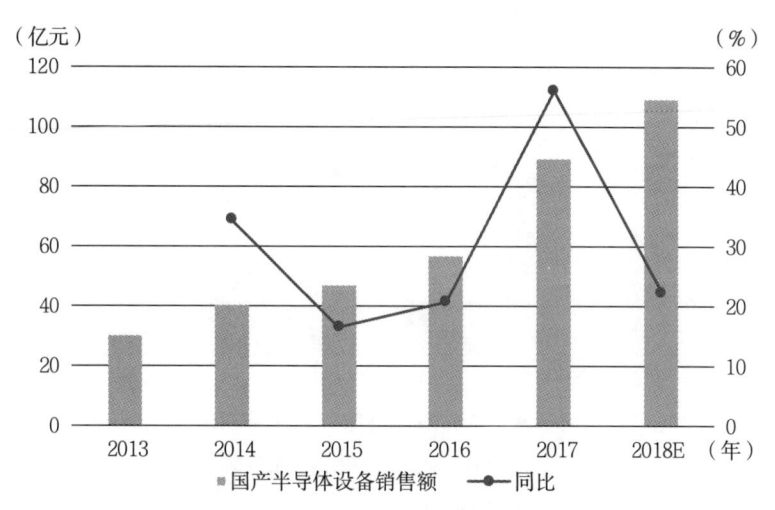

图 9-58　国产半导体设备销售额

资料来源：中国电子专用设备工业协会，中信建投证券研究发展部。

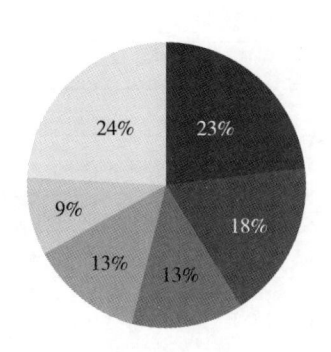

图 9-59　2017 年刻蚀设备在晶圆设备占比情况

资料来源：SEMI，中信建投证券研究发展部。

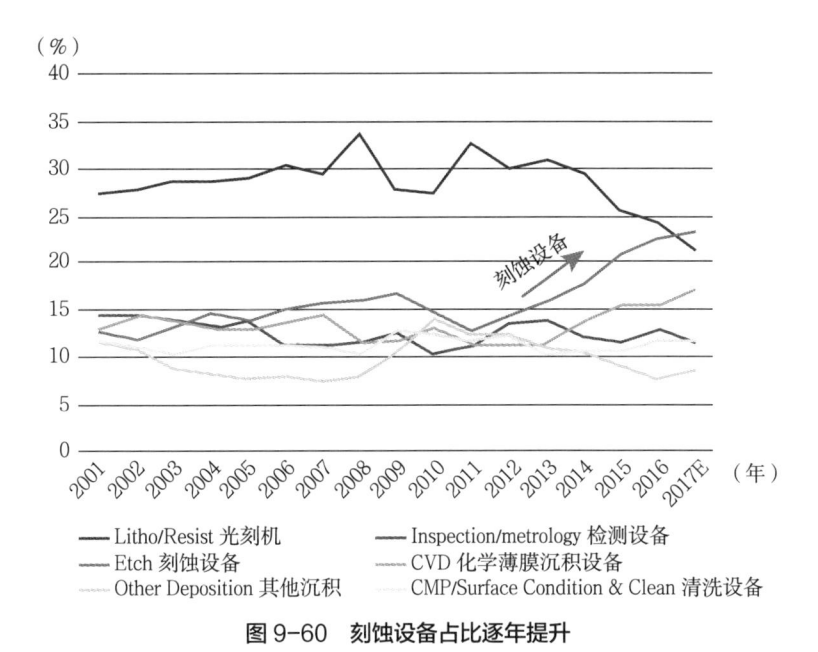

图 9-60 刻蚀设备占比逐年提升

资料来源：SEMI，中信建投证券研究发展部。

国内半导体设备需求旺盛，自给率提升空间广阔。SEMI 所发布的近两年全球晶圆厂预测报告显示，2016—2017 年，新建晶圆厂达 17 座，其中中国占了 10 座。SEMI 进一步预估，2017—2020 年的四年间，全球预计新建 62 条晶圆加工线，其中中国将新建 26 座晶圆厂，成为全球新建晶圆厂最积极的地区，整体投资金额预计占全球新建晶圆厂的 42%，为全球之最。快速的建厂计划带动了对半导体设备的强烈需求。2013—2018 年我国半导体设备销售额快速增长，复合年均增长率超过 30%。根据中国电子专用设备工业协会的统计数据，2018 年国产半导体设备销售额预计为 109 亿元，自给率约为 13%。中国电子专用设备工业协会统计的数据包括集成电路、LED、面板、光伏等设备，实际上国内集成电路设备的国内市场自给率仅有 5% 左右，在全球市场仅占 1%~2%，技术含量最高的集成电路前道设备市场自给率更低，国产化替代空间广阔。

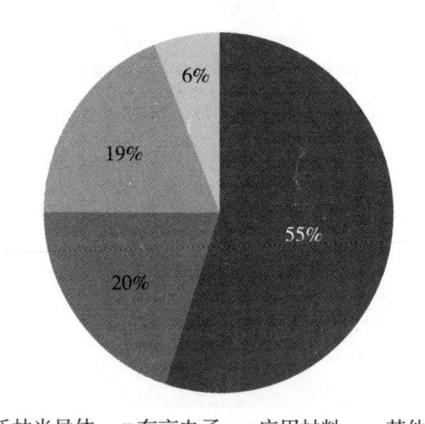

图 9-61  2017 年全球刻蚀设备市场格局

资料来源：The Information Network，中信建投证券研究发展部。

刻蚀设备占比 24%，受益双重曝光和国产化替代双重利好。晶圆制造设备从类别上讲可以分为刻蚀、光刻、薄膜沉积、检测、涂胶显影等十多类，其合计投资总额通常占整个晶圆厂投资总额的 75% 左右，其中刻蚀设备占据设备整体约 24% 的份额。从 The Information Network 2017 年市场份额数据来看，全球刻蚀设备主要被泛林半导体、东京电子和应用材料三家垄断，公司刻蚀设备具有极大的成长空间。其次，14nm 及以下节点由 2D 结构 MOSFET 转向 3D 结构 FinFET，复杂程度极大提高，同时目前主流的 193nm 浸没式光刻机分辨率不足，需要使用多次曝光技术来满足 22nm、20nm、14nm 技术节点要求。根据 SEMI 的统计，20 nm 工艺所需要的工序约为 1 000 道，而 10nm 工艺和 7nm 工艺所需要的工序已经超过 1 400 道，重复多次薄膜沉积和刻蚀工序以实现更小的线宽，薄膜沉积和刻蚀次数显著增加。这导致对刻蚀工艺的要求提升，刻蚀设备重要性和需求量显著上升。目前中微公司刻蚀设备在国内两家存储厂商招标中，中标份额均已超过 15%，说明中微公司设备已经逐步被市场认可，看好未来市场份额的快速上升。

## 四、Micro LED & Mini LED 拉动 LED 行业增长

### （一）LED 芯片稳健增长，MOCVD 需求良好

LED 芯片产业向国内转移，利好公司 MOCVD 设备出货。根据高工 LED 数据，全球 LED 芯片市场将由 2014 年的 377 亿元增长到 2020 年的 647 亿元，复合年均增长率为 9.4%，同期，中国 LED 芯片市场将由 120 亿元增长到 2020 年的 287 亿元，CAGR 15.6%。高工 LED 数据显示，2015 年至 2017 年中国 MOCVD 设备保有量从 1 222 台增长至 1 718 台，复合年均增长率达 18%。根据 LED inside 的统计，中国已成全球 MOCVD 设备最大的需求市场，MOCVD 设备保有量占全球比例已超 40%。LED 产业向国内转移趋势明显，到 2020 年国内 LED 芯片市场规模全球占比将上升到 44.4%。中微公司 MOCVD 产品已经累计出货 166 台，客户覆盖三安、华灿、乾照等国内主流 LED 芯片厂商，未来将充分受益 LED 芯片向国内专业的产业趋势，不断提高市场占有率。

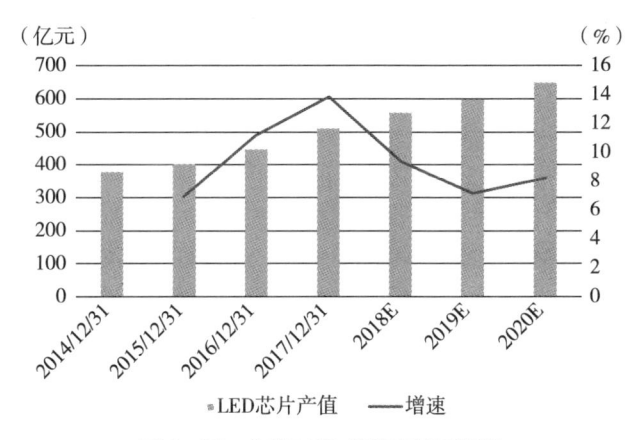

**图 9-62　全球 LED 芯片产值及预测**

资料来源：高工 LED，中信建投证券研究发展部。

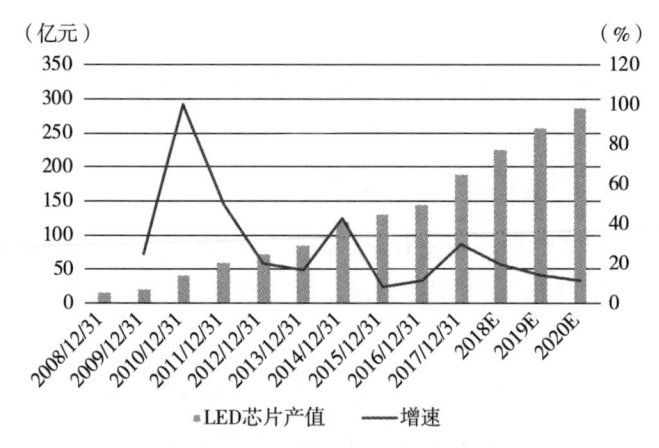

图 9-63 中国 LED 芯片产值及预测

资料来源：高工 LED，中信建投证券研究发展部。

Mini & Micro LED 芯片市场快速增长，拉动产业发展。Mini LED 和 Micro LED 具有高分辨率、高亮度、省电及反应速度快等特点，被视为新一代显示技术，吸引苹果、三星、LG、索尼等大型企业布局发展。根据高工 LED 数据，到 2021 年全球 Mina & Micro LED 市场规模将分别增长到 60.4 亿元和 50 亿元，2019—2021 年复合年均增长率分别为 95.5% 和 295.3%，市场爆发性增长拉动了产业的发展，同时也提高了对 MOCVD 的需求。

中微公司 MOCVD 性能卓越，份额有望加速上升。在光电子半导体 LED 领域存在一个类似摩尔定律的海兹定律，即 LED 的价格每 10 年将为原来的 1/10，输出流明则增加 20 倍。自 1993 年第一颗商业化蓝光 LED 诞生以来，经过 20 多年的发展，制造蓝光 LED 的 MOCVD 技术已较为成熟，目前 MOCVD 设备企业主要在提高大规模外延生产所需的性能、降低生产成本、具备大尺寸衬底外延能力等方面进行技术开发，以满足下游应用市场的需求。主流 MOCVD 设备反应腔的加工能力从 31 片 4 英寸外延片发展到 34 片 4 英寸外延片，现在行业主流厂商正在开发 41 片 4 英寸外延片超大反应器。中微公司的 MOCVD 设备 Prismo D-Blue、Prismo A7 能分别实现单腔 14 片 4 英寸和单腔 34 片 4 英寸外延片加工能力。公司的 Prismo A7 设备技术实力突出,已在全球氮化镓基 LED MOCVD 市场中占据主导地位。中微公司 MOCVD 性能卓越,能够有效地帮助客户降低成本,使客户在海兹定律的大背景下取得竞争优势,从而提高客户的认可度,并提升中微公司设备的市场份额。

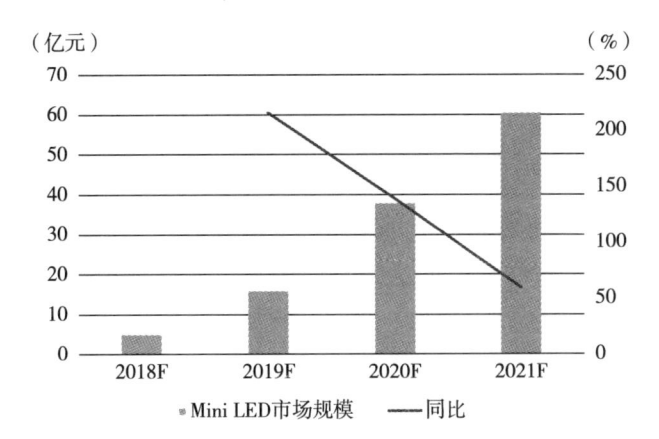

**图 9-64　全球 Mini LED 市场规模(亿元)**

资料来源:高工 LED,中信建投证券研究发展部。

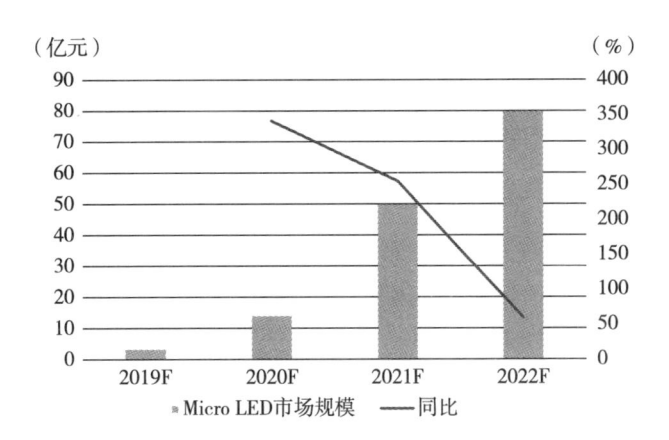

**图 9-65　全球 Micro LED 市场规模**

资料来源:高工 LED,中信建投证券研究发展部。

# 第六节 诺康达：专注药学制剂研发外包的企业

## 一、上市公司分析

**上市公司情况** 诺康达是一家国内领先的、专注于药物制剂研究的药学研发高新技术企业。主营业务包括：基于上述平台为各大制药企业、药品上市许可持有人提供药学研究等技术研发服务业务；以创新制剂、医疗器械及特医食品为主的自主研发产品的开发业务。

**相关上市公司** 辉丰股份的全资子公司上海焦点持有诺康达7.39%股权，片仔癀通过参股公司上海清科片仔癀投资管理中心持有1.68%股权。另外，华盖信诚医疗健康投资管理公司持有公司6.72%的股权，华盖信诚拥有多个合伙人，涉及泰格医药、浙江医药、紫鑫药业、天士力、鸿博股份、博晖创新、昆药集团、海思科、福瑞医疗、亚太药业、鱼跃医疗等十几家A股上市公司。

**对标A股可比公司** 药明康德、康龙化成、华威医药、新领先医药、昭衍新药等。诺康达是专业的药学研发高新技术企业，技术水平较强。

## 二、专业药学研发高新技术企业，多家上市公司间接持股

诺康达是一家国内领先的、以基于辅料创新的药物输送系统平台为核心技术的专业药学研发高新技术企业。主要从事药学研发业务，侧重于制剂研发，其主要业务分为两块：（1）技术研发外包服务，为各大制药企业、药品上市许可持有人等提供药学研究和临床研究等服务；（2）自主研发，基于辅料创新的药物输送系统平台研发的各类创新制剂、医疗器械及特医食品，可以为客户提供技术成果转让、践行MAH等多种合作方式。

## 第九章　科创板首批优秀企业案例

表9-27　诺康达对标可比公司各项指标对比

| 公司 | 主营业务 | 市值（亿元） | 2018年营业收入（亿元） | 2018年净利润（亿元） | 毛利率（%） | 净利率（%） | 研发费用率（%） | 2018PE | 2019PE |
|---|---|---|---|---|---|---|---|---|---|
| 药明康德 | 小分子药物发现及临床前试验、CMO、临床CRO、器械检测、细胞基因治疗CDMO等 | 1 077.96 | 96.14 | 22.61 | 39.45 | 24.27 | 4.54 | 38.57 | 47.48 |
| 康龙化成 | 药物发现、CMC、安评、临床CRO等，主要为小分子业务，生物药占比较小 | 290.41 | 29.08 | 3.39 | — | 11.67 | — | 85.61 | 52.24 |
| 博济医药 | 临床试验服务 | 21.86 | 1.71 | 0.06 | 48.06 | 5.43 | 5.10 | — | — |
| 昭衍新药 | 临床前安全性评价服务 | 78.54 | 4.09 | 1.08 | 53.02 | 26.46 | 5.79 | 50.52 | 48.15 |
| 诺康达 | 药学制剂研发服务、自主创新产品研发 | — | 1.85 | 0.78 | 71.91 | 41.85 | 9.46 | — | — |

资料来源：中信建投证券研究发展部。

注：2018PE、2019PE为Wind一致预测。

诺康达公司在2013年7月成立，后经历快速发展，在2019年进行科创板上市申请并被受理。多家上市公司间接参股（参见前述），实控人持股比例较高。诺康达公司控股股东和实际控制人为陶秀梅、陈鹏夫妇。他们分别直接持有公司29.41%和17.64%的股份，并通过合伙企业间接参股。

诺康达公司下设有4家子公司，分工发展方向明确。其中，北京科林迈德医药科技有限公司成立于2018年，主要经营范围是医药健康相关产业产品的技术开发、技术咨询、技术转让。河北艾圣科技有限公司主要从事特医食品、医疗器械的生产与销售，于2016年成立。北京壹诺药业有限公司成立于2014年，是公司下属的药学研究平台，位于中关村科技园区大兴生物医药产业基地，主要从事药学中试放大业务，目前正处于建设期间。北京仁众药业有限公司尚未实际开展业务。2018年10月，北京市科委发布了"大众创业，万众创新"100个全国科技创新中心重大创新成果，并发布了10个重点项目，诺达康新药基地位列其中。

### 三、国内药学和制剂研究市场未来空间较大

全球新型制剂研究随新技术的引入不断发展，我国制剂研究技术水平仍较低。随着生物大分子药物近年来的爆发式增长，国际药物制剂新技术的研发越来越受到一些生物新技术的影响，药物遗传学、药物基因组学、药物蛋白质组学、药物代谢学等学科在药物新制剂的研发中显得愈加重要。2010年以后，第三代新型制剂的轮廓逐渐清晰。第三代新型制剂在克服处方限制（增加难溶性药物溶解度、增加载药量等）和生理限制（克服血脑屏障、超长效制剂、克服表皮屏障、精准靶向给药等）方面超过第二代产品，具有较强优势。目前国际上对于新型制剂的研发

热度较高。我国成为原料药生产和出口第一大国,但与药物传递系统相关的药物制剂研究技术水平仍然较低。

表 9-28　全球新型制剂的研发历程

| 年代 | 类别 | 特点 |
| --- | --- | --- |
| 1950—1980 年 | 第一代新型制剂 | 利用溶出、扩散、渗透、离子交换等机理开发的缓制剂,着重于解决用药便利性的问题,如口服,1天2次或1天1次;透皮,1天1次或1周1次 |
| 1980—2010 年 | 第二代新型制剂 | 恒速(零级)释药技术,如 OROSTM、Geomatrix-TM;定时、按需"精准给药"口服给药制剂,如脉冲释药系统;利用环境敏感性材料,制备的pH敏感(如结肠定位)、温度敏感、磁敏释药等定位和脉冲释药系统;储库型超长效释药系统;肺吸入剂;靶向纳米粒;基因给药纳米粒 |
| 2010 年以后 | 第三代新型制剂 | 克服处方限制(增加难溶性药物溶解度,增加载药量,精准控制释药动力学,纳米粒粒径、形状、表面化学、功能结构的控制,表面配体修饰,刺激敏感型给药系统等);克服生理限制(克服血脑屏障,多肽和蛋白类药物的超长效制剂,克服口腔粘膜屏障,克服表皮屏障,精准靶向给药等) |

资料来源:招股说明书,中信建投证券研究发展部。

相对于发达国家,我国新辅料研发刚刚起步,辅料研究和新型制剂研究将成为我国未来药物研发的重要内容。辅料研究在药物制剂研究中扮演着重要的角色。目前,发达国家药用辅料的发展趋势是生产专业化、品种系列化、应用科学化,药物辅料开发向多型号、多规格的方向发展。而我国辅料行业长期以来受重视程度不足,间接导致了我国制剂行业的发展受到限制,药用辅料品种数量相对欧美有较大的差距。目前,我国新辅料的研发还处于起步阶段,但它是药物合计研发的重要组成部分,随着制剂研发的加强,未来国内制药企业及研发机构对辅料研究的重视程度有望提升。同时,药物新剂型与制剂新技术研发成为我国医药产业升级的关键。目前我国医药行业的发展正在同时走新化合物研发与创新制剂，特别是新型递送系统开发并重的道路，未来将进一步加大对新型制剂、新药的支持与投入，增强我国新药在国际市场上的竞争力。

一致性评价、MAH制度促进国内药学、制剂研发领域市场扩展。作为药物供给侧改革的重要过程，仿制药一致性评价政策为药物制剂研发服务行业提供了巨大的市场需求。无论是目前要求完成的289品种，还是后续的其他非289、注射剂品种，都需要进行药学一致性评价和BE试验，会为研发市场带来数百亿的市场增量。同时MAH制度将进一步推进医药产业上市许可与生产许可分离的管理模式。在一定程度上缓解目前"捆绑"管理模式下出现的问题，从源头上抑制制药企业的低水平重复建设，提高新药研发的积极性，促进委托生产的繁荣，从而推进我国医药产业进一步升级。

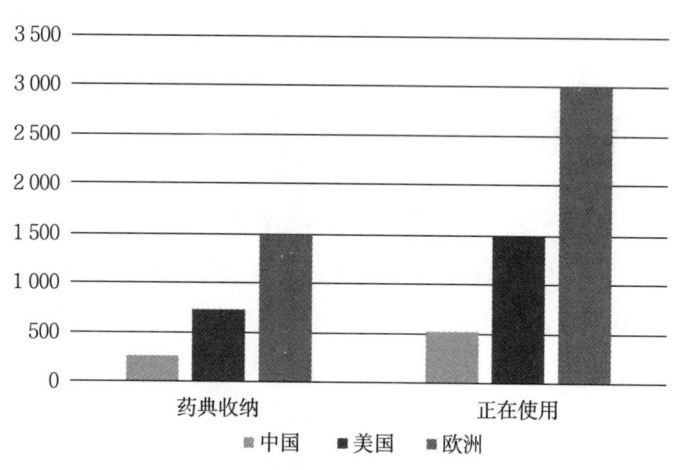

**图 9-66　国内外药用辅料数量对比**

资料来源：招股说明书，中信建投证券研究发展部。

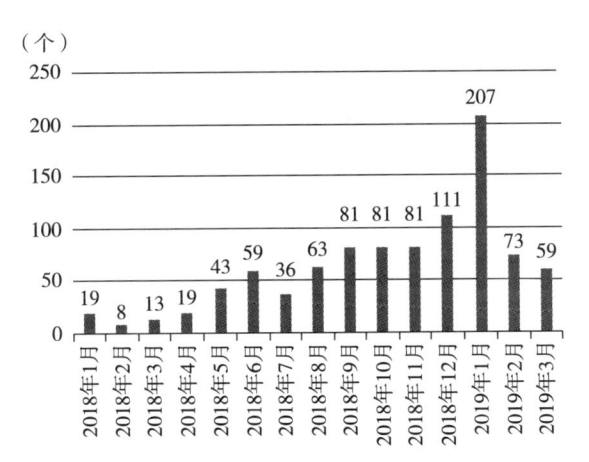

图 9-67　2018 年 1 月至 2019 年 3 月国内每月一致性评价申报文号数量

资料来源：米内网，中信建投证券研究发展部。

## 四、公司业务规模及盈利能力呈快速上升趋势

近年来诺康达营业收入和归母净利润均持续增长，符合科创板上市条件第一条的财务数据要求。公司营业收入逐年增加，2018 年全年营业收入达到 1.853 719 亿元，同比增长 147.51%；实现归母净利润 0.775 777 亿元，扣非归母净利润 0.801 616 亿元，分别同比增长 121.37% 和 175.66%。诺康达选择的具体上市条件为"预计市值不低于人民币 10 亿元，最近两年净利润均为正且累计净利润不低于人民币 5 000 万元，或者预计市值不低于人民币 10 亿元，最近一年净利润为正且营业收入不低于人民币 1 亿元"。作为国内领先的 CRO 公司，公司财务指标状况良好，业绩优于行业平均水平。目前财务数据覆盖该上市要求，如果按照 A 股的 CRO 公司的平均 PE 水平进行估值，预计公司市值有望超过 10 亿元。

表 9-29 诺康达公司主要财务指标

| 项目 | 2016年 | 2017年 | 2018年 |
|---|---|---|---|
| 营业收入（万元） | 2 203.02 | 7 489.49 | 18 537.19 |
| 增长率（%） | —— | 239.96 | 147.51 |
| 归母净利润（万元） | 601.69 | 3 504.28 | 7 757.77 |
| 增长率（%） | —— | 482.40 | 121.37 |
| 扣非归母净利润（万元） | 558.92 | 2 907.91 | 8 016.16 |
| 增长率（%） | —— | 420.27 | 175.66 |
| 毛利率（%） | 74.57 | 70.52 | 74.73 |
| 净利率（%） | 27.31 | 46.78 | 41.84 |
| 销售费用率（%） | 2.99 | 3.16 | 1.86 |
| 财务费用率（%） | -0.07 | -0.69 | -0.06 |
| 管理费用率（%） | 13.74 | 11.30 | 11.99 |
| 资产负债率（%） | 73.86 | 25.01 | 13.86 |
| 研发费用率（%） | 28.44 | 11.11 | 9.46 |
| 应收账款周转率（次） | 119.08 | 40.44 | 7.53 |
| 存货周转天率（次） | 0.99 | 2.30 | 2.99 |

资料来源：招股说明书，中信建投证券研究发展部。

诺康达公司营业收入和净利润均快速增长，高于行业水平。2016—2018年，诺康达公司实现的主营业务收入分别为2 203.02万元、7 489.49万元和1.853 719亿元，2016—2018年的复合增长率为190%，主营业务收入增长较快。从利润端来看，公司2016—2018年归母净利润的复合增速也达到了279%。诺康达相对A股几家国内大型CRO公司体量明显较小，营收增速高于行业平均水平。公司毛利率水平较为稳定，整体保持在70%以上，净利率略有波动，主要是因为受到公司体量小而净利润快速增长的影响。

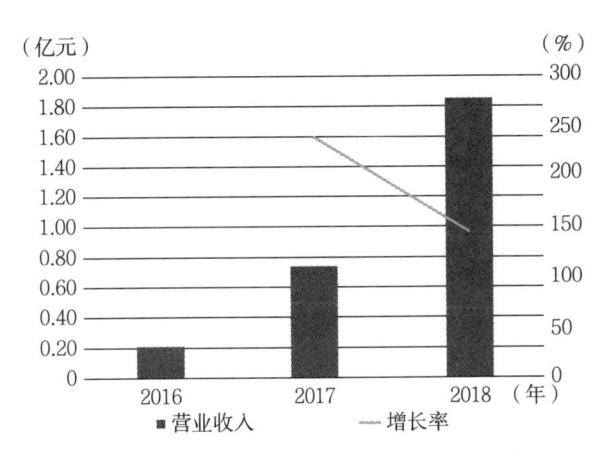

**图 9-68　诺康达公司近年营业收入及增长率**

资料来源：招股说明书，中信建投证券研究发展部。

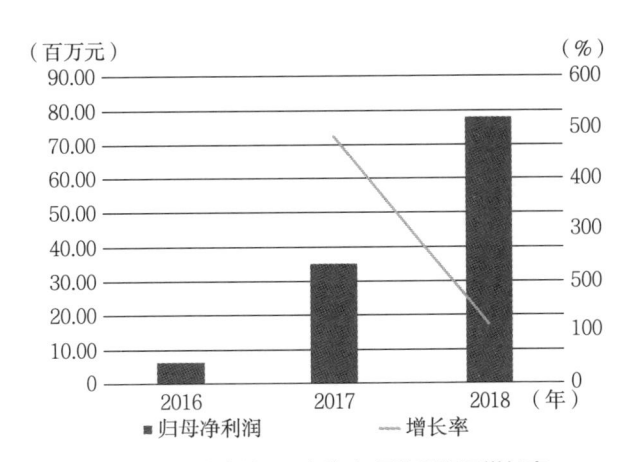

**图 9-69　诺康达公司近年归母净利润及增长率**

资料来源：招股说明书，中信建投证券研究发展部。

研发外包服务仍是诺康达主要收入来源，且以药学研究为主，自主研发和技术转让为公司提供了潜在的业绩贡献点。诺康达的业务主要可以分为两种：技术研发服务，即为各大制药企业、药品上市许可持有人等提供药学研究和临床研究等服务；自主研发，基于辅料创新的药物输送系统平台研发的各类创新制剂、医疗器械及特医食品，后续与客户进行

255

技术转让或者 MAH 等合作，此块业务尚处于投入阶段，并未获得收入。目前诺康达的收入来源还是以研发外包服务为主，且主要是药学研究服务的收入，临床研究服务（主要是 BE 试验业务）占比较小，未来临床服务和自主研发的技术转让是公司潜在的业绩增长点。

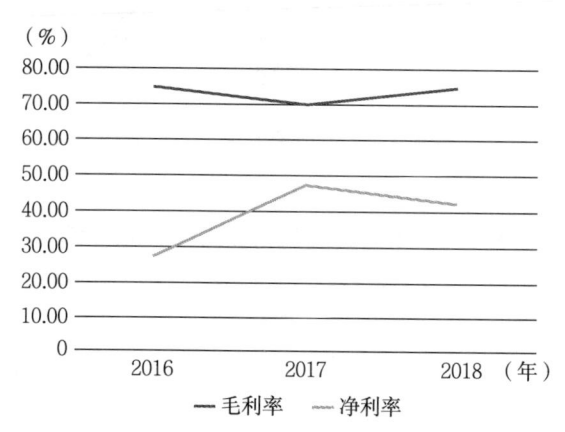

**图 9-70　诺康达公司近年毛利率、净利率情况**

资料来源：招股说明书，中信建投证券研究发展部。

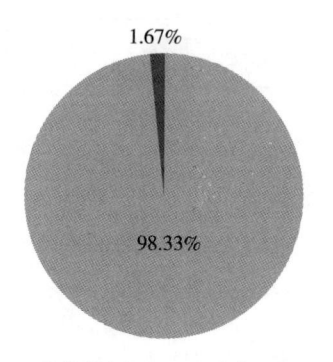

**图 9-71　2018 年诺康达不同业务收入占比情况**

资料来源：招股说明书，中信建投证券研究发展部。

诺康达公司业务规模逐渐扩大，期间费用率控制较好。期间费用率方面，诺康达公司2016—2018年销售、管理、财务费用基本维持稳定。2018年诺康达公司销售费用、管理费用、研发费用和财务费用分别为344.45万元、2 222.69万元、1 753.72万元和−12.17万元。近年销售、管理、研发费用率下降主要是由于诺康达公司的收入规模增长相对较快。

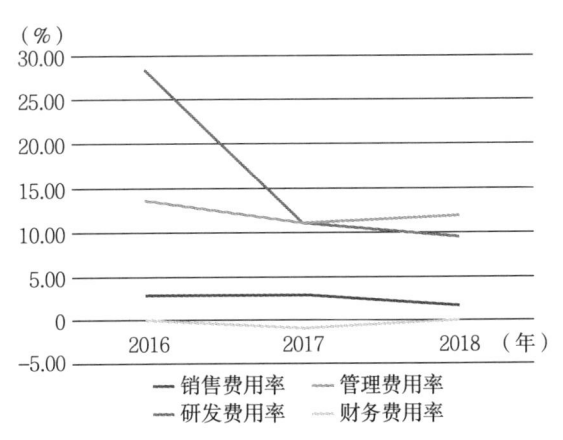

**图9-72　诺康达公司近年期间费用率情况**

资料来源：招股说明书，中信建投证券研究发展部。

## 五、专注药物制剂研究，特色为基于辅料创新的药物输送系统技术平台

### （一）依托辅料创新药物输送系统平台，公司药学研发业务技术较强

诺康达公司药学研究服务主要以制剂研究为主，也涉及原料药研究业务。公司在剂型确认、参比制剂研究、辅料研究、处方工艺研究、药包材相容性研究、工艺放大研究、质量研究等业务上都有覆盖。公司通过制剂开发和创新赋予化合物新的产品属性，由此提升药物有效性、依从性等，或为其增加新的适应证，实现产品的差异化和性能延伸，从而延长产品的专利保护和市场生命周期。诺康达对原料药的研究同样也是出于对制剂研究的需要，对其工艺、质量和稳定性等方面进行研究。

公司核心技术基础是辅料创新的药物输送系统平台。药物输送系统是指，为了达到将必要量的活性药物分子在一定时间内输送到病灶的目的，而在制剂研发过程中使用不同类型的药物辅料、器械等将活性药物制备成具有所需要的缓释、控释、靶向等药物释放方式的药物制剂全套体系。诺康达依托对现有国际、国内各种辅料的充分研究，通过辅料复配、改性、化学修饰，进而形成各类药物输送系统平台技术，并依托上述平台技术与原料药结合，制备成具有缓释、控释、靶向等各类优点的药物制剂，满足临床需求。

诺康达依托基于辅料创新的药物输送系统平台，研发出了多项核心技术。在创新制剂领域，公司目前拥有包括脂质微球技术、纳米晶药物技术、口服控释技术、口服液体缓释技术、注射缓释微球技术等多项药物制剂研发技术。在医疗器械和特医食品领域，诺康达拥有基于专利发明的PEG修饰生物材料技术、细菌纤维素技术、功能油脂原料技术、纳米微囊化掩味技术等。通过上述技术，诺康达进一步扩展了制剂品种类别，解决了药物制剂研发中药物输送及制剂放大工艺的一系列关键性技术难题，优化了各大类高端制剂技术工艺参数。

表9-30 诺康达三大领域特色核心技术

| 研发领域 | 技术名称 | 技术特点 |
| --- | --- | --- |
| 创新制剂 | 脂质微球技术 | 将药物—磷脂复合物技术、界面膜载药技术以及高压均质技术集成，实现水、脂难溶性药物在脂质微球疏水核心及油水界面的稳定担载，在一定时间内代谢释放药物，无长期滞留风险，辅料安全性好，无毒副作用，解决了临床上的减毒增效问题与工业上的生产问题 |
| | 纳米晶药物技术 | 依托纳米分散研磨、辅料复配等工艺，将难溶性药物研磨至适宜的粒径，一方面，可提高难溶性药物的溶出度，使有效成分迅速释放，提高生物利用度；另一方面，可通过控制纳米晶粒径范围，实现对有效成分的缓释或控释，减少给药次数，改善患者顺从性 |

续表

| 研发领域 | 技术名称 | 技术特点 |
|---|---|---|
| 创新制剂 | 口服控释技术 | 利用改良复合辅料及包芯片工艺设计，将一种或多种药物组分，使用粉末压制包衣替代传统技术，控制制剂内释放行为，提高制剂稳定性和安全性，同时解决了控释制剂的生产周期长、释放不完全等问题 |
| 创新制剂 | 口服液体缓释技术 | 通过离子交换树脂、不溶性聚合物以及亲水胶多重缓释机制的全部或者几种的组合，实现了给药剂型液体化，药物释放长效化以及掩盖药物不良嗅味的目的；通过载药、浸渍或包衣达到理想缓释效果，工艺简单，且药物收率显著提高，降低了产业化生产的难度和生产成本。对于改善儿童、老年人用药的顺从性有积极意义 |
| 创新制剂 | 注射缓释微球技术 | 基于对高分子材料的充分认知，对工艺过程的把控，以及对API理化性质、生物学性质的充分分析，利用自主开发辅料制备实心纳米缓释微球，可以降低使用温度，增加对多肽等活性药物的稳定性，避免使用有机溶媒，绿色环保，易于工业化生产 |
| 医疗器械 | PEG修饰生物材料技术 | 通过对PEG改性研究出PEG-NHS类具有较好生物相容性辅料，并应用到组织封闭剂创新产品的开发，无刺激、无炎性反应、可降解、具有良好的生物相容性 |
| 医疗器械 | 细菌纤维素技术 | 利用生物发酵改性技术制备出满足不同临床需求的生物纤维素原料，通过成型技术生产出高端医用辅料。与其他类型医用辅料相比具有促进愈合、抑制感染、敷贴性优异和减轻换药疼痛等优势。目前该系列产品技术国际领先，具备核心知识产权 |
| 特医食品 | 功能油脂原料技术 | 依托自有辅料核心技术能力，深度挖掘和研究各种油脂的特点、功效成分和不同油种脂肪酸含量及比例，结合疾病的特点，同时考虑油脂原料中活性成分等因素，通过选择不同油种组合、调配，最终衍生出针对特定病种的特殊医学油脂配方复合核心技术，可以根据疾病的治疗需求，实现精准营养、精准治疗的目的 |
| 特医食品 | 纳米微囊化掩味技术 | 根据不同脂质的物性及应用需求搭配不同种类的食品级营养配料，产品易粉末化，易于工业化生产，通过油脂复配技术提升油脂原料的稳定性，确保营养成分不损失、产品指标稳定，良好地掩蔽油脂原料部分令人不愉快的气味，显著提升患者依从性 |

资料来源：招股说明书，中信建投证券研究发展部。

目前诺康达利用自身取得的科技成果，为客户研发出多款具有较高技术壁垒的仿制药，利用技术平台为国内 50 多家医药制造企业开展了多个仿制药开发及一致性评价业务，正在开展的研发服务项目超过 170 个。

（二）坚持自主研发创新，形成创新制剂、药械主要研发管线

诺康达依托辅料创新的药物输送系统这一核心技术平台，紧密跟踪医药市场需求，以临床需求为导向，自主研发了多个创新制剂、医疗器械及特医食品，并已经形成主要产品线。虽然此块业务目前处于早期投入阶段，但未来公司有望通过技术成果转让、践行 MAH 制度等方式实现收入增长，这也是公司平台创新能力的重要体现。

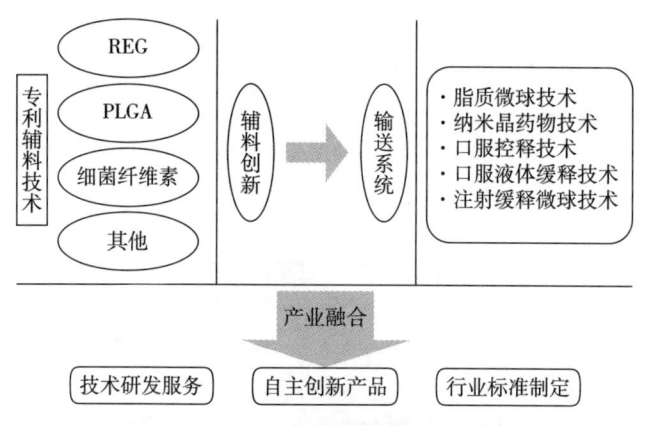

**图 9-73　诺达康药物制剂技术示意图**

资料来源：招股说明书，中信建投证券研究发展部。

自主研发不断发力，形成稳定研发管线。自主研发方面，目前诺康达公司有 1 个创新制剂处于临床研究阶段，3 个项目处于临床前研究阶段。自成立以来，诺康达公司先后与超过 50 家大中型医药制造企业、医药上市许可持有人等建立了战略合作关系。诺康达公司成立 5 年来，经济效益呈现跨越式的发展趋势，年均增速超过 100%。

表9-31 诺康达公司三大领域的自主研发管线

| 分类 | 实验室代码 | 适应证 | 临床前研究 | 临床研究 | 获取批件 | 上市 |
|---|---|---|---|---|---|---|
| 创新制剂 | DXI | 非小细胞肺癌 | — | — | — | — |
|  | ND | 糖尿病并发症 | — | — | — | — |
|  | ESRM | 糖尿病并发症 | — | — | — | — |
|  | DERI | 干眼症、疼痛 | — | — | — | — |
| 医疗器械 | BCD2 | 促进组织愈合 | — | — | — | — |
|  | ESG3 | 微创口封闭 | — | — | — | — |
|  | BCD3 | 创面修复 | — | — | — | — |
|  | PNG3 | 神经导管 | — | — | — | — |
|  | TEM3 | 栓塞微球 | — | — | — | — |
| 特医食品 | TPF-TP | 肿瘤患者营养修饰 | — | — | — | — |
|  | TPF-LP | 肝病患者营养修饰 | — | — | — | — |
|  | TPF-KP | 肾病患者营养修饰 | — | — | — | — |

资料来源：中信建投证券研究发展部。

### （三）研发投入高于行业平均水平，研发效率较高

诺康达公司研发投入比例高于行业水平，坚持自主创新。公司研发费用率较行业平均水平高，主要是因为公司的研发费用涉及自有产品的开发，而同行业其他CRO公司大部分只提供药学研究服务。近年公司的研发费用占收入的比重接近或达到10%以上，高于同行业平均水平。2016—2018年公司的研发费用金额分别为626.56万元、832.12万元、1 753.72万元，2017、2018年增幅分别为32.81%和110.75%。诺康达公司拥有研发人员198人，占公司总员工人数的81.48%，且激励机制较为充分，核心团队稳定，未曾发生重大人员流失。

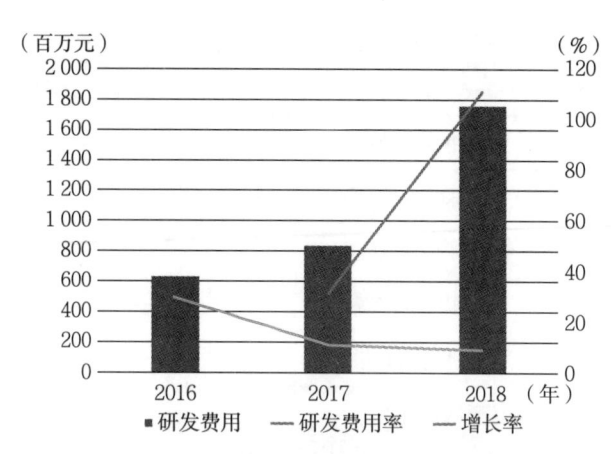

图9-74 诺康达公司近年研发投入情况

资料来源：招股说明书，中信建投证券研究发展部。

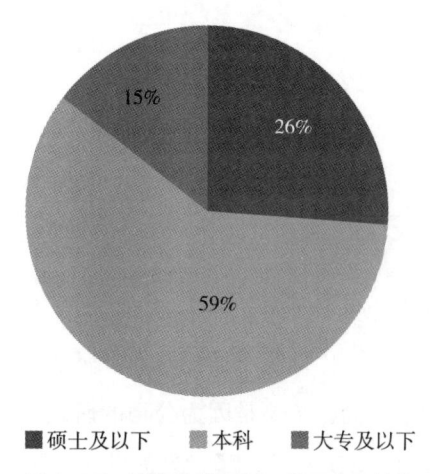

图9-75 诺康达公司员工学历水平结构

资料来源：招股说明书，中信建投证券研究发展部。

公司是国内为数不多的，以仿制药及一致性评价作为药学研究服务核心方向的企业，拥有基于辅料创新的药物输送系统平台，公司每年承接的仿制药及一致性评价业务居行业前列。公司实验室硬件设施完善，能够保证公司向客户提供高效优质的技术研发服务。公司拥有较为齐全的研发设备。2016—2018年，公司为客户服务的药学研究项目数量逐年增加，研发效率得到提升，带动整体毛利率提升。

## 六、对比同类型业务公司，诺康达特点鲜明

业务专一性高，药学研究服务行业领先。业务覆盖上看，相比药明康德、康龙化成、睿智化学等大型综合性CRO公司，诺康达的业务主要聚焦于药物制剂研究，专一性高。药物制剂研究在我国起步较晚，目前整个国内市场还不存在绝对的行业领跑者。公司是国内为数不多的，以仿制药及一致性评价作为药学研究服务核心方向的企业。

主要客户为国内大型制药企业，尚未获得境外收入。客户方面，诺康达公司主要客户还是以国内的制药企业为主，主要包括华中药业、亦嘉科技、华北制药、葵花药业等国内不同规模的制药企业。诺康达公司直接与客户签订研发服务合同，并向其提供技术研发服务。公司覆盖国内龙头药企，累计为超过50家国内大型药企提供药学研发服务，客户数量复合年均增长率超过50%，客户黏性较高。

财务数据上看，诺康达公司业绩增速较快，利润率保持行业较高水平。由于目前诺康达体量相对稍小，其营收、归母净利润均维持快速增长，2016—2018年复合增速分别为190%和279%，高于行业水平。2016—2017年，公司毛利率水平同新领先和华威医药较为接近。2018年，由于临床检测成本支出增大，同时加大了技术人员储备、增加了场地及设备，新领先毛利率下降，诺康达公司2018年度毛利率同华威医药较为接近。诺康达公司正处于快速成长期，营业收入和净利润加速增长，处于领先水平。

应收账款随业务规模快速提升，存货周转率相对行业平均水平较低，主要是自身业务差异所致。诺康达公司应收账款水平随着公司规模不断增

加，由于2016—2017年公司处于发展阶段，完成的项目主要为开题方案和实验室小试，对应的合同金额可以被预收款覆盖，因此应收账款金额较小，随着合同的继续推进执行及公司业务规模的扩大，2018年公司的应收账款显著增加。同时随着研发效率提高，诺康达公司存货周转率不断提高，但是明显低于行业水平，主要是因为诺康达业务聚焦于药学制剂研究，而可比公司则相反。

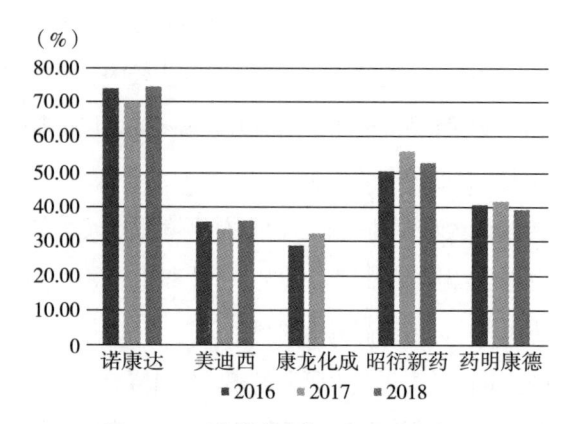

**图9-76 诺康达可比公司毛利率水平**

资料来源：招股说明书，中信建投证券研究发展部。

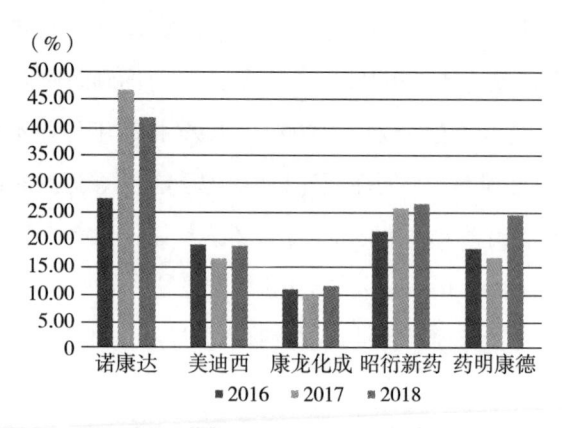

**图9-77 诺康达对标可比公司净利率水平**

资料来源：招股说明书，中信建投证券研究发展部。

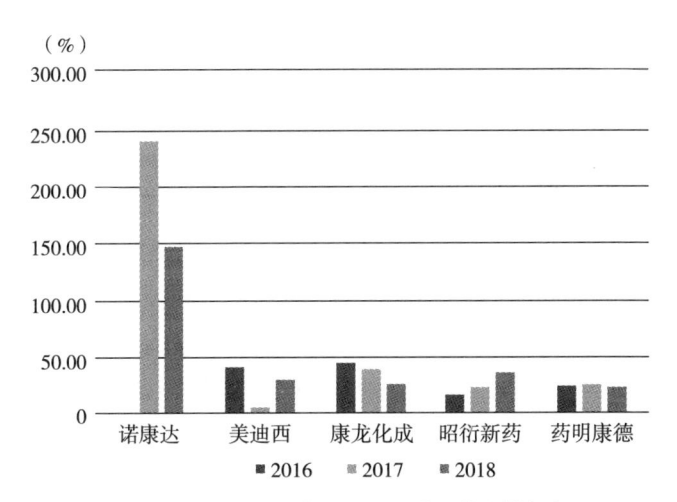

图9-78　诺康达对标可比公司营业收入增长率

资料来源：招股说明书，中信建投证券研究发展部。

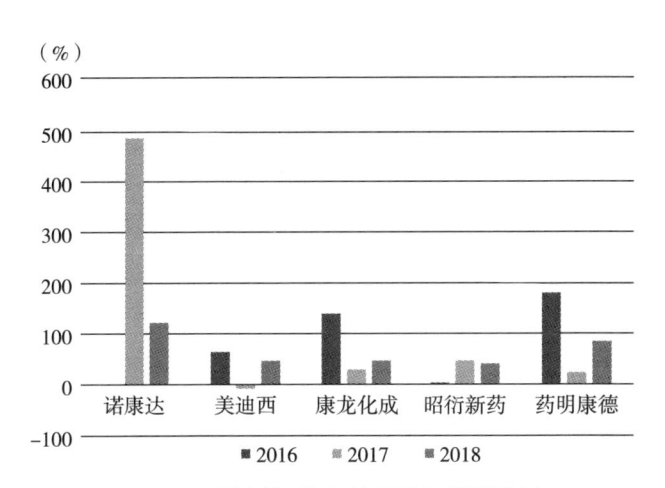

图9-79　诺康达对标可比公司净利润增长率

资料来源：招股说明书，中信建投证券研究发展部。

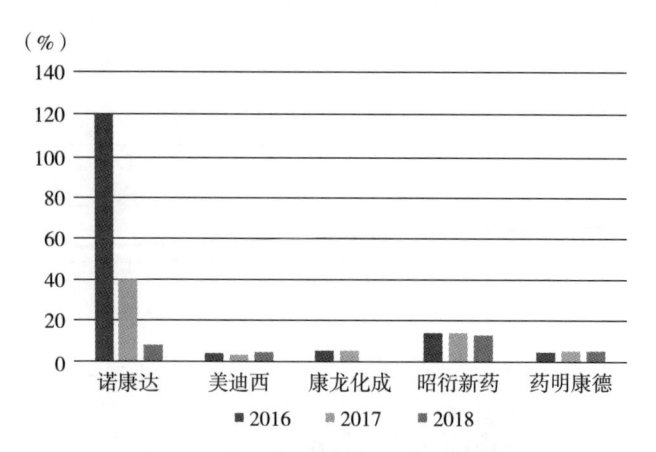

图9-80　诺康达对标可比公司应收账款周转率

资料来源：招股说明书，中信建投证券研究发展部。

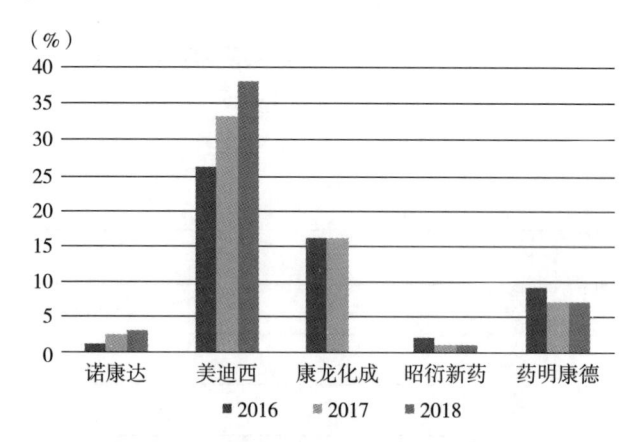

图9-81　诺康达对标可比公司存货周转率

资料来源：招股说明书，中信建投证券研究发展部。

## 七、募投项目：扩大产业规模，建设两个平台项目

诺康达拟公开发行股票不超过 2 052 万股，募资 4.37 亿元，募集资金用于药学研究平台建设、临床综合服务平台建设两个项目。上述项目的开展将有利于公司抓住我国药学研发行业快速发展的市场机遇，增强持续经

营能力。如果公司的科创板上市进程及募投项目顺利进行,其业务规模、行业竞争力均将有望进一步提升。

表9-32 诺康达募集资金拟投资项目

| 序号 | 项目名称 | 总投资金额（百万元） | 拟投入募集资金（百万元） | 实施主体 |
| --- | --- | --- | --- | --- |
| 1 | 药学研究平台建设项目 | 390.03 | 390.03 | 北京壹诺 |
| 2 | 临床综合服务平台建设项目 | 47.35 | 47.35 | 诺康达 |
| 合计 |  | 437.39 | 437.39 |  |

资料来源：招股说明书，中信建投证券研究发展部。

# 第十章

# 光明的未来

## 一、伟大企业的摇篮

2019年7月22日，25家科创板首批企业正式开始交易，科创板成为2019年中国资本市场最大的亮点。回顾中国资本市场29年的历程，随着开发程度加深，科技创新型企业融资问题亟待解决，多层次资本市场的建设也需要进一步推进。设立科创板并试点注册制对于支持科技创新，推动经济高质量发展，推进资本市场改革均具有重要的战略意义，标志着中国科技企业和资本市场进入加速换挡的新周期，中国经济和中国资本市场转型升级的节点已经到来。

从长远来看，资本市场支持实体经济转型升级，资本市场和实体经济之间相辅相成。科创板作为新设的增量板块，坚持面向世界科技前沿、面向经济主战场、面向国家重大需求，主要服务于符合国家战略、突破关键核心技术、市场认可度高的科技创新企业。此类企业拥有关键核心技术，科技创新能力突出，主要依靠核心技术开展生产经营，具有稳定的商业模式，且市场认可度高，社会形象良好，具有较强的成长性。

《关于在上海证券交易所设立科创板并试点注册制的实施意见》指出，科创板重点支持新一代信息技术、高端装备、新材料、新能源、节能环保以及生物医药等高新技术产业和战略性新兴产业，推动互联网、大数据、云计算、人工智能和制造业深度融合，引领中高端消费，推动质量变革、效率变革、动力变革。

科创板将成为未来伟大企业的摇篮。

对比现阶段 A 股板块来看，科创板是资本市场供给侧结构性改革的重要探索，旨在"补短板"。科创板设立多层次上市标准，对应不同的营收、净利、研发投入比例等财务指标要求。包容性的制度使得不同类型的优秀企业都能获得资本支持。科创板借鉴港股的差异化表决权制度，突破《公司法》约束下 A 股原板块公司须遵从的"同股同权"原则，较大程度地借鉴了港股市场。最后，科创板对企业性质足够包容，符合规定的红筹企业均可选择在科创板 IPO 或发行 CDR。科创板的推出是中国资本市场的"成人礼"。

在市场功能上，科创板不仅为科创型企业提供了全新融资通道，也为创投资金引入了新的退出渠道，完善了私募投资和创业投资退出机制，用市场化的方式为中国科技创新型企业定价，将具有巨大潜力的优秀企业留在国内资本市场，使国内投资者更好地分享优质企业的成长红利。总体来看，科创板将吸引全球创新资源，支持更多风险资本在上海聚集，撬动科创产业发展，同时又从科技创新中激发金融集聚力，达到双赢，让科技创新之火更旺、实体经济"血脉"更畅，为中国迈向高质量发展注入澎湃动力。证监会副主席方星海表示，"对科创板企业的发展要有耐心，这些企业可能会成长为下一批华为或谷歌"，而科创板也将成为中国的"纳斯达克"。

## 二、投资者的光明的未来

投资者在 NASDAQ 市场上投资，都能够获得丰厚的回报。从晨星评级（Morning Star）数据来看，美国排名前 10 的科技基金的五年期回报都在 20% 左右。富达基金半导体精选和富达基金半导体业绩的五年期收益率都约为 21%，三年期收益率都超过了 27%，投资回报率远高于标普 500 或者是道琼斯指数的回报水平。

表 10-1　2019 年美国 TMT 行业业绩排名前 10 的基金

| 排名 | 名称 | 1年（%） | 3年（%） | 5年（%） |
| --- | --- | --- | --- | --- |
| 1 | Fidelity@ Select Semiconductors | 3.54 | 27.84 | 21.16 |
| 2 | Fidelity Advisor@ Semiconductors I | 2.97 | 27.62 | 21.01 |
| 3 | T. Rowe Price Global Technology | 1.83 | 27.29 | 20.78 |
| 4 | Fidelity Advisor@ Semiconductors A | 2.65 | 27.22 | 20.65 |
| 5 | Fidelity Advisor@ Semiconductors M | 2.36 | 26.8 | 20.25 |
| 6 | Fidelity Advisor@ Semiconductors C | 1.89 | 26.24 | 19.75 |
| 7 | Firsthand Technology Opportunities | 21.84 | 36.76 | 19.42 |
| 8 | Columbia Global Technology Growth Inst2 | 8.75 | 27.5 | 19.06 |
| 9 | Columbia Global Technology Growth Adv | 8.68 | 27.39 | 18.93 |
| 10 | Columbia Global Technology Growth Inst | 8.64 | 27.39 | 18.93 |

资料来源：中信建投证券研究发展部。

我们在汇总整理海外科技基金 Morning Star 排名的基础上，进一步整理这些基金公司的重仓股，以分析它们的投资策略，并且还从这些交易策略中发现了优秀企业的特征。我们发现，优秀的科技基金都选择了所属行业的龙头企业，特别是全球科技企业中最大的公司，例如苹果、微软、谷歌、脸书、亚马逊、腾讯、阿里巴巴等。这些公司都有良好的公司治理，实现了丰厚的利润，持续的研发投入保证技术上的领先甚至是垄断效应，实现了头部控制、赢者通吃的局面。

表 10-2　TOP 基金前 10 大重仓股

| 基金 | 前 10 大重仓股 |
| --- | --- |
| Fidelity Select Software and IT Service Portfolio 基金 | 微软、脸书 A 类股、谷歌母公司 Alphabet、Adobe、维萨卡 A 类股、Salesforce、Akamai 科技、万事达卡 A 类股、PayPal、Cognizant 科技 A 类股 |
| T. Rowe Price Global Technology 基金 | 特斯拉、Microchip Technology、日本发那科、脸书 A 类股、腾讯、谷歌母公司 Alphabet、Broadcom、阿里巴巴、Intuit |
| Columbia Global Technology Growth 基金 | 微软、谷歌母公司 Alphabet、亚马逊、苹果、脸书 A 类股、维萨卡 A 类股、Micron Technology、Lam Research、腾讯、思科 |
| BlackRock Technology Opportunities 基金 | 亚马逊、微软、谷歌母公司 Alphabet、苹果、腾讯、阿里巴巴、脸书 A 类股、Salesforce、Square、Autodesk |
| Putnam Global Technology 基金 | 谷歌母公司 Alphabet、微软、脸书 A 类股、维萨卡 A 类股、阿里巴巴、中美晶、Walsin Technology、DXC Technology |

资料来源：中信建投证券研究发展部。

从策略设计来看，以 Coatue 对冲基金的 TMT 投资策略设计为例，Coatue 基金采用自下而上的选股策略，跟随新的技术趋势，捕捉生活、消费习惯的改变，进而找到新市场并剖析出新市场的赢家和输家，其所判断的输家特征为 Fad、Fade、Fraud（狂热、衰退、欺诈，估值高并不是决定性依据）。之后进行赢家/输家配对交易，即做多赢家，同时做空同赛道或相似赛道的输家。其多仓一般有 30 只股票左右，但会聚焦于 10 只 TMT 股票，单仓位不超过 10%；空仓较为分散，一般持有 50~250 只股票，单仓位不超过 3%，空仓极为分散化是做空风控的核心要点；多仓的持有期一般为 2 年，核心仓位持有期为 3~5 年左右，空仓的持有期一般不超过 1 年。

借鉴美国头部基金的投资策略，可发现科技创新板块有赢者通吃、头部控制的特征，因而长期投资应优先选择细分行业中的龙头公司；科创板流动性低于主板市场，机构投资者为主，散户小于主板，因而投资组合需要充分考虑流动性风险，流动性需要高度关注；做空方面，考虑一定配对交易策略，适当做空科创板股票融券。

## 三、中信建投科技 50 指数的设计与表现

我们在科创板研究的过程中，发现中国市场科技指数还比较缺乏，无法迅速、完整、准确、及时地反映中国科技创新型企业的表现。因此，我们以科创板的上市标准为参考，汇集了优秀的 TMT 基金投资策略，编制了中信建投科技 50 指数，指数代码为 931186.CSI。

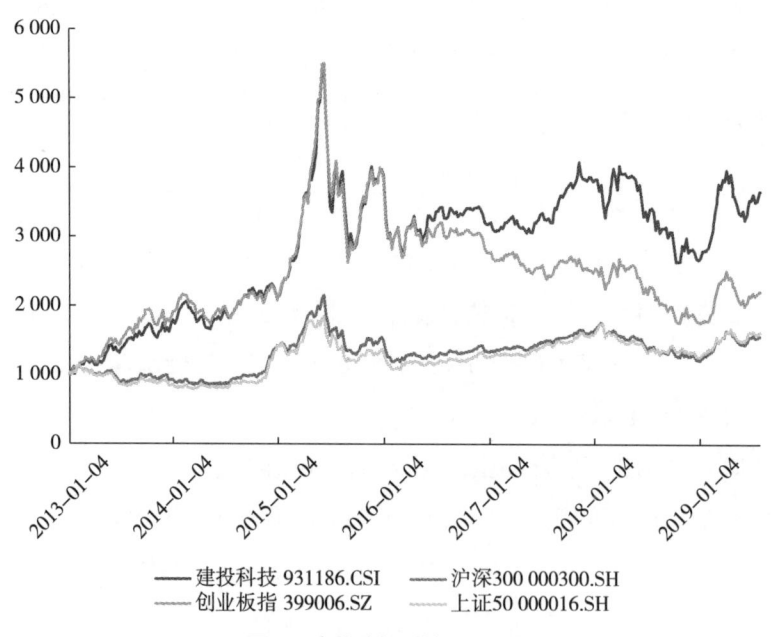

图 1　中信建投科技 50 指数

资料来源：Wind，中信建投证券研究发展部。

从中信建投科技 50 指数的表现来看，其累计收益率达到了 365.4%，同期沪深 300 指数累计收益率为 155.4%，创业板指累计收益率为

221.3%，上证50指数自身累计收益率为161.2%。在中国市场上，科技创新指数是能够为投资者带来丰厚回报的。特别值得注意的是，在2015年股灾之后，中信建投科技50指数表现出了独立的上行特征，这意味着真正的科技创新股票能够实现良好的投资收益。

虽然科创板才刚刚开始交易，相对于成熟市场还需要发展壮大。在良好的制度设计、中国经济向科技创新转型方向发展、投资者逐步成熟的大框架下，科创板会孵化中国的伟大企业，投资者也能获得丰厚的回报。我们相信科创板会有一个光明的未来。